# 精神重

## ——俄罗斯东正教长老制研究

刁科梅 ◎ 著

ПУТЬ ДУХОВНОГО
ВОЗРОЖДЕНИЯ

上海三联书店

本书为 2015 年海南省哲学社会科学规划课题资助，项目编号：HNSK(YB)15 - 130

# 序

张百春

公元4世纪是基督教历史上绝无仅有的世纪，甚至有人称之为基督教的黄金时代，因为在这个世纪里发生的几件大事决定了基督教的命运和面貌。比如，自产生以来，基督教一直遭受来自各方面的逼迫，4世纪初，这些逼迫终止了。4世纪末，基督教成为罗马帝国的国教。对基督教教义而言非常重要的普世会议从4世纪开始召开，而且在这个世纪共召开两次普世会议，它们制定了基督教三位一体的教义。与制定教义有关的基督教教父学也在4世纪产生，在此之前的基督教思想家们的学说离正统教义都有一定的距离，比如奥利金等。最后，基督教的灵修传统也发端于4世纪。

基督徒遭到的逼迫首先来自犹太教。耶稣基督是在犹太人的唆使下被处死的，他的学生和追随者随后也成为犹太人迫害的对象，尽管他们几乎都是犹太人。犹太人对基督教的逼迫直到公元70年随着犹太人起义被罗马帝国镇压而终止。几乎就在同时，罗马帝国展开了对基督徒的迫害。在长达两个多世纪的时间里，这种迫害不定期地发生，直到君士坦丁和李锡尼共同签署"米兰敕令"（313年）为止。在迫害期间，从世俗角度看，信奉基督教不但没有任何好处，而且基督徒们在帝国处在非常不利的地位。尽管有个别基督徒放弃和背叛了信仰，但是，大部分基督徒直面迫害、毫不妥协，有人甚至为信仰而丢掉了生命，成为殉道者。正是这些殉道者的鲜血成了基督教会成长的种子。

　　"米兰敕令"结束了基督徒遭遇逼迫的历史,基督教获得合法地位。就在这时,有一批虔敬的基督徒开始逃离帝国,躲到荒漠里去修行。很可能,在3世纪下半叶已经有个别基督徒躲避到荒漠里,但基督徒大规模逃到荒漠去修行,致使修行变成了一场运动,这个现象出现在4世纪初,尤其是在"米兰敕令"之后。现在,基督徒可以不用偷偷摸摸地过宗教生活,相反,他们受到帝国的保护,信奉基督教成为令人羡慕的事情。然而,就在对基督教似乎非常有利的条件下,这部分信仰虔诚的基督徒们却抛弃了帝国,选择了荒漠。这就是所谓的"帝国与荒漠"的悖论。在平信徒的心目中,这些在荒漠里修行的修士们享有很高的威望。埃及荒漠甚至成为帝国各地基督徒朝圣的对象。荒漠修士们的威信与权威不亚于罗马帝国。

　　逃向荒漠的现象与政治、经济等因素有关,比如,有人可能是躲避迫害、逃债,或者是犯罪分子为了躲避惩罚。当然,其中也有个别基督徒,主要也是因为躲避迫害,逃到荒漠里去生活,这种生活带有修行的性质。根据哲罗姆的记载,一个叫保罗的人,为了躲避陷害和迫害,在3世纪下半叶逃到埃及荒漠里,并在那里修行直到去世。不过,像保罗这样的情况,在当时只是个案。因此,这还不能构成帝国与荒漠的悖论。只有当"逃离"的规模扩大,在荒漠里修道成为一场轰轰烈烈的运动时,"帝国与荒漠"的悖论才引起人们的关注。

　　在荒漠里,基督徒们努力过一种完全的宗教生活,彻底实现自己的宗教理想。这是一种非常艰苦的修行生活,因此被称为苦修,也叫灵修。实际上,一般的传统宗教都有自己的灵修。在任何一种宗教里,都会有一批在信仰上十分虔敬的信徒,他们为数不多,但都希望百分之百地按照自己宗教的要求和理想生活,希望彻底实现该宗教规定的终极目的。在基督教里,这个终极目的就是与神结合(成神)。

条件和时机成熟时,虔诚的宗教信徒就会选择"逃离",彻底离开俗世,出家修道。因此,就实质而言,"帝国与荒漠"的悖论是宗教性质的悖论。

不同的宗教对待灵修的态度以及灵修方式都是不同的。甚至基督教三大主要派别对待灵修的态度也不一样,其灵修的方式也不尽相同。

总体上说,基督教的灵修传统,作为一种制度的修行传统在公元4世纪初产生于埃及,然后流行于巴勒斯坦和叙利亚等地。

在基督教灵修传统产生之初,主要有两种不同的灵修方式:独修和集体修行。独修方式与安东尼有关,集体修行方式则是帕霍米创立的。此外,还有一种修行方式介于两者之间,基本上以修道院为主,但其中也有独修的因素存在。这是一种混合型的修行方式。

大致地说,天主教灵修传统偏向于集体修行,并关注社会服务,独修的元素被忽略,直至消失。新教抛弃了天主教会的苦修制度,但是,它并没有彻底否定苦修主义(苦修的思想和实践),甚至也有自己的灵修。东正教灵修传统表现为以修道院为主要形式的集体修行,但是,其中始终保留着单独修行的元素。在东正教灵修传统里,这种独修方式就是所谓的静修主义(исихазм)。

因此,广义上,静修主义的源头是在安东尼,直到1453年拜占庭帝国灭亡,终结了拜占庭静修主义传统。但是,静修主义传统在其他东正教国家得以延续,比如希腊、俄罗斯等。

静修主义是由东正教的修士们从事的灵性操练,其核心目的是与耶稣基督结合,这是实实在在的结合,即成神(神化)。达到成神的目的,就需要一套严格的方法。静修主义同时就是一套修炼方法,借助于这套方法,修行者最终可以达到成神状态。真正意义上的宗教

灵修,其核心和关键就是修行方法。在东正教里,的确有一套独特而成熟的修行方法,即静修主义方法。和东正教灵修的一般传统一样,这套静修主义方法也可以追溯到公元 4 世纪初的埃及,然后经过西奈山阶段,最后在 14 世纪的拜占庭彻底形成。在这里,方法也是道路,即修行者必须经历的道路。在静修主义里,这条路通常被表达为一个向上的天梯。天梯的每个台阶表达修行之路上的不同阶段。修行者的苦修过程就是沿着天梯逐渐上升,最后达到成神的最高阶段。经过一千年的发展,静修主义的天梯获得了非常详细的描述。不过,这种描述具有操作的意义,在理论方面比较弱,而且所用语言是静修主义内部话语,外界理解起来有一定难度,因此,长时间以来学术界对此几乎一无所知。即使在静修主义传统内部,也没有形成对自己修行方法的明确概括和总结,其内容散见于各代静修主义作家的作品里。

总之,作为一套完整的修行方法,作为一条完善的修行道路,静修主义是东正教灵修传统的核心内容。因此,它也是东正教灵性的核心。无论是天主教,还是新教,都没有制定和形成一套像静修主义这样完整的灵修方法。

静修主义传统随着东正教而传入罗斯(公元 10 世纪末)。在俄罗斯,静修主义经历一条并不平坦的发展道路。在拜占庭灭亡后,静修主义在俄罗斯继续发展,并形成自己的特色。俄罗斯静修主义最大的特色就是长老制的形成。

长老的角色在古典时期的静修主义里已经出现。年轻的修炼者(见习修士)需要在一位经验丰富的修士(即长老)的指导下进行修炼。长老与见习修士的"二元对子"在静修主义里始终存在。长老几乎要在一切方面对见习修士负责,后者要绝对听从前者。不过,在俄罗斯的静修主义传统里,长老不仅仅负责自己弟子的修行,而且还与普通信众交往,为他们解决精神问题,甚至包括现实的日常生活问题。在一定程度上,这些日常生活中的问题也都是由精神问题演化而来的。在这个意义上,精神问题不仅仅局限在精神世界。精神世界是开放的,首先向物质世界开放。长老与平信徒世界的交往,长老对平信徒灵性生活的影响和指导是俄罗斯长老制最突出的特征。

尽管真正从事静修主义修炼的人非常少,但是,静修主义的影响是巨大的。这个影响不局限于修道院,而是扩展到广大的平信徒世界。实际上,静修主义者和平信徒的终极目的是一样的,都是成神(神化)。差别在于,静修主义者把自己的一生全部献给了修行,平信徒只是在一定程度上参与修行。这种参与就表现在静修主义对平信徒的影响里。不是每个东正教徒都要从事静修主义修炼,但是,每个东正教徒都可以从静修主义那里获得灵性指导,进而提升自己的灵性。静修主义的影响几乎涉及到平信徒生活的所有方面。

刁科梅是我的博士(2010级)研究生,俄罗斯长老制是其博士论文的研究主题。本书就是在其博士论文的基础上修改而成的。她在书中不但对俄罗斯长老制进行了较为系统的梳理,而且还探讨了长老制对俄罗斯文学的影响。这个研究开辟了东正教与俄罗斯文化之间关系研究领域的一个新方向。东正教对俄罗斯文化的形成与发展的影响是毫无疑问的。但是,要具体地探讨这个问题并不容易。长老制为这个研究提供了一个非常富有启发意义的视角。

# 目 录

# 导论

　　俄罗斯东正教长老制是静修主义和神秘主义信仰相结合的完整宗教牧养体系，也是一种修行实践方式。它源起于拜占庭的苦修传统，传入俄罗斯后，经历了公元 14 和 15 世纪的早期发展，16 世纪末开始衰弱，直到 18 世纪末开始在俄罗斯复兴，苏联时期陷入衰落，苏联解体后重新又有了复兴的机会。在这起起落落的发展过程中，俄罗斯东正教长老制具有了自己的特质，那就是入世的人民性：从以前修道院的封闭中走出来，对俗世社会开放，把长老制的理念传播给社会各个阶层，从而进一步影响俄罗斯民族精神和文化。

　　本书根据大量的文献、史料，总结发现了俄罗斯长老制的历史发展轨迹以及在复兴繁荣时期对当时文学和民族精神的影响。本书以其发展阶段和影响为线索，研究俄罗斯长老制这一修行传统。

　　本书是国内第一次完整梳理和研究东正教长老制在俄罗斯的兴衰发展和影响的著作，对于研究俄罗斯民族精神和文化有着重要意义。因为俄罗斯东正教是俄罗斯精神和文化的重要源泉，修行生活是俄罗斯东正教的精神核心，而长老制又是俄罗斯东正教修行生活的一个基础。所以，理解和掌握了俄罗斯东正教长老制，从根本上为理解俄罗斯东正教打下重要基础，也就能够更好地理解俄罗斯精神和文化，理解俄罗斯这个民族，理解为什么第一个社会主义国家会

在俄罗斯建立,为什么俄罗斯强权人物会不断出现等一系列问题。

本书在导论部分先介绍静修主义和长老制等一些基本概念和研究意义等问题,为理解长老制历史发展和对俄罗斯文学的影响等内容打下基础。

## 第一节　何为静修主义?

想要理解东正教长老制,就要先了解静修主义,因为长老制是一种静修主义实践。所以,我们先从静修主义的概念入手,进而明白何为东正教长老制。

### 一　静修主义概念

根据俄罗斯的《现代百科全书》(Современная энциклопедия)对静修主义的定义,静修主义(исихазм)(源于希腊语 hesychia——安静,静默,凝神忘记周围一切)是拜占庭神秘主义流派。广义上是指用眼泪"净化内心"以及自我集中意识,达到人神结合的精神苦修学说;包括身心检验体系,表面上有些类似瑜伽的方法。产生于公元 4—7 世纪;复兴于 13 世纪末至 14 世纪。狭义上则是指格里高利·帕拉马的宗教哲学学说。按照俄罗斯著名学者霍鲁日的观点:"静修主义首先是一种人学实践,主要是由东方基督教修士们从事的实践活动。就内容而言,静修主义是通过一些特殊手段,首先是祷告,修行者改变自己的整个个性,逐步接近与神结合,即神化,这是修行实践的终点。静修主义是东方基督教,即东正教的核心内容。"①

---

① 【俄】С. С. 霍鲁日:《拜占庭与俄国的静修主义》,张百春译,《世界哲学》2010 年第 2 期。

## 二 拜占庭静修主义与俄国静修主义

拜占庭的静修主义传统经历了四个阶段:第一阶段属于起源阶段,产生于埃及和巴勒斯坦的荒漠地区,以圣安东尼为代表。这一时期被称为荒漠教父时期,大约是在公元 4—6 世纪。在这一时期长老制修行方式基本形成,即有经验的静修主义者指导刚刚开始修行的静修主义者,这里有经验的静修主义者被称为长老,长老和见习修士构成了修行对子。第二阶段是西奈山时期,以西奈山为静修主义修炼中心,大约是在公元 7—10 世纪。这一时期创立了静修主义实践的关键方法。第三阶段是阿封山时期,以阿封山为静修主义修炼中心,大约是在公元 13—14 世纪,这一时期的特点是静修主义传统超越了修道院环境,开始走向俗世社会,并对社会所有领域产生影响。①

俄国的静修主义也经历了四个阶段:第一阶段是基辅静修主义时期,是在公元 10—13 世纪。这一时期是静修主义从拜占庭传入俄国的阶段,这一时期的特点是俄国的静修主义完全保留了拜占庭的静修主义传统。第二阶段是莫斯科静修主义时期,是在公元 14—17 世纪。在这一时期俄国静修主义得到繁荣发展,以谢尔基和尼尔为代表。第三阶段是俄国静修主义的衰弱时期,从 17 世纪开始,直到 18 世纪末。第四阶段是俄国静修主义复兴繁荣时期,从 18 世纪末至 20 世纪初。这一时期俄国长老制得到空前发展和繁荣,而且具有了新特点,即走出修道院,开始为普通民众服务,成为他们的精神导师,由此对俄国社会产生明显影响。②

① 【俄】C. C. 霍鲁日:《拜占庭与俄国的静修主义》,张百春译,《世界哲学》2010 年第 2 期。
② 【俄】C. C. 霍鲁日:《拜占庭与俄国的静修主义》,张百春译,《世界哲学》2010 年第 2 期。

# 第二节　何为长老制？

## 一　长老制概念

Старчество 一词，在中国被翻译成"长老制"，对中国非专业人士来说，很容易造成误解，认为这是一种"制度"。

其实，东正教长老制（старчество）这一**概念**比较复杂，没有统一的权威定义。大司祭亚历山大·索洛维约夫（Александр Соловьев）对长老制的定义是："除了集体修行、个人隐修和两三个人一起居住修行方式以外，第四种修行方式就是长老制。它是集体的隐修方式，但被实践所完善，全面严格地采取对所选择长老顺从的原则。"①而学者阿列克赛·列沃维奇·别克洛夫（Алексей Львович Беглов）在《教会传统中的长老制》一书中对长老制是这样定义的："长老制是东正教的修行实践，包含在刚开始修行的修士请求更有经验的修士进行精神引导的活动中。在这种修行实践中，长老引导学生达到与神结合，即神化。长老的牧养只是修行实践之一，宗教警醒途径之一。在东正教修行历史中，长老制从来不是作为单独孤立的修行方式，而是与其它的修行实践综合在一起，如祷告、斋戒等。"②宗教学家孔采维奇（Концевич）在《长老制：在古代罗斯之路上的圣徒精神财富》一书中认为，"长老制不是教会的神职等级，而是一种神圣的特殊范畴，因为所有人都可能拥有，长老制是特殊的神赐天赋，具有神授的超凡能

---

① Протоиерей Александр Соловьев. Старчество. Свято-троицкая сергиева лавра. 2009. С. 28 - 29.

② А. Л. Беглов. Старчество в церковной традиции: Духовное руководство как элемент христанского аскетизма. http://www.psmb.ru

力,能够直接引导灵魂。长老的权威对于任何人都不是强制的,而是自愿地服从,门徒顺从长老是因为通过他可以直接了解神的意志。"①

宗教历史学家 И. К. 斯莫里奇(Смолич)在其著作中指出:"正是长老制,苦修和神秘主义信仰结合成完整的精神牧养体系。逐渐形成一定的'内部操练'传统,在东正教苦修中,人们通常这样称呼所有精神成长体系。它最高的目标是修炼者的神化……通过精神操练,心祷,修炼者接近最高阶段,有幸与神结合,神化。"②

综上所述,对于**修行者**来说,**长老制是一种修行实践方式**;从**修道院**培养修士层面来说,长老制是一种**精神牧养方式或体系**。事实上,这只是角度不同而已,其内容都是一个,那就是刚开始修行的修士跟从有经验的修士,即长老,并绝对服从他,由他引导进行修行实践,目的是达到与神结合,即神化。

## 二 东正教长老制中主体间的关系

东正教长老制中的主体是长老和见习修士,他们之间存在着何种关系,下面将就这一问题进行详细分析解读。

### (一) 何为长老

研究古代俄罗斯东正教长老制的一个困难在于"长老"一词的多义。首先,"长老"是年纪大的修士,他没有神职——不是修士司祭。此外,"教堂长老"(соборный старец)是指那些与修道院院长一起管理修道院的修士;有时人们还经常把院长称为"长老";最后就是把那些

---

① И. М. Концевич, Стяжание духа святаго в путях древней руси, Посад, 1994. Глава2. 2. http://www. lib. eparhia-saratov. ru/books/. . . /contents. html
② И. К. Смолич. «Русское монашество 988－1917—жизнь и учение старцев». Москва. 1999. С. 323.

精神引导见习修士的修士称作"长老",有时人们也会称他们为"教父"。本书所研究的俄罗斯东正教长老制中的"长老",就是这种引导见习修士进行精神修炼的"长老"。

**长老**是经历了顺从之路的修士,并在顺从中锻造,是他人的**引导者**。长老的工作是继续顺从,他们由修士们选举产生,承担长老的职责。长老不是听取忏悔的神父,虽然有经验的神父,可能经常接受主动找他的平信徒(миряне)或修士的告解,并给予他们一些建议。而成为长老的人,是要经历最艰难的修炼,顺从的修炼,而且要对托付给他的见习修士的精神负责。长老应知晓,他的引导功绩取决于他的道德完善程度,他的德性越高,在自己的引导中就越有大的功绩。**长老的态度**应该宽容,但不失公正。长老没有必要去撒谎和伪装,他的真诚和真实是战胜一切的力量。长老像所有教育者一样,按照见习修士道德的本性提升发展他。另外,长老要给所有向他求教的人需要的东西:第一是注意倾听;第二是提供建议;第三是开出处方。软弱的人要支持他、鼓励他,绝望的人要安慰他,让他平静等等。长老与见习修士之间是精神的交流,长老要**自爱和给予爱**,长老所有的工作是表现这种爱。长老要用自己的爱和榜样燃起学生心中对自己和神的爱,在见习修士心里播下信仰的种子,以此既拯救了学生,也完善了自己。

## (二) 何为见习修士

按照修行生活方式和修行水平,俄罗斯东正教会把所有的修士分为三种:第一种是见习修士;第二种是小修士职位的修士;第三种是大修士职位的修士。刚进入修道院的人被称为见习修士,在合乎教规期结束后,他们被剃度为见习修士,这种剃度仪式中没有修士誓约。被剃度为见习修士的人,禁止按照自己的意志进行修炼。在剃度为修士之前,见习修士应该在称职的、有经验的长老引导下修行。

在长老制中,**见习修士**的所有义务和善行就是要对自己的长老**顺从**。顺从支配见习修士的全部,包括灵魂和肉体。见习修士的顺从分为外部和内部两种。外部顺从的表现是身体执行所有的命令,无论长老的命令如何,见习修士都应该毫无异议,立刻、绝对地执行。内部顺从是要求见习修士做以下事情:首先应该逐渐地切断自己的意志,学会不用自己的理性去思考。无论是现在,还是过去和未来,不要相信自己的智慧和思想,没有长老的决定,不评判什么是好的,什么是坏的。其次,见习修士应该自己摒弃所有的内心任性的活动,从身上清除它,让自己变得空空荡荡,为了长老可以把全新的人放到里面。

## (三) 见习修士与长老的关系

在长老制中存在着对子关系,即长老和见习修士的关系。长老制修炼方式的结构是有经验的长老与见习修士之间类似师生的关系,这是长老制中对子结构的**实质**。在这一对子中,长老牧养成绩和见习修士精神成长的成绩,都取决于**信任**的程度和坚定性。天梯约翰说:"有多少信任,精神修炼中的成绩就有多少;谁绊上不信的石头,他就跌倒,罪就有了,因为一切都源于不信。"[①]如果对长老的信任动摇了,意味着见习修士的所有修炼都是动摇的、徒劳的,就失去了长老制牧养的意义。

---

① Святой Иоанн Лествичник. 《Добротолюбие》. Том 2: Общие начала подвижничества. Сретенский монастырь. М. 2004.

## 三 东正教长老制修行方式的深层解读

### (一) 东正教长老制修行方式的内容和理论基础

在确立长老和见习修士的类似师生关系之后,**长老引导修行**正式开始,长老首先要训练见习修士在肉体上服从牧养,然后逐渐过渡到精神的操练。

长老制的**牧养**主要是放在**根除情欲上**,而情欲主要的表现是自爱:"情欲的母亲是自爱";[①]"所有情欲的开始是自爱,而结束是骄傲"。[②] 长老在见习修士身上根除情欲之后,转向在其身上培养善良的品德。对于修炼者精神提升来说,**顺从**是最有用的道德手杖。顺从,被长老放到善行的基础地位。奠定顺从的基础之后,长老引导见习修士沿着著名的**阶梯规律**走向完善。阶梯共分为三个阶段,第一阶段是让见习修士认识自己的软弱。在各种诱惑和痛苦以及繁重的肉体劳动面前,最主要是在精神层面上与情欲斗争中,认识到自己的软弱和无力。意识到自己的软弱是灵魂教育的开始,也是提升的开始,认识到软弱后就会强烈地寻找力量,通过长老接近万能的神。第二阶段是长老努力把见习修士引向自责。目的是让见习修士在各方面责怪自己,而不是把过错推到别人身上。"拯救的开始是自我定罪"。[③] 第三个阶段是感恩,转移痛苦的诱惑,痛苦也是一种诱惑。长老让见习修士认清痛苦的根源,使他习惯忍耐和感恩,以此转移

---

① Блаженный авва Фалассий. «Добротолюбие». Том3: Аввы Фалассия о любви воздержании и духовной жизни к пресвтеру павлу. Сретенский монастырь. М. 2004.

② Святой Максим Исповедник. «Добротолюбие». Том3: Четыре сотни глав о любви. Сретенский монастырь. М. 2004.

③ Преподобный Нил синайский. «Добротолюбие». Том 2: Увещание к монахам. Сретенский монастырь. М. 2004.

痛苦。

提升见习修士修炼程度的手段除了顺从以外，还有**忏悔和祷告**。见习修士要不断向自己的长老敞开心扉，它的意义在于见习修士在与罪和思想斗争时，能够意识到自己的无助，毫无保留地把自己交托给长老，并学会**克制**。敞开心扉、坦诚交谈的另一结果就是**平静**，谁说出来，谁就平静，这也是见习修士顺从的结果和功绩。所以要不断地忏悔，在神面前祷告。祷告作为恩赐，是人和神沟通的桥梁。祷告是智慧向神的上升，苦修中最常用的是**耶稣祷告**。[①] 在长老制牧养下，见习修士获得的最常见、最快的成果是**克制**，而修炼的理想是最大限度地接近神，与神结合，达到**神化**。

从长老制**修行方式**的内容可以看出，长老制与静修主义在内容上几乎完全一致。在 18 世纪，一些教父和长老的静修主义思想，被长期研究东方教会教父内部操练的阿封山修士，圣山人尼科季姆（Никодим Святогорец，1748—1809）编成文集，于 1782 年用希腊语在威尼斯以《爱善集》（«Филокалия» 或 «Добротолюбие»）的名字出版。尼科季姆工作的意义在于把供给宗教导师精神食粮的文献资料汇成文集。《爱善集》收录了新神学家西蒙、西奈山的格里高利和格里高利·帕拉马等人的修行实践理论和思想，而他们也正是静修主义思想传统的建立者和完善者。这部文集对 18 世纪末俄罗斯东正教长老制的复兴起着重要作用，俄罗斯东正教长老制复兴的关键人物圣帕伊西曾到阿封山朝圣，并在那里生活多年，在那里他接受了静修主义思想和修行实践，回国后与其他人一起把《爱善集》翻译成斯拉夫语，于 1793 年出版。以往俄罗斯东正教长老制中经常是"一个

---

① 耶稣祷告的祷文是："主耶稣基督，神的子，宽恕我这个罪人吧。"

人决断另一个人的智慧和良心",①《爱善集》的翻译和推广,克服了这一主观性较强的弱点,增强了长老制的理论基础。在实际操练中,《爱善集》对于长老来说,是一部类似于指南或指导的书籍。而通过它,修士们也可以很便捷地向伟大教父-修行者们学习;通过它,长老对自己门徒的个人影响获得了极大提升。

所以,东正教教父、长老的静修主义思想也成为东正教长老制**修行方式**的理论和实践基础。也正是由于东正教长老制,静修主义和神秘主义信仰才结合成完整的宗教**牧养体系**,逐渐形成"内部操练"的传统。

## (二) 东正教长老制修行方式的实质

就实质而言,东正教长老制是静修主义修行**实践**的一个变体,它随着修行生活的历史发展而变化,具有一些新的特点。但是其目标和本质没有改变,那就是与神结合,达到神化,实现现世的拯救。

长老制修行方式,即静修主义实践的意义不仅在于满足人们对永生的渴望和追求,更主要的是来自于现世的需要,一种寻求安全的需要。如杜威在《确定性的寻求——关于知行关系的研究》中所说:"人寻求安全有两种途径。……一种是通过行动改变世界的方法,而另一种则是在感情和观念上改变自我的方法。"②当人们对于改变世界力不从心时,自然会选择后一种方法,那就是改变自我。在现世摆脱痛苦,获得快乐的方法也是同样的道理。要么消灭痛苦的根源,痛苦的根源是什么? 在自然界和人类世界,痛苦不是别的,是人对某种

---

① В. И. Экземплярский. Старчество. Окончание. Начало. «Церковная жизнь»: 1992г. в No2.
② 【美】约翰·杜威:《确定性的寻求——关于知行关系的研究》,傅统先译,上海:上海人民出版社,2004年,第1页。

外物的屈从。这是一些强大的外在力,人面对它无能为力、无法征服时,自然就会痛苦。奥古斯丁把痛苦归罪于自由。这是宗教的解释,其目的与杜威所说的寻求安全的第二种途径一样,转移人们的视角,从人类自身寻求克服痛苦的方法,即丰富武装自己,让自己对痛苦的感觉钝化。要实现这一目标,就要进行修炼,同长老制修行实践一样,让自己达到幸福的状态,与神结合,神化。从自身观念上摆脱痛苦、达到幸福状态,笔者认为,这就是东正教长老制修行方式以及其他苦修方式的实质和作用。

## 第三节　俄罗斯东正教长老制研究的
## 意义及本书构架

### 一　俄罗斯东正教长老制研究的意义

有种说法,俄罗斯东正教是现世的宗教,它相信人类在现世通过修炼就能够与神结合,达到神化,最终能够得到拯救,实现回到天堂的梦想。这种与神结合的神秘体验反映在俄罗斯东正教静修主义当中。正如霍鲁日所说,静修主义是东方基督教,即东正教的核心内容。[①] 它不仅反映了俄罗斯东正教的特征,同时对俄罗斯文化和民族性的形成也有着巨大影响。根据霍鲁日的观点:"俄罗斯东正教长老制产生于俄罗斯静修主义内部,并与心智修炼实践不可分割地联系在一起。"[②] 在俄罗斯,对于静修主义复兴来说,长老制成为其主要形

---

① 【俄】C. C. 霍鲁日:《静修主义人学》,张百春译,《世界哲学》2010 年第 2 期。
② 【俄】C. C. 霍鲁日:《俄罗斯长老制的精神基础与人学基础》,刁科梅译,张百春校,《俄罗斯文艺》2012 年第 2 期。

式。长老制在俄罗斯东正教的地位和作用几乎等同于静修主义,甚至有人认为,苦修思想流派在拜占庭晚期叫做静修主义,而在俄罗斯被称为长老制。这等于说静修主义和俄罗斯东正教长老制是一个概念的两种说法。虽然这种说法有待商榷,但它说明了长老制与静修主义不可分割的联系。从长老制牧养方式的内容和目标来看,长老制是静修主义和神秘主义信仰结合而成的完整宗教牧养体系,也是"内部操练"的传统,是静修主义得以传播和实现的精神实践体系。

正如宗教历史学家斯莫里奇所说:"如果我们关注一下 19 世纪俄罗斯思想史,我们看一下果戈理或斯拉夫派,陀思妥耶夫斯基或后来的整个哲学界,直到最近,我们总能找到与古代教会圣徒的联系,他们的思想是这些哲学家们努力重新形成和深化的。从这一观点来说,长老制具有特殊的意义。"[1]"陀思妥耶夫斯基的长篇小说《卡拉马佐夫兄弟》中的佐西马长老形象,是以艺术的形式第一次尝试描写长老。上个世纪 40 年代,在奥普塔修道院长老马卡里引导下的俄罗斯思想家伊万·基列耶夫斯基说:'所有书本和思想的实质是寻找到神圣的东正教长老,他能成为你导师的话,你就能够把自己每一个思想都告诉他,并听到关于这一思想,不仅是长老的意见,也是古代教父们的意见。那些长老,感谢神,还在罗斯!'"[2]除了长老马卡里外,长老阿姆夫罗西也对俄罗斯知识分子、作家、哲学家以及俄罗斯当时的社会都产生过影响,这些论述在书中都会有所体现。可见,俄罗斯东

---

① И. К. Смолич. «Русское монашество 988－1917—жизнь и учение старцев». Москва. 1999. С. 375.

② И. К. Смолич. «Русское монашество 988－1917—жизнь и учение старцев». Москва. 1999. С. 376.

正教长老制在俄罗斯的重要地位和作用。

众所周知,俄罗斯东正教是俄罗斯文化的源泉,所以说要想理解俄罗斯文化和俄罗斯民族,就要了解俄罗斯的东正教。如同中国的道教一样,鲁迅曾说,不了解中国的道教,就不会了解中国的文化。而长老制又是俄罗斯东正教的灵魂,所以研究俄罗斯东正教长老制具有重要的意义,理解和掌握了俄罗斯东正教长老制,也就抓住了俄罗斯东正教的核心;抓住了东正教的核心,也就从根本上理解了俄罗斯东正教;理解了俄罗斯东正教,也就理解了俄罗斯文化和俄罗斯精神,理解了俄罗斯这个民族。

## 二 本书构架

由于国内对俄罗斯东正教长老制的介绍很少,加之对"长老制"一词的翻译容易对中国读者造成误解,以为长老制只是一种制度。其实它对于修行者来说是一种修行方式;对于修道院来说是一种精神牧养体系,即长老引导见习修士的一种修行实践。对长老制完整的历史及其对社会的影响研究,无论是在俄罗斯,还是在中国,都是微乎其微。

针对俄罗斯东正教长老制研究的这一学术背景,本书根据大量的文献资料,总结发现了俄罗斯东正教长老制的历史发展轨迹以及每一历史时期的重要代表人物,以其发展阶段、历史时期和著名代表人物为线索,完整地梳理了俄罗斯东正教长老制这一修行或牧养方式的历史,分析研究其历史发展过程中所反映出的问题以及复兴繁荣时期对俄罗斯文学和民族精神的影响。由此,本书分为七个部分:第一部分为导言,厘清静修主义和东正教长老制的概念、长老制主体间关系、深层意义以及俄罗斯东正教长老制研究的意义等问

题;第二部分是俄罗斯东正教长老制的前史研究,主要研究拜占庭的苦修传统;第三部分是研究俄罗斯东正教长老制的产生和早期发展问题;第四部分是研究俄罗斯东正教长老制的衰弱问题;第五部分是研究俄罗斯东正教长老制的复兴与繁荣问题;第六部分是研究19世纪末和20世纪初的俄罗斯东正教长老制的发展问题以及苏联时期和苏联解体后的东正教长老制的状况;第七部分是研究俄罗斯东正教长老制对俄罗斯文学的影响问题;最后部分是总结发现俄罗斯东正教长老制的核心特质以及长老制对俄罗斯民族精神的影响。

　　总之,本书在系统研究梳理俄罗斯东正教长老制产生发展历史的同时,继续深入挖掘俄罗斯东正教长老制对俄罗斯文学和民族精神的影响,较为系统完整地研究了俄罗斯东正教长老制这一修行现象。

# 第四节　俄罗斯东正教长老制的研究成果及文献综述

## 一　国外研究成果及文献综述

### (一) 俄罗斯东正教长老制历史研究

　　对于俄罗斯东正教长老制研究,在俄罗斯带有一定**历史性研究**的学者,主要是宗教历史学家 **И. К.** 斯莫里奇,他关于俄罗斯东正教长老制的著作《俄罗斯的修行生活988—1917年——长老的生活和学说》(1999年)一书,按照他本人的话说,本书不是完全意义上的俄罗斯东正教长老制历史的研究,这从该书的内容也可以看出:该书先从俄罗斯修行生活的历史入手,在该书的第二部分,着重论述俄罗斯东正教长老制,其中针对俄罗斯东正教长老制在罗斯出现的时间问题,提出自己的观点,又论述了俄罗斯东正教长老制的基础、发展、兴盛,并且介绍了奥普塔的主要长老,包括马卡里、阿姆夫罗西等;最后是萨罗夫修道院的长老谢拉菲姆的介绍和评述。H. B. 西尼岑娜(Синицына)主编的《11—20 世纪俄罗斯修道生活和修道院》(2002年)一书中有一篇 B. A. 古丘莫夫(Кучумов)的文章《俄罗斯东正教长老制》,主要分析了彼得一世改革给俄罗斯东正教长老制带来的几个后果,在《新的修道院,新的宗教性》一节中论述了一些修道院对俄罗斯修行生活的复兴所作出的贡献。学者 И. M. 孔采维奇(Концевич)的著作《长老制:古代罗斯之路上的圣徒精神财富》(1994 年),主要从理论上研究了长老制,包括长老制的概念,历史中的长老制和精神训导,古代东方的修行生活,静修主义,俄罗斯与东方的联系;从历史的角度研究了 11—19 世纪俄罗斯的修行生活。大司祭亚历山大·索洛维约夫(Соловьев)的著作《长老制》(2009 年)一书,与孔采维奇的长老制研究一样,主要也是理论研究。该书内容包括:长老制的定义;长老制存在的必要性;长老制的实质和长老在其中的作用;见习修士与长老的关系;长老制引导下的修行成果等。修女伊格纳佳(Игнатия)写的《罗斯的长老制》(1999 年)一书,虽然理论性和逻辑性不高,但该书是从亲身体验者的角度记述了俄罗斯东正教长老制的牧养体系,虽有一定的历史性,但主观性较强。B. И. 艾克杰姆普利亚勒斯基(Экземплярский)的《长老制》(1999 年)一书具有一定的理论性,论述长老与学生的关系,长老制衰落的原因等,但其历史性的叙述不多。霍鲁日(Хоружий)的著作《静修主义现象学》(1998 年)一

书,主要是关于静修主义的哲学思考,其中也包括了静修主义修行实践的内容,对于研究俄罗斯东正教长老制的牧养体系有很大的帮助。而马特菲伊·古德利亚夫采夫(Матфей Кудрявцев)编写的《东正教修行生活史》(1999年),主要是修行生活的历史,关于长老制的研究很少提及。

## (二) 俄罗斯东正教长老制哲学研究

对长老制的研究,在**哲学方面**有突出贡献的是 C. C. 霍鲁日,他的文章《宗教和人类学基础上的俄罗斯东正教长老制》(2004年),从人学的角度对俄罗斯东正教长老制的实质和特点以及长老与修士之间的人学关系进行分析论证,其中也提及俄罗斯东正教长老制与古代静修主义的渊源关系。A. Л. 别克洛夫(Беглов)在文章《19世纪俄罗斯东正教长老制:新的还是教父的?》中分析了俄罗斯东正教长老制的特点和形成这些特点的原因。他在 2008 年莫斯科的国际学术-神学大会上的报告《教会传统中的长老制》(2008年)中也对俄罗斯东正教长老制进行了理论研究,报告内容涉及长老制的定义;精神引导作为基督教苦修的因素,也就是长老制的实质;长老制出现的时间;长老制中精神引导的范畴;对长老和学生的要求;忏悔神父与长老的区别等。C. O. 扎哈尔切科(Захарченко)的论文《奥普塔的圣马卡里和阿姆夫罗西信中的长老制特征》和柳德米拉·伊柳尼娜(Людмила Ильюнина)的论文《俄罗斯东正教长老制:在俄罗斯长老活动中心》,是以介绍奥普塔修道院和萨罗夫修道院长老的特点和功绩为主。И. В. 阿斯泰勒(Астэр)写了一部关于当今俄罗斯东正教修行生活的社会哲学的著作《现代俄罗斯东正教修行生活:社会-哲学分析》(2010年),书中通过调查问卷的实证研究方法,对当今俄罗斯社会东正教修行生活状况进行调查和分析，对于本书苏联解体后的长老制状况研究提供了有力的证据和资料。

## （三）俄罗斯东正教长老制历史文献

对于长老研究的历史文献，主要是**传记**：根据喀琅施塔德的圣徒约翰（Иоанн Кронштадтский）日记编写的传记《我在基督里的一生》（2005 年），记录了俄罗斯的白神品长老喀琅施塔德的约翰本人一生的修行生活和功绩。美国纽约大学历史教授娜杰日塔·基岑科（Надежда Киценко）所著《我们时代的圣徒：喀琅施塔德的约翰神父和俄罗斯人民》（2006 年）一书，描写了约翰神父的修行生活和他的神奇功绩以及对俄罗斯人民服务的精神。基岑科的研究有着扎实的史料基础，包括神父的日记和书信以及档案资料，翔实可靠地为当代人展现出俄罗斯东正教长老制人民性的特点。谢尔基·切特维里科夫（Сергий Четвериков）所写的关于帕伊西的传记《摩尔达维亚长老帕伊西·韦利奇科夫斯基》（1976 年），主要讲述帕伊西长老的生平、学说和历史功绩；沃洛格达和托季马的修士大司祭尼康（Никон）编写的关于圣谢尔基长老的《长老谢尔基·拉多涅日斯基传记》（2003 年）主要记述了谢尔基长老的功绩和训诫。图拉的都主教别列夫斯基·阿列克西（Алексий）所写的传记《俗世中的长老：圣阿列克谢·梅切夫》记述了 19 世纪末 20 世纪初长老梅切夫的苦修历程及功绩，对于了解当时的俄罗斯东正教修行生活状况和长老制处境有所帮助。

关于**俄罗斯长老历史**的著作：科夫切克（Ковчег）的《伟大的俄罗斯长老——传记、奇迹、精神引导》（2011 年）一书，内容包括了 200 多年的俄罗斯东正教长老制的历史，从索拉的圣尼尔和帕伊西·韦利奇科夫斯基，到我们的现代人——修士大司祭约翰（克列斯基亚京）

和大司祭尼古拉·古里亚诺夫。书中主要介绍各位长老的宗教学说和修行经验,特别是书中详细记述了一些苏联时期和当代一些著名长老的苦修经历和修行观,这为本书关于苏联和当代长老制状况的研究提供了宝贵资料。类似的著作还有莫斯科的阿尔托斯·梅吉亚出版社 2008 年出版的《20 世纪伟大的长老》以及德米特里·奥列霍夫(Дмитрий Орехов)所写的《20 世纪俄罗斯圣徒和苦修者》(圣彼得堡,2006 年),这些著作都为 20 世纪的长老制研究提供了有益帮助。斯列坚斯克修道院出版的《19 世纪伟大的奥普塔长老书信》(2001年)一书,收录了奥普塔修道院著名长老列昂尼德、马卡里、阿姆夫罗西等人写给修士和平信徒的近百封信,这为研究奥普塔修道院长老制人民性特点提供了重要文献材料。

在俄罗斯东正教长老制前史研究方面,主要有 А. И. 西多罗夫(Сидоров)的著作《古代基督教苦修和修行生活的产生》(1998 年),书中主要阐述了公元 2—3 世纪古代基督教苦修和公元 4—5 世纪初基督教东方的修行生活;公元 4—5 世纪初西方苦修传统和东方修行生活对其影响;公元 4—6 世纪上半期苦修神学的繁荣和基督教西方的修行生活。类似著作还有 П. С. 卡赞斯基(Казанский)所写的《东方正教修行生活史》(2000 年),以及格奥尔吉·弗洛罗夫斯基(Георгий Флоровский)所著的《教会的东方教父》一书,都是记述古代东方基督教修行生活的起源和初步发展,对于研究俄罗斯东正教长老制的起源问题提供了帮助。

## (四)与俄罗斯东正教长老制有关的历史原著和译著

历史**原著**文献,主要是斯列坚斯克修道院 1997 年出版的《爱善集》(选集)。《爱善集》是公元 4—15 世纪东正教圣徒的宗教作品集,大部分文章属于静修主义作品。文集是由圣山人尼科季姆和科林斯的马卡里编写，第一次于 1782 年用希腊语发表。斯拉夫语版的《爱善集》是帕伊西·韦利奇科夫斯基主持翻译的，在 1793 年出版。其中收录了圣安东尼、圣马卡里、圣阿爸伊赛亚、圣苦修者马可、斯图底的圣德奥道罗、西奈的圣尼尔、圣帕拉马、圣新神学家西蒙等圣徒长老的训诫和箴言，是一部修炼者、修士和长老的修行指南。

国外**译著**的文献中，主要有戴桂菊翻译的索福罗尼的著作《精神巨匠——长老西拉》(2007 年)，该书类似于传记，其中主要记述长老西拉的功绩和对俄罗斯人民的影响，这部翻译作品让中国人了解了俄罗斯的长老，以及长老在俄罗斯民众心目中的地位和作用。杨德友翻译的美国汤普逊的著作《理解俄罗斯：俄罗斯文化中的圣愚》(1998 年)一书，介绍了俄罗斯文化中的圣愚现象。书中认为，真正圣愚——是俄罗斯修行生活中的一种长老类型，但是一部分没有真正修行成功的疯癫长老被称为圣愚，这是修行生活衰退、堕落的表现，尤其是当尼古拉二世时期格里高利·拉斯普京这一圣愚形象的出现，是造成人们对长老这一概念误解的一个原因。杨烨、卿文辉翻译的尼古拉·梁赞诺夫斯基和马克·斯坦伯格的著作《俄罗斯史》(2007 年)一书中，就有对尼古拉二世时期的格里高利·拉斯普京对当时社会、政治影响的记述。而耿济之翻译的陀思妥耶夫斯基的小说《卡拉马佐夫兄弟》(1981 年)中也有对长老的描写，佐西马长老这一文学形象是俄罗斯真正长老的代表，他身上不仅有神授的能力，如能够治病救人，使重病之人康复，使失明者看见等，而且教育和牧养着大众和信徒，有着俄罗斯东正教长老制人民性的特点。这一长老形象使人们对于长老的认识更加生动具体。

## （五）国外研究俄罗斯东正教长老制对文学和民族精神影响的成果

在国外多是东正教整体对俄罗斯文学的影响，较少有深入到东正教修行层面对俄罗斯文学或精神的影响研究，东正教长老制对俄罗斯民族精神和文学的影响研究则更少。相近主题的研究是俄罗斯科学院俄罗斯文学研究所副所长、语文学博士弗拉基米尔·科捷利尼科夫（Владимир Котельников）所写的《东正教苦修者与俄罗斯文学》（Православные подвижники и русская литература）（2002 年）一书，该书指出了 19 世纪文学中含有基督教禁欲主义的苦修思想是合乎当时社会语境的，文学显现出对修道院和修行生活的兴趣，涉及修道院的主题在当时一些作家作品中得到体现，主要列举了普希金、陀思妥耶夫斯基、托尔斯泰和果戈理等一些作家的作品。同时介绍了这些作家与奥普塔修道院的关系，为探寻长老制对作家思想的影响提供了依据。俄罗斯文学界研究东正教对俄罗斯文学的影响，大致分三种情况：**第一种**是以分析文学作品中宗教主题和思想为主的**文本层次研究**，如伊·阿·耶萨乌洛夫（И. А. Есаулов）的《俄罗斯文学中的聚和性范畴》（Категория соборность в русской литературе）（1995 年）一书，主要通过分析普希金、果戈理、托尔斯泰等作家的文学作品中的聚和性思想和东正教传统，通过文学的视角对于民族精神中的聚和性做出思考，与本书所探寻的文学中体现的长老制对俄罗斯民族精神的影响，在文本分析部分相近，但本书角度主要集中在长老制而不是东正教传统上。**第二种**是以探寻作家宗教思想对其文学创作影响为主的**文化层次研究**，此类研究在宗教哲学与文学结合的领域较多，如德·谢·梅列日科夫斯基（Д. С. Мережковский）的《托尔斯泰与陀思妥耶夫斯基》(Толстой и Достоевский)(1914 年)一书,第一卷在两位作家生平与创作中揭示了作家的思想发展历程,第二卷结合两位作家的作品揭示作家思想在作品中的反映。这种先从作家思想入手,与本书中长老制对作家思想影响部分相合。**第三种**是上述两种的综合,既有文本层次的研究,又有文化层次的研究,这主要体现在杜纳耶夫(Дунаев)的《东正教与俄罗斯文学》(Православие и русская литература)(1997 年)四卷本中,这部著作的研究类似于文学史的研究,按照时间顺序研究东正教与文学的关系,其中既有宗教主题在文学文本中的体现,又有对具体作家思想及作品的研究。本书长老制对俄罗斯文学的影响研究与杜纳耶夫的这部著作的研究思路相近,也是结合两种层次的研究。

## 二 国内研究成果及文献综述

国内对于俄罗斯东正教长老制的研究很少,可以说俄罗斯东正教长老制在国内还鲜为人知。对于长老制的**历史研究**几乎是一片空白,国内关于俄罗斯东正教长老制的记述主要是乐峰主编的《俄国宗教史》(2008 年),其中对俄罗斯东正教长老制有一定介绍,对于了解东正教长老制在俄罗斯教会和修道院的地位和状况十分有益;与俄罗斯东正教长老制相关的著作,主要是许列民著的《沙漠教父的苦修主义》(2009 年)一书,该书主要研究基督教早期苦修的一段历史,与俄罗斯东正教长老制没有直接联系,但可以提供俄罗斯东正教长老制前史研究中关于古代长老苦修的一些材料。戴桂菊的《俄罗斯东正教会改革》(2002 年)一书,主要研究俄罗斯东正教会改革的历史,对于俄罗斯东正教长老制衰弱原因的挖掘有很大的帮助;王亚平的《基督教的神秘主义》(2001 年)中涉及到基督教的神秘主义基础上的

苦修,对于理解基督教苦修精神有很大帮助。包利民翻译的狄奥尼修斯的著作《神秘神学》(1998 年)中对教阶体系的论述,对于研究长老制这一精神引导、牧养体系有一定的启发作用。张百春的《当代东正教神学思想》(2000 年)一书主要研究当代东正教的神学思想问题,为本书神学术语的解释和宗教思想的研究提供了重要资料。

对于俄罗斯东正教会在苏联时期的状况研究有傅树政和雷丽平合著的《俄罗斯东正教会与国家》(2001 年)一书,该书揭示了苏联时期教会的生存状态,提到关于苏联政府对待教会和修道院的一些政策和关闭修道院的情况,对于研究苏联时期修道院的修行生活有一定帮助。而陈志强著的《拜占廷帝国史》(2006 年)和张建华著的《俄国史》(2004 年)主要研究拜占庭和俄国的历史,这为本书提供了历史背景研究史料。徐凤林著的《东正教圣像史》(2012 年)一书中关于东正教术语的翻译和书中关于静修主义的记述,为本书在术语翻译和圣像知识方面提供了宝贵资料。

**在国内**,俄国东正教长老制对俄罗斯文学和民族精神的影响研究极其缺乏,而且同国外研究一样,主要还是集中在东正教与俄罗斯文学研究的层面,缺少东正教内部的修行思想对俄罗斯文学和民族精神的研究。任光宣的《俄罗斯文学的神性传统——20 世纪俄罗斯文学与基督教》(2010 年)一书中,主要研究俄罗斯 20 世纪一些作家作品中的基督教主题。刘锟的《东正教精神与俄罗斯文学》(2004 年),从整个俄罗斯文学中体现的东正教观念入手,结合文本分析来研究文学与宗教的关系。其中涉及一些东正教观念在文学中的体现,但没有涉及这些观念与民族精神的关系。同样,具有纵向概括性研究俄国文学与宗教关系的文章和著作也不多。任光宣的文章《俄国文学与宗教》(1992 年),梳理了俄国古代文学一直到 19 世纪俄罗斯文学所受到的宗教影响。该文具有全面性和概括性,不仅涉及俄国东正教,而且还涉及多神教、喇嘛教以及天主教对俄国文学的影响,但没有涉及东正教修行思想与俄国文学的关系。在国内较多的是研究某位具体作家的宗教思想及其在作品中的体现,具有一定文化层次研究,但观点有些陈旧。如许田田的文章《果戈理的宗教思想》(2014 年),主要对果戈理的人生、创作、精神世界作了全面考察,将果戈理的创作生涯作为一个整体进行研究,追寻宗教思想在果戈理精神世界和作品中的发展演变轨迹,分析果戈理作品中所体现出的东正教观念,这些宗教观念基本都是基督教的基本观念,缺乏更为深入细致的挖掘。国内涉及东正教内部修行生活与俄罗斯文化关系的作品更是稀少,主要是皮野的文章《基辅洞窟修道院在俄罗斯文化中的意义与价值》(2012 年),该文主要研究修道院在俄罗斯文化中的作用,而且主要是修道院修士文献对俄罗斯早期的古代文化的影响,基本没有涉及 19 世纪的俄罗斯文学,也没有涉及修行思想对民族精神的影响。

# 第一章

## 追宗溯源
### ——拜占庭时期的东方基督教苦修传统

拜占庭的历史长达 1123 年,起自公元 330 年,止于 1453 年君士坦丁堡被奥斯曼土耳其军队攻陷。[①] 其疆域在帝国初期基本囊括原罗马帝国的大部分领土。公元 337 年君士坦丁一世去世时,其领土包括多瑙河以南的巴尔干半岛、黑海及其沿岸地区、幼发拉底河以西的小亚细亚、叙利亚、巴勒斯坦、尼罗河第二瀑布以北的埃及、北非的马格里布地区、西班牙南部沿海、高卢和意大利。上述疆域直到公元 5 世纪初仍然没有太大变化。

6 世纪末以后的一个世纪,拜占庭帝国领土变动较大。斯拉夫人和阿瓦尔人侵入巴尔干半岛,波斯军队进犯其亚洲领土,兵抵地中海东部沿海。伦巴底人侵占意大利的大部分领土。7 世纪中期,阿拉伯人进攻导致拜占庭帝国失去其在亚洲和非洲的大片领土。8 世纪时,拜占庭帝国疆域仅包括阿纳多利亚高原和幼发拉底河上游为

---

① 陈志强:《拜占廷帝国史》,北京:商务印书馆,2006 年,第 13 页。

东部界标的小亚细亚地区和以马其顿北部为边界的巴尔干半岛,以及爱琴海及其岛屿。9 世纪是拜占庭帝国国力增强和对外扩张时期,其疆域有所扩大。到了 10—11 世纪,其疆域推进到了两河流域中上游和美索不达米亚地区,向南推进到叙利亚和巴勒斯坦地区的凯撒利亚城。

第四次十字军东征攻占拜占庭帝国首都君士坦丁堡给帝国以沉重打击,开始了拜占庭衰落的历史。1261 年开始,各地拜占庭人政权在承认拜占庭中央政府宗主权的同时,实行独立统治。这一情况一直到拜占庭帝国灭亡。[①]

因为俄罗斯东正教长老制源于拜占庭的苦修传统,所以本章主要是研究拜占庭时期东方基督教的苦修传统,为以后几章研究俄罗斯东正教长老制打下基础。

# 第一节  东方苦修生活的产生及其传播

## 一 公元 4—5 世纪初的东方[②]基督教苦修生活

公元 2—3 世纪基督教苦修生活在埃及和西奈已经出现,个别"苦难圣徒的活动"[③]可以证明。他们作为隐修者离开城市,住在沙漠、洞窟和深谷里,居无定所,一些人的苦修是为了躲避迫害。在那时,这样的出走是例外、个别现象。而苦修生活开始发展是在 4 世纪

---

① 陈志强:《拜占廷帝国史》,北京:商务印书馆,2006 年,第 15—16 页。
② 希腊地处欧洲东部,自古以来被欧洲人认为是东方,所以希腊文化代表着东方文化;而拉丁文化代表着西方文化,这种东西方文化的划分完全不是现在意义上的东西方文化的概念。
③ Gobry I. Les moines en Occident, t. I. Paris, 1985, p. 16.

初,到了君士坦丁大帝时期,人们开始向往搬到沙漠里苦修。首先从埃及开始,修行生活道路开始分裂,形成两种修行类型:隐修和共同修行。

## (一) 埃及地区的苦修生活

古代修行生活的第一个领袖是圣大安东尼(Антоний Великий)。如哲罗姆(Иеронин)所说:"安东尼与其说是苦修士中的第一位,不如说是唤起人向这种生活方式努力的人。"①所以,称他为修行生活的奠基人,指的是,由于他苦修生活这一形式得到快速普及。他的道德苦修训诫和观点奠定了以后所有苦修生活的基础。②

## 1. 圣安东尼的生平概要

圣安东尼是科普特人,公元251年生于一个普通却富足的埃及农民家庭。他从童年起就具有真正苦修者的特征:"安静、沉思,喜欢独自思考,不喜欢喧闹,逃避社会,甚至不喜欢参加童年的游戏和玩耍。安东尼为自己寻找伟大的慰藉和平静,经常参加教会的聚会和祷告仪式。还是年轻人时,他就在周围环境的影响下,不断地祷告,严格斋戒。"③20岁时父母同时去世,这更加坚定他远离俗世的决心。安东尼把财物和金钱分给穷人,把妹妹托付给一个虔诚的贞女,自己开始在离家不远的地方苦修。据阿法纳西著作所说,这时,"在埃及修道院数量不多,修士还一点不了解伟大的隐修院。每个希望苦修的人,只是在离自己村庄不远的地方隐修。"④年轻的安东尼去找了一

---

① Творения Блаженного Иеронина Стридонского, ч. 4. С. 1.

② Лобачевский С. Указ. Соч., С. 17–18.

③ Извеков М. Указ. Соч., С. 82–83.

④ Святитель Афанасий Великий. Творения в четырёх томах, Т. III. М., 1994. С. 178–250.

位年轻时就独自苦修的长老。不仅如此,只要听说哪里有虔敬者,安东尼就立刻去那里。他像一只智慧的蜜蜂,到处采集各种花蜜,丰富自己。安东尼的经历表明,教会传统是修行生活产生的一个源泉。在精神苦修方面,这一传统的载体是长老。因为"长老制是与修行生活同时代。寻求修行生活的人,放弃俗世后,去到有经验的苦修者那里,接受他的引导,有经验的苦修者对于寻求的人来说,就是阿爸-长老。对于刚开始的修士来说,所有的内部和外部的修行生活和修道院的纪律,就是长老的意志和论断。这就是最简单的长老制形式,这种形式与隐修生活,也是修行生活的最原始形式。作为隐修者的圣安东尼已经有了长老-引导者"。①

公元 308 年,当对基督徒的迫害爆发时,圣安东尼与其他修士一起告别了自己的隐修地。从亚历山大回来后,圣徒的名声远扬,更多的人开始涌向他。最看重祷告独处的他,为了躲避这种荣誉的纷扰,决定为自己选择一个新的修炼地点。于是他去了更远的红海岸边,在那里选了一座高山定居下来。在这里度过了余生,直到去世。"在安东尼生前,他和门徒之间既没有院长,也没有修士等级的划分,大家相互之间是平等的关系。如果安东尼被门徒尊为导师,对于他来说,对待自己的门徒没有后来集体制修道院院长那样,要求门徒严格履行一定的原则规章。"②

## 2. 圣安东尼的苦修思想

关于避世,圣安东尼"首先,要求人们牢记赐予死亡和生命的上

---

① Смирнов С. Духовный отец в древней восточной церкви (История духовничества на Востоке),ч. 1. Сергиев Посад, 1906. С. 14.

② Извеков М. Указ. Соч., С. 275.

帝,要厌弃世界以及其中的一切,厌弃来自肉体的所有安逸,远离尘世生活,这样你就能活在上帝中。其次,安东尼也非常强调祷告的重要性"。[1]

关于魔鬼的本质和与之斗争的对策,在《圣安东尼传》中有明确的表述。首先,安东尼说,魔鬼是从天上堕落下来,他们是说谎之人的祖先,以恐吓威胁、杀人害命为乐。他们曾经欺骗希腊人,现在又特别记恨我们基督徒,因为我们想要摆脱他们前往天国。[2]

关于善灵和恶灵,圣安东尼指出了善灵和恶灵的区别:善灵的出现使人宁静,恶灵的出现使人恐惧。天使和善灵会消除人的恐惧,魔鬼则设法增强人的恐惧。应对恶灵的方法首先需要克制情欲和激情。另外,我们可以通过祷告和赞美诗驱赶魔鬼和恶灵,口称基督之名斥责贬低它们。魔鬼们听到基督的名字就会乱作一团,甚至互相扭打,最终逃之夭夭。最后,安东尼指出,修士苦修绝对不是为了获得预言能力,而是为了要在上帝的帮助下征服魔鬼,与上帝联合。[3]

## 3. 圣安东尼苦修思想的传承

圣安东尼的门徒分布在埃及各地和周边国家,他们把圣徒的苦修思想传播到各处,并创立了一些新的修行生活中心。即使一些修行生活中心独立了,伟大的长老对于门徒们来说仍是"吸引点",在他们和圣徒之间仍保持着紧密的联系。

在下埃及形成的修行生活中心就是很好的例子。这里的奠基人

---

① 许列民:《沙漠教父的苦修主义》,上海:上海人民出版社,2009年,第132—133页。
② 许列民:《沙漠教父的苦修主义》,上海:上海人民出版社,2009年,第135页。
③ 许列民:《沙漠教父的苦修主义》,上海:上海人民出版社,2009年,第139—146页。

是圣尼特里亚山的阿蒙(Амон Нитрийский),在圣安东尼的建议和引导下,他与自己的妻子以处子之身生活了大约 18 年。后来他到了尼特里亚山上,这大约是在公元 315—320 年,过了不久,这里的苦修人数达到 5000 左右。尼特里亚山的修行生活具有半集体制的性质,结合了隐修和集体修行的特征。鲁芬是这样描写尼特里亚山的苦修者们的生活:"在这个地方可以看到 50 个茅舍或更少。每个茅舍里一般都住着几个人,有的甚至只有一个人。彼此单独生活,大家彼此不分的是精神、信仰和爱。"①

离尼特里亚山向沙漠深处几公里是凯里(Келлии),凯里隐修院的修士在管理上与尼特里亚山的修士联合,一般是尼特里亚山的隐修士来到这里,在这里他们度过默祷的苦修生活。在凯里隐修院著名的苦修者亚历山大的马卡里(Макарий Александрийский)(公元 295—395 年)也被称为"城市人",是隐修院的长老。与之齐名的还有圣埃及的马卡里(Макарий Египетский,生于公元 300 年)。圣埃及的马卡里居住在距离凯里一天路程的荒漠里,这里的严酷条件吓走了许多人,第一个定居在这里的就是圣埃及的马卡里。后来这里因许多杰出的苦修者而繁荣起来。圣埃及的马卡里生于下埃及的一个虔敬的基督徒家庭。成为教士后,他按照父母的强烈要求结了婚,但与妻子以兄妹般纯洁的关系生活。妻子早亡后,父母去世,圣马卡里去了荒漠,他那时大约 30 岁。他在一座石山上凿出洞窟,进行单独苦修。还是在故乡时,马卡里就听说过圣安东尼的苦修事迹,出于仰慕和寻求圣徒指引的目的,圣马卡里出发去找圣安东尼。在圣徒那里,马卡里受到热情接待,从那里得到了精神的教诲,圣马卡里希望留在

---

① Жизнь пустынных отцев. Творение пресвитера Руфина. Сергиев Посад, 1898. C. 90 - 91.

圣徒身边修行,但圣徒没有同意。圣安东尼是这样拒绝的:"每个人应该留在上帝赋予他的地方。"①因为他高超的精神智慧,圣马卡里还是年轻人时,隐修士们就称他为"少年-长老"。②

圣安东尼去世后,许多弟兄开始在马卡里的隐修院里聚集。"他们所有的人恳求圣马卡里,为了成为他的门徒,让他们生活在圣徒身边,受到他的引导和教诲。……圣马卡里按照每个人的特点进行引导,把某些弟兄安排到自己身边,提升他们为自己最亲近的门徒"。③后来圣马卡里发现许多苦修者很乐意按照自己的引导行事,于是他把大家结合在一起,着手建起一个小教堂。因此,圣马卡里当之无愧地成为了圣安东尼伟大事业的接班人,他思想的继承者。圣马卡里大约在公元390年去世,许多门徒成为他事业的继承者。"他们中最伟大的是阿爸帕夫努季(авва. Пафнутий),他继承了导师的思想,模仿他的一切,自己也以神圣性闻名,在各处享有很高的荣誉。不仅有来自隐修荒漠的,而且还有几乎整个埃及修道院的修士都向他请教,学习他的美德"。④

## 4. 集体制修行方式的确立

在埃及,圣大帕霍米(Пахомий Великий)第一次确立了集体制修行方式。帕霍米是圣安东尼最小的同时代人。同样是科普特人,大约生于公元292—294年的上埃及,父母是多神教教徒。他是在应征

① Бронзов А. Преподобный Макарий Египетский. Его жизнь, творения и нравственное мировозрение, Г. 1. СПБ., 1899. С. 198.

② Бронзов А. Преподобный Макарий Египетский. Его жизнь, творения и нравственное мировозрение, Г. 1. СПБ., 1899. С. 201.

③ Бронзов А. Преподобный Макарий Египетский. Его жизнь, творения и нравственное мировозрение, Г. 1. СПБ., 1899. С. 212.

④ Бронзов А. Преподобный Макарий Египетский. Его жизнь, творения и нравственное мировозрение, Г. 1. СПБ., 1899. С. 268 - 269.

入伍的年龄,第一次接触到基督徒(大约在公元 312—313 年)。基督徒严格纯净的生活给年轻人留下强烈的印象,当他的军队服役通知还没有宣布时,帕霍米就已经决志,并在舍涅西特村受洗。很快,他选择了修士生活的道路,他的导师是一位有经验的苦修者帕拉蒙(Паламон),他牧养了年轻的修士七年。在帕拉蒙那里,帕霍米经历了严格的顺从训练,这决定了帕霍米修行观的主要特征。按照长老去世前的祝福,帕霍米开始在塔文尼西村的废墟里单独苦修。后来几个追求苦修生活的人,包括他的兄长约翰,与他汇合,他们一起共同生活修行。"为了确立自己首批门徒的美德,圣帕霍米为他们制定了几个原则。在这个小的集体里,吃饭、穿衣都必须统一一致"。[①] 这实现了从隐修到半隐修的集体制向集体制修行方式的过渡,在帕霍米头脑中,严格的集体制理念成熟了。他集体制修道院的理想基础是"修士训诫"和"结圣灵果子"(плодоношение богу)的祷告。

圣帕霍米的事业不断壮大,在他去世前(公元 346 年死于一场瘟疫),他管理 11 座修道院,其中两个是女修道院;到公元 4 世纪末时,大约已经有 7000 多名修士。他们大部分处于帕霍米管理领导的修道院,分布在上埃及,但梅塔尼亚修道院离亚历山大不远。圣哲罗姆是这样描述当时修士的生活:

> 在每一个修道院里有教父(院长)、管事、管理人员、仆人和首席长老,在每个房子里平均住 40 个左右的修士。在一个修道院里,尽管按修士的数量来说,要有 30 或 40 座房子;并且三个或四个房子联成单独的团体,一部分协同劳动,一部分轮班管

① Архимандрит Палладий Пахомий Великий и первое иноческое общежитие по новооткрытым коптским документам. Казань, 1899. С. 61.

理。谁第一个进入修道院,那个人就第一个坐下,第一个站起来,第一个唱圣诗,第一个吃饭时先伸手,与其他人在教堂时他先领圣餐。他们关注的不是年龄,而是生活方式。在单独修行室里除了粗席子什么都没有,两件无袖衣服和一件已经穿破的用来作铺盖或工作时穿的衣服;他们甚至平均用一个盖布,两个修士高筒帽,腰带、鞋、长手杖是在路上用。生病的人享受特别的照料和食物;健康的人要以节制为特色……做手工活的修士在一个房子里,由一位长老管理;加工粗席的组成特殊家庭;裁缝,做马车的工匠,擀毡工,鞋匠等,每一工种单独有自己的长老管理。通常每周大家让修道院的院长总结自己的工作。[①]

因此,圣帕霍米的严格集体制规章,调整了修士生活的习惯,引领修行生活进入清晰确定的轨道。

## (二) 巴勒斯坦地区的苦修生活

东方基督教苦修生活在埃及兴起,公元 4 世纪时达到鼎盛时期,到了 5、6 世纪时修行生活中心转向巴勒斯坦,那里的修行生活十分兴盛,甚至有与埃及齐名的趋势。[②] 巴勒斯坦修行生活的形成与圣安东尼的一个门徒有关,他就是圣大伊拉里昂(Иларион Великий)。他出生于加沙地区,年轻时到亚历山大接受教育。按照圣哲罗姆所说:"在所有埃及人口中听到圣安东尼的名字之后,他渴望见到圣徒,于是去了沙漠。当他看到圣徒时,立刻换掉自己以前的衣服,在圣徒身边几乎生活了两个月,为了观察圣徒的生活和严格的修行。"[③]这次以

---

① Творения блаженнаго Иеронима Стридонскаго, ч. 4, С. 54 - 56.
② 许列民:《沙漠教父的苦修主义》,上海:上海人民出版社,2009 年,第 229 页。
③ Творения блаженнаго Иеронима Стридонскаго, ч. 4, С. 13.

后,年轻的伊拉里昂回到故乡,开始一个人在离家不远的荒漠里苦修,这种苦修进行了 20 多年。后来一些人向他寻求帮助、医治和安慰,为此他来到加沙。找他寻求引导的人越来越多,他们都是渴望修行的人,因此在伊拉里昂周围形成了他的追随者团体。"像所有新建立的修士宗教团体一样,它不具有固定的原则,指定成员与院长的关系,表明他们的义务,规定修道院的生活秩序。不是这些原则把他们联系成一个完整的、不可分的整体,而是修道院奠基人的个性圣伊拉里昂的个性,使团体的所有成员服从他"。①

由于地理位置临近的原因,在加沙附近产生的修行生活倾向于埃及。"埃及和加沙修道院之间立刻建立了相互交流,表现在经常是加沙的修士拜访埃及的修道院"。②

巴勒斯坦地区另一位伟大的长老是圣忏悔者哈里顿(Харитон Исповедник),他建立了三个大修道院。法兰大修道院是第一个,按照巴勒斯坦修行生活的特殊形式建立。在圣哈里顿的身上体现了苦修和最初修行生活的关系。他的传记中记述了哈里顿像圣徒一样,经历了为基督信仰所受的许多磨难,从自己的故乡小亚细亚到巴勒斯坦,他在途中曾被强盗抓走,关在一个洞穴里。后来被主以神奇的方式救出(强盗喝光了被下毒的酒而死),圣徒就在那个洞穴里开始了自己的修炼。他自然而然地成为强盗留下钱财的继承者。"他很好地支配了这笔钱财,表现出神旨意的执行者,把一部分分给穷人和荒漠里的苦修者。他们人数不多,在遭迫害时放弃故乡来到荒漠,分

---

① Архимандрит Феодосий (Олтаржевский). Палестинское монашество в 4-6 вв. Киев, 1899. С. 13.

② Архимандрит Феодосий (Олтаржевский). Палестинское монашество в 4-6 вв. Киев, 1899. С. 22.

散住在死海附近。剩下的钱用来建了大修道院,其中最神圣的教堂,是马卡里祝圣的"。[1] 因此,大约公元 330 年在巴勒斯坦地区形成了又一个修行生活中心。"教会历史学家把法兰大修道院的生活与严格的苦修对立起来,与此同时把大修道院与集体制相区别: 大修道院仿佛形成了这两种修行生活方式之间的中间阶段"。[2]

巴勒斯坦修行生活的第三个奠基人是圣大耶夫菲米(Евфимий Великий),他生于公元 377 年,主要活动是在 5 世纪。在他的传记中记述: 耶夫菲米居住在亚美尼亚人荣耀的都主教辖区,梅利捷那(Мелитена)。父亲死后,年轻的耶夫菲米被梅利捷那的主教奥特里(Отрий)授予诵经者的教职。"经过不长时间,主教判定他已经过了童年期,他必须去学习,于是把他交给圣经的导师。从主教手中接受耶夫菲米后,导师教他更高的虔敬;耶夫菲米在短时间内超过了自己的前辈⋯⋯"[3]

正是对苦修生活的热爱,29 岁时耶夫菲米告别故乡去了巴勒斯坦,在那里他成为法兰大修道院的一名修士。不久,他与另一位虔诚的修士费奥克蒂斯特成为朋友,他们一起去了库基拉沙漠,隔绝与所有人的交往,希望用祷告与神单独交流。他们最终在沙漠里选择了一个大的洞窟进行修炼。但许多修士很快从各地涌向这里,他们的隐修地变成了修道院。开始他们并不希望把这里变成类似法兰修道院的大修道院,但由于这个地方出入很不方便,谁也不能在夜里去教堂。于是,他们只能把洞窟变成了教堂。后来,圣耶夫菲米为了追求

---

① Житие преподобнаго отца нашего Харитона Исповедника, Палестинский Патерик, вып. 10. СПБ. , 1899. С. 15 - 16.

② Архиепископ Сергий. Полный Месяцеслов Востока, Т. 3. М. , 1997. С. 34.

③ Житие иже во святых отца нашего Евфимия Великаго, Палестинский Патерик, вып. 2. СПБ. , 1898.

默祷的理想,他又去了另一个荒漠,但一些渴望修行的人又追随他而至,圣徒于是又设立了新的修道院,自己也离开那里去了沙漠。

从整体看,最初发展时期的巴勒斯坦地区修行生活具有半集体制的形式,虽然隐修生活同样繁荣,集体制开始出现。

## (三) 小亚细亚的苦修生活

在思想上与圣帕霍米很接近的是另一位伟大的启蒙者,修行生活准则的制定者,圣大瓦西里(Василий Великий),他于公元330年出生在卡帕多西亚。圣瓦西里正好赶上修行生活繁荣时期。在小亚细亚,修行生活传统相当复杂,这与耶夫斯塔菲·谢瓦斯季斯基(Евстафий Севастийский)有关。在小亚细亚,修行生活发展初期,具有十分严苛的苦修主义性质,有时会转向自己的对立面,在某些特征上类似异教梅萨里安(мессалиан)。在修行生活极端严苛方面,未必是耶夫斯塔菲本人的过错,虽然他是严格的苦修者,但不是转变为反教会观点的"极端苦修主义"。在任何情况下很难指责他为异教徒。[①]

耶夫斯塔菲的个性强烈影响着圣瓦西里的苦修观点。导师和门徒的长期友谊把他们联系在一起,直到公元373年。在关于圣灵的教条问题上,他们出现分歧。圣瓦西里根据所有的判断,还是保留对耶夫斯塔菲苦修生活实质的信任,在理论意义上他超越了自己的导师。他们共同之处是不把修行生活看作某种"精华",凌驾于"不完善的教会"之上,而是作为基督徒完善教会的理想,任何信徒原则上都能达到的一种途径。

在圣瓦西里的作品里,他清晰地表达了他的所有基督教禁欲主

---

① Gribomont J. Le Monachisme au Ive s. En Asie Mineure: de Gangres au Messalianisme // Studia Patristica, v. II, pt. 2, 1957, p. 406.

义神学的实质。那就是，坚决地"反精英治国论"（антиэлитаризм）。爱的美德是他禁欲主义神学的基础，生命的核心，对神的爱是贯穿一切的主题。根据圣瓦西里的观点，对神的爱是第一条戒律，第二条戒律是对人的爱。没有第二条戒律，第一条戒律是不可思议的，因为"通过完成第一条戒律，可以在第二条戒律上获得成功，通过完成第二条又可以回到第一条，谁爱主，那他当然爱人"。① 如果实现了这两条主要戒律，就可以吸引其他所有的美德，是基督徒通向完善的一条直路。他的著名著作《规章》，在词的本义上不是修行生活的规章，而是禁欲主义作品集，开始的名字是"Аскетикон"。后来的抄写者把名字改成"Правила"（《规章》），与圣徒自己的观点不一致，对于他来说，唯一的《规章》和律法就是圣经。② 所以，福音的理想和教会的理想在圣瓦西里的苦修生活中是牢不可破的，就像大多数的教父和长老的苦修生活一样。

在小亚细亚，圣瓦西里像圣帕霍米在埃及一样，成为集体制修行方式的奠基人。但他与帕霍米不同，圣瓦西里的集体制类型不同于帕霍米修道院那样严格的集体制。在某些地方类似巴勒斯坦的大修道院，正如圣神学家格里高利（Григорий Богослов）评价所说："瓦西里以最优秀的方式结合了两种类型的生活（集体的和隐修的）。他建了隐修室和修道院，不是远离群体和共同生活，不是仿佛有某种墙把一个和另一个分开，做到既亲近又划分界线，就像海和陆地是彼此以自己的恩赐分开，但它们又共同荣耀唯一的神。"③

---

① Творения иже во святые отца нашего Василия Великаго Архиепископа Кесарии Каппадокийския, ч 5，Сергиев Посад，1901. С. 82.

② Gribomont J. Histoire du texte des Ascetiques de saint Basile. Louvain，1953，p. 240.

③ Святитель Григорий Богослов Архиепископ Константинопольский. Собрание творений，т. 1，С. 642.

圣神学家格里高利(Григорий Богослов)为修行生活的发展和禁欲主义神学的发展做出了很大的贡献。原来倾向于隐修和静观的他被吸引到积极的教会生活中,当时的环境迫使他大部分时间都与异端作斗争,捍卫基督教的纯洁,只是在生命结束时,他才获得了所向往的永远静观。虽然在心理类型上圣格里高利区别于瓦西里,但两位圣徒的禁欲主义理想完全一致。

与上述两位圣徒观点一致的还有第三位伟大的卡帕多西亚人,圣格里高利·尼斯基(Григорий Нисский),他的哥哥是圣瓦西里。他的个人生活道路与圣瓦西里和神学家格里高利不同,他有过婚姻。虽然圣格里高利·尼斯基已婚,但通过他的论文《关于贞洁》(约公元371年)表达了他崇尚基督教苦修的精神。他把内心的贞洁放到自己全部禁欲生活的中心,强调完全支持圣瓦西里的禁欲主义理念。[1]在圣瓦西里去世(公元379年)后,他于大约公元386年丧偶,从此开始继续自己兄长的事业,引领小亚细亚的修行生活,直到去世。

由于教会伟大教父们的努力,以及知名和不知名苦修者的贡献,小亚细亚的修行生活到5世纪初获得了繁荣,达到了与埃及和巴勒斯坦地区修行生活一样的程度。

## (四)叙利亚的苦修生活

叙利亚,特别是东叙利亚地区修行生活具有独特性,独立自主地发展,为基督教世界贡献出许多杰出的苦修者和神学家。[2] 其独特性表现在叙利亚的隐修士有三种修行方式:一是露天修士,就是用石头在地上围起一个圈,或者用铁链锁住脚,甚至绑在岩石上。第二种

---

① Григоревский М. Учение св. Иоанна Златоуста о браке. Архангельск, 1902. С. 40 - 41.
② Блаженный Феодорит Кирский. История боголюбцев. М., 1996. С. 97 - 133.

是树洞修士，他们把树干挖空，住在里面。也有的住在吊起的笼子里。第三种是柱头修士，柱头修士的柱子通常都有一个直径两米多的墩子，上面再建直径一米左右的柱子。柱子顶上是一个平台，周围有栏杆，以防修士睡着时跌落。柱头修行方式在东方教会里延续到12 世纪。[①] 波斯的智者阿夫拉特（Афрат Персидский Мудрец）是叙利亚杰出苦修者之一，他的活动是在公元 4 世纪的前半期，可能在沙普尔二世迫害波斯基督徒时去世。他的著作中最引人注目的是关于修士榜样的"遗训"。这是阿夫拉特用自己特有的诗歌体所写的作品，其中渗透着圣经的精神，每一页都引用圣经的经文。在他的布道稿中，精神斗争占有特殊的地位。

总之，阿夫拉特的作品证明了禁欲主义精神在波斯基督徒中得到推广，顺利扎根，在教会生活的转折时期结出美好的果实。许多基督徒放弃俗世的一切，加入到修行行列，希望过上神喜悦的生活。

在公元 4 世纪上半期，叙利亚的修行生活还没有出现繁荣的景象，但值得注意的是在 4 世纪中期和后期，叙利亚，特别是东部叙利亚，实现了从原始修行生活向修行生活本身的过渡，叙利亚人虔诚地称马尔-叶夫根（Мар-Евген）为东方的"所有修士之父"，"启蒙者"或"东方国家的导师"，"东方教会的建设者"，甚至"第二个基督"。[②] 马尔-叶夫根生于埃及一个家庭，在圣帕霍米的修道院苦修一段时间，后来去了东叙利亚。

公元 5 世纪的教会史家苏祝门曾经记载了修行生活在叙利亚和

---

① 许列民：《沙漠教父的苦修主义》，上海：上海人民出版社，2009 年，第 233 页。

② Дьяконов А. К истории сирийского сказания о св. Мар-Евгене\ Христианский Восток，т. VI，вып. II，1918. С. 108.

波斯的传播情况。他说："我们发现在叙利亚和波斯的修道士在苦行方面几乎超过埃及……"①公元 5 世纪的柱头修士圣西缅的修行生活体现了当时叙利亚的苦修生活情况。

他先是在一间棚屋住了 3 年,然后做了露天修士。他在一块石板上用一根 10 米长的铁链吊起脚,铁链的另一头是块大石头。这样就能保持一种不坐也不躺的姿势。后来由于围观的人太多,西缅决定逃匿。但是与埃及修士逃往旷野沙漠不同,西缅选择了高空。他先是建了一个 3 米高的石柱,然后是 6 米,11 米。最后居住的柱子高达 18 米。

圣西缅在柱子顶上每日只吃一餐。白天不停地祷告,常常屈膝跪拜或者五体投地。此外就是对来访的人群劝勉布道,或解决纠纷。到了晚上,西缅通常是坐着睡觉。由于在柱子上没有任何的遮挡,他只能经受各种恶劣气候,过着极其严酷的苦修生活。柱头修士们常年居住在高耸的空中,表明了他们对上帝的敬畏和对天国的渴望,也说明他们希望成为世人与上帝的中间人。②

## (五) 君士坦丁堡的苦修生活

一般可以看到修行生活魅力导致"宗教移民",这在早期拜占庭的社会生活中起着十分重要的作用。这种移民不仅"从城市走向荒漠",而且还会"从荒漠走向城市"。因为真正爱真理的捍卫者们不仅在荒漠、高山和森林里苦修,而且还居住在城市,它们中许多地方成

---

① Sozomen, Church History, bk. 6, ch. 33, NPNF2,2：370.
② 许列民：《沙漠教父的苦修主义》,上海：上海人民出版社,2009 年,第235—236 页。

为修行生活中心,君士坦丁堡就是其中之一,这里的修道院早在君士坦丁大帝时期就已出现。①

　　鲁芬修道院(Руфинианский монастырь)是城市修行生活的榜样,它离哈尔基顿(Халкидон)很近。大约在 392 年由著名的罗马军事会议长官鲁芬建立,在拜占庭首都附近,最初这里居住着埃及的修士,鲁芬去世后这些修士很快离开修道院,是圣伊帕季(Ипатий)使这里焕发生机。圣伊帕季生于弗吉尼亚,大约在 400 年他与两个同伴在这里居住下来,他很快使修道院恢复秩序,修士人数也增加到 50 人。

　　圣伊帕季认为,对神和人的爱与"圣灵的感动"联系在一起,让人意识到这个世界的样子将要过去了(《哥林多前书》7:31)。意识到俗世的空虚和徒劳会导致与俗世的隔绝,走向偏僻之地,在那里可以在静默中向神祷告,使他喜悦。修行生活没有对圣经的思考是无法想象的,深入理解圣父们的训导思想,寻求经验,如何讨神的喜悦;只有通过悲痛和远离魔鬼的诱惑,才会得到幸福。从圣伊帕季的观点可以发现,城市生活的特殊条件没有改变古代修士禁欲主义观的实质。那就是努力侍奉神,爱他,在精神战斗中浴血奋战。苦修的理想就是通过内心的默祷,与神在祷告中不断交通,使人的灵魂得到拯救,获得新生。

## 二 东方基督教苦修生活对西方基督教苦修生活的影响

### (一) 西方基督教苦修生活的产生

　　拉丁语的西方苦修生活是受希腊东方苦修传统的影响,由希腊东方的苦修生活向其渗透而形成,它在西方推广普及是从公元 4 世

---

① Извлечено из сочинения аббата Марена, кн. 1. СПБ., 1899. С. 8 - 10.

纪下半期开始。正如 M. 斯卡巴拉诺维奇（Скабалланович）所说："在西方修行生活的发展主要模仿东方，虽然在 3 世纪西方有两个女隐修者：杰夫捷莉亚和图斯卡（Тевтерия и Туска）。在 4 世纪西方修行生活是以认识东方的、特别是埃及的苦修者而开始的。他们是圣大阿法纳西（Афанасий Великий）和圣耶拉尼姆（Иероним）。鲁芬（Руфин）的《修士史》，圣奥古斯丁和圣卡西安的作品，也都为促成西方认识东方苦修者作出贡献。大阿法纳西在公元 335 年被流放到特里尔，他在那里传播了埃及隐修士的生活方式，后来又把自己的《安东尼的生活》邮寄到这里；据圣奥古斯丁所说，在特里尔有两个被圣安东尼的生活所触动的军人，他们说服自己的新娘，开始了修行生活；在 341 年大阿法纳西带着两名修士去了罗马，他们在那里传播修行生活的观念，并使人们对修行生活产生好感。"[①]

圣阿姆夫罗西（Амвросий）为西方修行生活的产生和发展做了准备。颂扬贞洁传统，在拉丁语地区基督教的文献中占有很重要的位置。阿姆夫罗西是西方贞洁理想的最重要体现者，以自己伟大的苦修生活为教士们做出了榜样，他把严格的苦修生活与教会牧师的责任义务结合起来。像贞洁一样，圣阿姆夫罗西为基督教的斋戒修炼赋予重要意义，认为它不是地上源起的，"是天上的，神圣的：斋戒作为天上生活的内容和形式，是天使的生活。于是在地上它成为获得精神纯净和无罪的必要手段；它意味着革新灵魂，智慧的食粮，罪的死亡，消灭罪，精神纯净的基础；……斋戒是拯救的手段，恩赐的根。斋戒的美德是那么强大，可以把人提升到天国"。[②] 圣阿姆夫罗西的

---

① Скабалланония М. Западное монашество в его прошлом и настоящем. Исторический очерк \ Труды Императорской Киевской Дуовной Академии, 1917, т. 1, С. 46.

② Адамов И. И. св. Амвросий Медиоланский. Сергиев Посад, 1915. С. 649 – 651.

思想表明,苦修思想在那时的西方基督教已经扎根。

第一座男修道院在西方出现得比较晚,是在教皇西科斯特三世(Скит III)时期。在意大利,公元 360 年被证实是出现单独苦修者的时间。大约公元 345 年韦尔切利的主教优西比乌在这里奠定了大堂神父制度的基础,与自己的教士生活在公共的房子里,过着严格的苦修生活。[①]

## (二) 东方基督教苦修生活对西方苦修生活的影响

西方基督教苦修生活的产生和发展离不开与东方基督教苦修传统的相遇和融合,这与几位苦行修士的活动有着密切的关系。

**阿克维列伊的鲁芬**(Руфин Аквилейский)大约生于公元 345 年的阿克维列伊,年轻时到罗马接受教育,完成学业,在那里与哲罗姆成为朋友。学业结束后鲁芬回到故乡,一段时间生活在阿克维列伊的修道院里,继续保持与圣哲罗姆以及其他意大利基督徒的联系。公元 373 年鲁芬去了埃及,在那里遇到了圣大梅拉尼亚(Мелания Старша)。他们一起去了巴勒斯坦,在离耶路撒冷不远的耶列奥斯山上建了两座修道院,鲁芬的修道院建的晚一些,大约是在 380 年。因为他两次回到埃及,去找在埃及修炼的长老。在"奥立金论争"时,他与圣哲罗姆和圣塞浦路斯的叶皮凡尼发生冲突,于是回到了西方,并于 410 年去世。

作为禁欲主义作家的鲁芬,著有《沙漠教父的生活》(或称《修士史》),这部著作对西方修行生活世界观的形成发挥了巨大的作用。另外,他大部分时间用于把古代希腊基督教的文献翻译成拉丁语。

---

① Gaudemet J. L'Eglise dans l'Empire Romain. Paris, 1958, p. 194.

　　**圣大梅拉尼亚**作为圣鲁芬的苦修同伴,也是很重要的东西修士生活内部统一的榜样。按西班牙母亲方面来说,她出身达官贵族家庭,属于罗马贵族社会的"精英",这一家庭的许多后裔成为各国身居要职的人。28 岁的她丧夫守寡,于是去了埃及。在那里她得到许多杰出长老的牧养,当阿里乌教派对正教徒的迫害发生时,圣大梅拉尼亚给予正教徒许多物质帮助和精神支持。后来大梅拉尼亚去了巴勒斯坦,在那里建了修道院,与 50 多名修女一起生活了多年。大约 60 岁时,圣大梅拉尼亚回到罗马,成为"修士生活的使徒",因为许多知名的罗马人,包括她的亲戚,在她的引导下步入了修行生活。在哥特人夺取罗马前夕,这位女长老告别了罗马,并于公元 408 年去了叶列奥山的修道院。大约公元 410 年,她在鲍扎(Боза)去世。

　　后来圣大梅拉尼亚的孙女**圣小梅拉尼亚**(Мелания Младша)几乎是长老大梅拉尼亚生活的复制品。她在十三四岁时就出嫁了,在两个孩子相继死去后,她劝说丈夫一起开始了修行生活。在公元 410 年哥特人占领罗马后,他们去了非洲。在那里主教阿里皮(Алипий)和圣奥古斯丁接待了他们,这两位圣徒对最终形成小梅拉尼亚禁欲主义人生观起了很大的作用。在非洲逗留七年后,夫妇二人经亚历山大到达巴勒斯坦,在巴勒斯坦接受了修行剃度。在耶路撒冷附近圣小梅拉尼亚建立了一座女修道院和两座男修道院,公元 439 年末她在耶路撒冷去世。

　　类似自己的祖母,圣小梅拉尼亚实现了"修行生活使徒的重任",劝说许多年轻人步入了修行生活。在牧养自己修道院的修女时,她特别强调祈祷仪式和一起唱圣诗的重要性,构成古代修行生活实质特征的礼拜仪式,在这里明显表达出来。总之,在我们面前呈现出圣小梅拉尼亚个性中真正长老的经典形象,她是一个有很高宗教文化、

强烈影响那个时代的人。

**圣哲罗姆**是东西方修行生活融合的榜样之一，圣哲罗姆把自己的苦修主义学说建立在圣经的基础上，他把圣经看作解决精神生活的食粮。圣经和圣传的和谐确定了圣哲罗姆的创作倾向和他的整个苦修生活。哲罗姆历经苦难和考验，积累了丰富的精神经验，这在他的作品中留下许多印迹，从中也可以看到圣徒的苦修生活：

> 多少次，身处广阔的沙漠里，被太阳灼烤着，对于修士来说，这是阴郁的住所，我假想自己在罗马的快乐里。我孤独一人，因为要充满忧伤。极度虚弱的修士披着粗陋的衣裳，肮脏的皮肤像埃塞俄比亚人的皮肤。每天流泪，每天哭号，在斗争中恶梦恐吓抓住我，我把自己仅仅用关节支撑的身体，放到光秃秃的地上。食物和饮水更不用谈，因为即使是生病的修士，也用冷水，用水煮的东西都是奢侈。为了地狱的恐惧我仍然判定自己在人群中只是野兽和蝎子，因为我经常脑子里想的是身处女孩们的跳舞圈里。由于斋戒而消瘦的脸，在冰冷的身体里思想因渴望而沸腾，在自己肉体中早已死亡的淫欲之火在燃烧。失去所有帮助的我扑倒在耶稣的脚下，泪水洒满双脚，用头发擦去，用克制来驯服敌对的肉体。我没有因贫苦的经历而羞愧，相反，我伤心现在已经失去那种经历。我记得，我经常日夜呼唤，不停捶打自己的胸口，按神的声音，寂静来临了。我担心我的单独修行室，像我思想的同伙，在对自己的愤怒和懊恼中，我一个人在沙漠里游荡。①

---

① Творения блаженнаго Иеронима Стридонскаго, ч. 1. Киев, 1893. С. 106 - 107.

　　因为经历了痛苦的磨练,圣哲罗姆对修行生活的理想十分坚定,当西方教会出现了相当有势力的"反修行生活趋向"时,他坚决捍卫他心中宝贵的"天使生活"。反对者是约维尼安(Иовиниан),他在长期修道院生活之后,突然憎恨自己的修行生活,离开了修道院,去了罗马(大约公元390年),开始宣扬自己的假学说,去诱惑那些没有经验和轻信的人。他诱惑人的学说,特别是关于贞洁和克制,是用他自己的生活来证明,这种生活是他在腐化堕落的罗马,在满足情欲中度过。很快他为自己找到了很多追随者。但在罗马首先被西里奇(Сириций)教皇判为有罪,这一思想又渗透到了米兰,同样遭到圣阿姆夫罗西等人的反对,北意大利的主教会议也判他有罪。但约维尼安坚持己见,把自己的错误认识收集成书并出版。为了阻止恶流的传播,帕玛希(Паммахий)和多姆尼奥(Домнион)把异端的书寄给哲罗姆,请求他揭发荒谬的言论,用福音和使徒的武器摧毁这一异端邪说。

　　哲罗姆立刻发表言论反对正教的敌人,写了揭露约维尼安思想的两本书,内容丰富,充满对信仰的满腔热忱。他在书中大量引用圣经,证明苦修主义表达基督教的实质,完全与主的福音和使徒的遗训一致。其中包括阐释《哥林多前书》第7章7节,圣哲罗姆说:"类似保罗的人是非常幸福的。谁受到使徒引领,不是降低身份,而是有福了……为了你们成为模仿我的人,像我模仿基督一样。他是来自童真女的贞洁之人,来自永生的永生之人。我们人不能模仿救世主的诞生,至少我们会模仿他的生活。"[1]圣哲罗姆认为婚姻是不符合天国的,"因为根据复活没有婚姻"。[2] 唯一无罪的婚姻,根据伯利恒的隐

---

① Творения блаженнаго Иеронима Стридонскаго, ч. 4. Киев, 1893. С. 136.
② Творения блаженнаго Иеронима Стридонскаго, ч. 1. Киев, 1893. С. 49.

修者,在《提摩太前书》第 2 章 13—15 节中的话:"妻子得救是在她生了一些贞洁的孩子,如果她失去的东西在孩子身上具有,毁坏和腐烂的根会开出花朵和果实。"[1]在其他克制方面,圣哲罗姆也十分严格,认为向基督标竿努力的人不能允许自己吃肉、喝酒。

从上述观点可以看出,圣哲罗姆的观点带有过分禁欲主义的极端性。圣哲罗姆的同道者觉察了这一点,他们直接指出哲罗姆的极端性错误:"如果颂扬贞洁,就要贬低婚姻。"[2]尽管如此,我们还是可以从哲罗姆的观点看出苦修主义在西方的发展。

**圣罗马人约翰·卡西安**(Иоанн Кассиан Римлянин)与圣哲罗姆是同时代的人,在西方属于加利亚(Галлия)修行生活的第一批奠基人。[3] 他大约在公元 360 年出生于一个社会地位不错的家庭,受过良好的教育。他也是东方修行生活理念的体现者和推广者。反映这位教父世界观的是他的禁欲主义作品,在这些作品中体现了埃及-修炼者们的苦修传统。[4] 在该精神传统中圣约翰把修行生活看作崇高的科学和艺术。

圣约翰的观点:第一,直观天国隐蔽的秘密,没有真正的圣经知识是无法想象的。不断研读圣经并思考它,才能滋养人的心灵,使它成为"圣约的方舟"。第二,圣约翰把禁欲生活划分为"实践哲学"和"直观哲学",明显地捕捉从无限的山谷向高山的冲动,它构成希腊-东方神秘直观神学的最深处的神经。第三,那种从山谷向高处的努力,同样在圣约翰其他的禁欲思想中体现,其中包括关于祷告的学

① Творения блаженнаго Иеронима Стридонскаго, ч. 1. Киев, 1893. С. 174.
② Творения блаженнаго Иеронима Стридонскаго, ч. 2. Киев, 1893. С. 16.
③ Иеромонах Феодор. Аскетические воззрения преподобнаго Иоанна Кассиана Римлянина. Казань, 1902. С. 26.
④ Творения аввы Евагрия. Аскетические и богословские трактаты. М., 1994. С. 57 - 58.

说。"所有修士的目标和灵魂的完善在于持久不断的祷告,短暂的人生可以在平静的灵魂中不断被净化"。[1] 因此,心祷（умная молитва）总是伴随天国之谜的直观,并与之相等。第四,苦修生活的科学观。类似向高处的动力是"远离地上",这显然不像是圣约翰的观点,他不会完全忘记谷地。他所有的作品,按实质来说都是完整的"实践",也就是与情欲和有罪的肉体情感斗争的手段,是完全地上的和现实的。圣约翰描述这一战术和战略,就像所有伟大教父-苦修者一样,细心地理解人的灵魂。他积累了丰富的精神经验,意识到人的本性是由于原罪最终走向衰败;首先破坏的是人身上神造的灵魂和肉体的原初和谐。体现神的话语有可能将人的本性恢复到原初状态,为此必须自觉地进行自身努力,巩固神的恩赐。不仅要努力,而且要知道如何努力,包括基督教修炼,苦修生活的科学。[2] 圣约翰是拉丁西方这种科学导师之一。约翰长老教诲自己的门徒和所有渴望认识真理的人,称为科学的实质其实十分简单,可以把它归结为一个论题:必须用渴望提升的精神代替卑劣的淫欲和罪恶肉体的欲望以及扭曲的灵魂。这种精神的科学是喜乐和极其幸福的科学,与忧郁的禁欲主义没有共同之处。从埃及长老那里,圣约翰接受了东正教精神传统的特点,即这一传统具有"动力、生命和不断革新的能力,因为它总是忠实于自己的真正本性"。[3] 所以他的禁欲主义神学具有内部和谐与匀称性。

圣约翰的禁欲主义学说的和谐必然融入到埃及-苦修者的和谐中。他不是简单地消极模仿自己的精神导师,而是把某种新东西融

---

① Преподобный Иоанн Кассиан Римлянин. Писания. М. , 1993. Его сочинение «Собеседования египетских подвижников», номер книг IX, глав 2.

② Иеродиакон Вениамин. Краткий эскз-очерк аскетики. М. , 1912. С. 3.

③ Архиепископ Василий. Богословские труды 1952 - 1983гг. Статьи, доклады, переводы. Нижний Новгород, 1996. С. 30.

入长老们传下来的精神传统中。正如圣费奥道罗·波兹杰耶夫斯基（Феодор Поздеевский）的观点："毫不夸张地说，在禁欲主义创作总数上，在基础和原则以及实现方面，表现并决定了苦修者的生活方式。如果在自己关于苦修方面的作品中，圣卡西安现在说明他试图阐述深入细致的东西……这不会与他的话矛盾，他不会阐述自己的理念，而是东方教父们的理念。以个别苦修者为代表的东方给他提供了这些理念和所有原素，这对于建造完整的苦修体系是必须的，为了在它表现的所有各种形式总和中理解苦修，弄明白它的原则和实现的意义，单就东方本身而言还没有自己充分、科学的禁欲生活体系，来全面理解苦修的所有方面。当把自己的任务，也就是在东方理想和观念因素中表现禁欲生活称为新的劳动时，圣卡西安是正确的。"[1]

## 第二节　拜占庭东方基督教苦修生活的曲折发展

### 一　西奈的苦修生活

西奈半岛地处埃及，西奈山位于西奈半岛中部，西奈山又叫摩西山，海拔 2285 米，是基督教的圣山。据圣经记载，上帝的仆人、以色列的领袖神人摩西，带领以色列人走出埃及，过红海，到西奈。在西奈山上，上帝亲授摩西"十条诫命"的石板，即上帝子民必须遵守的十条戒律。所以，自公元 3 世纪中叶以后，这一圣地就有修士存在，4 世纪时建有教堂，是后来圣凯瑟琳修道院的雏形。[2] 修行生活在这里得

---

① Иромонах Феодор. Аскетические воззрения преподобнаго Иоанна Кассиана Римлянина, С. 276.
② 许列民：《沙漠教父的苦修主义》，上海：上海人民出版社，2009 年，第 230 页。

到进一步发展,虽然在 7 世纪由于穆罕默德入侵拜占庭帝国,给修行生活以沉重打击,但在此之前,这里出现了两位杰出的禁欲主义作家,长老西奈的尼尔(Нил Синаит)和天梯约翰(Иоанн Лествичник)。

## (一) 西奈的圣尼尔的功绩

### 1. 圣尼尔的生平概要

圣尼尔生于公元 4 世纪的君士坦丁堡,受过良好教育,在年轻时成为拜占庭首都的行政长官。尼尔结过婚,有两个孩子。圣约翰·兹拉托乌斯特(Иоанн Златоуст)对尼尔和他的家庭影响很大,正是由于他的影响,尼尔决定与妻子分开,献身苦修生活,成为约翰的门徒。夫妇两个把自己的财产分给穷人,让自己的奴隶成为自由人。尼尔和儿子费奥杜尔去了西奈,他的妻子和女儿则去了埃及的一座女修道院。

尼尔在西奈山的洞窟中居住下来,当时在那里形成了圣叶卡捷琳娜(英译为圣凯瑟琳)修道院的修行生活团体。圣叶卡捷琳娜修道院建于公元 4 世纪西奈半岛中心的西奈山脚下,最初修道院的名字是主易圣容修道院或烧不毁的荆棘修道院,在 6 世纪中叶才有圣叶卡捷琳娜修道院这一名字。在西奈山尼尔度过了 40 年,当他的儿子费奥杜尔被萨拉秦人抓走,埃梅斯的主教把费奥杜尔赎出来后,得知这个消息,尼尔去了埃梅斯,在那里主教接待了他,并给他们父子举行了教士(长老)按手礼。

回到西奈后,尼尔再也没有离开自己的洞窟,直到公元 450 年去世。

### 2. 圣尼尔的苦修思想

圣尼尔在洞窟中斋戒、祷告、劳作,以此积累了丰富的精神修炼

的经验。各个社会阶层的人都到他那里寻找建议和安慰。除此之外，在自己隐修时，圣尼尔写了许多作品，他的书信很有名，其中有愤怒揭露皇帝阿尔卡季(Аркадий)驱逐圣约翰·兹拉托乌斯特的书信。其作品中也有揭发当时修行生活衰落情况的文字："修行生活，首先是渴望已久、十分崇高的，现今却引起憎恶。所有的城市和村庄充满了伪修士，他们毫无目标和思想地游荡……"①圣尼尔的作品形式完美，具有深刻的宗教性，充满谦逊的情感和清晰的思想。

在自己的书信中圣尼尔涉及各种各样的主题，诠释圣经的主题很多，他通常以道德训喻的方式来解释。他经常建议修士读新约，而不是旧约，他认为旧约不能唤起足够的悲伤和深切的感动。在自己的书信中，圣尼尔说得最多的是关于精神生活之路，其著作有《致修士阿加菲》《关于苦修的话语》《关于自愿贫穷的话语》《关于八个恶灵》《关于祷告的话语》②等，圣尼尔在这些作品中表达了他的苦修思想，指出了苦修所需的品质要求，阐述了修行生活中修炼的目的：达到神化。实现神化这一目标就要达到无欲，而无欲只能通过放弃俗世，以及克制、忏悔、祷告等来实现。

**放弃**是指在俗世无论什么都不应该是诱惑人的，因为"主使我们从地上的忧虑中解脱，吩咐寻找天国"。③脱离地上生活和地上的利益不是厌恶身体，身体的卑劣在于它有死亡，而不在于它的物质性。在任何情况下，罪的根源不在身体，而在意愿或内心，"罪的开始和重

---

① 《Творения преподобного отца нашего Нила Синайского》，Московское подворье Свято-Троицкой Сергиевой Лавры，М. 2000г.

② 《Творения преподобного отца нашего Нила Синайского》，Московское подворье Свято-Троицкой Сергиевой Лавры，М. 2000г.

③ 《Творения преподобного отца нашего Нила Синайского》，Московское подворье Свято-Троицкой Сергиевой Лавры，М. 2000г.

新结束都在于人的意愿。"①这里净化的力量是**忏悔**。神接纳的不仅是纯洁、真理、忘我和修炼，还有眼泪。

完善不是所有人就能达到的，它来自神赐予的天赋。但对完善的爱每个人都可以达到。修炼要在**祷告**中完成，祷告有两种："积极的祷告和直观的祷告，理智的感动要紧随话语祷告之后，完善的、最高级的祷告是默祷，这是祷告的目标或极限，也是无欲的极限。这是天赋，不能强求。"②祷告应该以哭泣和悲痛开始，但哭泣不能过度，否则情欲没有清除，反而转化成情欲。在祷告中需要安静和忘却，理智应该寂静无声。祷告不是要完成自己的愿望，否则意味着强迫神的意志。真正的祷告是按神的意志，与神交流。另外，在纯净的祷告中不要有想象，形象是欺骗性的，因为神高于形式和有限，在无形的知识中理解神。祷告是永远的修炼，通过斗争和悲痛达到无形直观之路；祷告以喜乐为奖赏，喜乐是真正祷告的可靠尺度……真正的祷告也只在克制中，也就是对所有的、每个人的爱中。

## (二) 圣天梯约翰的功绩

### 1. 圣天梯约翰的生平概要

关于圣天梯约翰(Преподобный Иоанн Лествичник)的生平，主要来源于丹尼尔·拉伊夫斯基(Даниил Раифский)编写的《简短传记》，天梯约翰的出身不详。他生于公元 6 世纪的君士坦丁堡，16 岁时在西奈接受修行剃度，在长老马尔基里(Мартирий)的引导下修行。

---

① 《Творения преподобного отца нашего Нила Синайского》，Московское подворье Свято-Троицкой Сергиевой Лавры，М. 2000г.
② 《Творения преподобного отца нашего Нила Синайского》，Московское подворье Свято-Троицкой Сергиевой Лавры，М. 2000г.

在他剃度后,大约19岁时,马尔基里去世了,约翰从此开始在福尔谷地隐修。约翰曾去过埃及,拜访过斯基特隐修院和塔维尼亚修道院,他在西奈修道院的洞窟里度过一生,大约在公元7世纪中叶去世。

## 2. 圣天梯约翰作品《天梯》的思想内容

《天梯》是拜占庭苦修文献中的经典作品,是圣约翰担任修道院院长时所写。《天梯》一书系统描述了正常的修行生活道路,就是要沿着精神完善的阶梯进行修炼。这个修炼体系的主要理念是合乎规律地循序渐进,即阶梯的理念。《天梯》是约翰凭借个人经验所写,但同时依靠传统,也就是教父们的学说,用简单的、几乎是民间语言写成。作者喜欢运用生动的比喻、谚语和俗语,直接引用东方的尼尔和叶瓦克里,西方的卡西安和大格里高利等教父的话。

《天梯》由30章组成,第1章是关于一定的美德或恶习。章与章之间相对独立,但在以下章节可以找到相互之间紧密的联系,意味着独特的精神生活分层。前3章是确定修行生活:第1章是关于放弃俗世;第2章是关于切断俗世的喜好;第3章是关于自愿流放。在以下几章中主要描述美德:第4到7章是关于顺从、忏悔、死亡的记忆和哭泣,这些是修士应该获得的美德;第8到23章是关于各种情欲:愤怒、沮丧、贪吃、骄傲等等,这些是修士应该与之斗争的恶习。成功斗争的结果:约翰称为简单(第24章)、克制(第25章)、推断(第26章)。以上结果会使修士达到更高的阶段:缄默(第27章)、祷告(第28章)、无欲(第29章)和爱(第30章)。在精神天梯中没有最后一级,如果沿着它上升,终点就是爱。

《天梯》的结构很简单,完全符合理性逻辑。其中有关实践的建议是靠心理分析来加强,每一个要求都有解释;也就是对于修炼者来说应该明白，为什么向他提出这样或那样的要求，为什么要求的展开是那样的顺序，循序渐进，等等。需要指出的是，圣约翰的《天梯》只是为修士所写，考虑的是修道院的环境和条件。而且关于较高阶段或程度的修炼，圣约翰说得很少，这部书他主要是为刚修行的修士和中等水平的修士所写。获得修行成功的人已经不需要人的引导了。

天梯约翰认为，修行生活首先要从自己的"发源地"走出来，也就是从社会条件和制度的罪中走出来，这是免于诱惑和放肆的出路，需要为修炼创造新的环境。另外还应**放弃**，放弃自己的意志，但不是自由。这是顺从阶段，顺从不是注销自由，而是改变意志，在自己的意志中克服情欲。顺从是个人意志的坟墓，克制的复活。

修行生活的修炼是通过**选择导师**或教父开始，需要把自己的拯救托付给另一个人。但选择导师需要审慎，为了让自己找到的是掌舵人，而不是普通的划桨手。一旦做出选择，就要顺从导师的意志，不要怀疑和考验导师。

内部修炼开始于**忏悔**，忏悔或对罪的悲痛是修炼的本质。"死亡的记忆"与忏悔联系在一起，只有通过完全的无欲和切断意志，真正的"死亡记忆"才会没有恐惧，这是神的恩赐。圣约翰还认为，**哭泣**大于受洗，因为哭泣是不断净化罪。内部修炼的目标是无欲，内部构建的任务就是不断地扑灭情欲之火。圣约翰把情欲发展划分为几个阶段：附着阶段，也就是"思想的突袭"，这时还没有罪，因为意志还没有参与；结合阶段，是意志被吸引，允许精神与愉悦结合，这已经是犯罪了；接下来是束缚阶段，是思想在心里生根；最后是情欲，这是习惯反应造成的，也是情欲的本义。

关于**静默**，圣约翰认为，身体的静默是行为端正和性情的完善，真正的静默是"平静的智慧"，静默的力量是在不断的祷告中，因为祷

告是面对神,与神交通。无欲是极限和任务,不是所有人都能达到这一极限,但没有达到的人也可能得救,因为最重要的是努力的过程。修炼的力量是爱,修炼的完满是积聚爱,爱是神的名。无欲和爱是统一完善的各种名称,爱是路和界线……

## 3. 圣天梯约翰与《天梯》一书对后人的影响

圣天梯约翰是"禁欲神学西奈派"最古老的代表之一,他的思想影响了他以后的代表,如西奈的伊西希(Исихий Синаит)和菲洛费伊(Филофей),西奈禁欲传统特别强调警醒、静默和耶稣祷告,这些思想在天梯约翰那里都有,只是没有详细描述和进一步发展。

在几个世纪期间,《天梯》一书作为精神生活的权威著作,令许多代基督教作家引用它。《天梯》对斯图底的西蒙(Симеон Студит)和其门徒新神学家西蒙(Симеон Новый Богослов)的禁欲主义学说都有影响。到了公元 12 和 13 世纪,它的影响依然没有中断,特别是静修主义传统对《天梯》一书有特殊的兴趣,西奈的圣格里高利(Григорий Синаит)为了描述精神成长的阶段,使用了"小天梯"的形式:"小的和大的,以及短的天梯,对于正处于服从的人来说有五个阶段,能够引向完善:第一是放弃,第二是服从,第三是顺从,第四是克制,第五是爱,也就是神"。[①] 他几次引用《天梯》,建议把耶稣祷告与呼吸结合,等等。

圣格里高利·帕拉马(Григорий Палама)在其《三部曲》中也引用天梯约翰的学说,在第一部曲中两次提到天梯约翰:第一次是为了确定静修者的作家;第二次是为了建立不断祷告。第二部曲中圣格

---

① Gregorius Sinaita. Capita valde utilia per acrostichidem. 120//PG. 150. Col. 1284.

里高利也经常引用约翰的观点,如以"美好幸福的哭泣"来确立眼泪作为祷告的翅膀等等。"天梯"这一理念已经成为拜占庭神秘-静观传统的有机部分。如最著名的晚期拜占庭人、神秘主义者圣卡利斯特・安格林库特(Каллист Ангеликуд)描写最高神秘主义状态和与神结合,是在登上"四个阶段"天梯之后,即从被造到非被造。

在俄罗斯《天梯》具有很大的权威,圣尼尔・索尔斯基在自己作品中有 35 处引用《天梯》,在其对手、圣约瑟夫・沃洛茨基的作品中有 24 处引用《天梯》。圣帕伊西・韦利奇科夫斯基也经常引用《天梯》,特别是在自己捍卫耶稣祷告中。著名作家与《天梯》也有不解之缘[1],陀思妥耶夫斯基也受到过《天梯》一书的强烈影响,这是 1878 年 6 月奥普塔的长老阿姆夫罗西送给他的。[2]

## 二 叙利亚的苦修生活

叙利亚的苦修生活到公元 6 世纪以后得到进一步发展,直到 636 年阿拉伯人控制了叙利亚,修行生活受到沉重打击。

但这一时期叙利亚出现了一位杰出的修士,禁欲主义作家叙利亚的伊萨克(Исаак Сирин),他为后人提供了深入修炼基础上的提高静观的训诫。他的作品在东正教修士中享有很高的声誉。

### (一)叙利亚的圣伊萨克的生平概要

关于圣伊萨克・西林的生平资料很少,他生活在公元 7 世纪的叙利亚,与弟弟一起进入尼尼微(Ниневия)附近的马尔-马特菲伊

---

① Шенрок В. И. Материалы для биографии Н. В. Гоголя. М. , 1897. т. 4. С. 865.

② Буданова Н. Ф. Книги, подаренные Ф. М. Достоевскому в Оптиной Пустыни\ София. 2005. No1. С. 29 - 32.

(Мар-Матфей)修道院。兄弟两个的学术和苦修成就突出,人们建议他担任负责管理修道院的院长,圣伊萨克不愿如此,他更喜欢静默修行,于是他从修道院去了隐修地。后来由于圣伊萨克圣洁生活的美名,他被晋升为尼尼微的主教。看到这个城市居民的愚昧习气,圣徒感到无能为力;另外他也渴望隐修生活,于是圣徒放弃了主教教职,去了斯基特隐修院,在那里直到公元 700 年去世。

## (二) 圣伊萨克的神学思想

圣伊萨克的作品不仅适用于修士,而且也适用于平信徒。他谈到许多关于精神修炼的最后阶段,也就是精神之路的极限——直观。他的作品《苦修语录》(Слова подвижнические)是一本鼓舞每一个基督徒进行修炼、带来恩赐安慰的书。这本书圣徒更多的不是为见习修士所写,而是为功德很高的修士所写。

他把精神修炼过程划分为三个阶段或点:忏悔,净化,完善;在罪中悔过,从情欲中净化,在爱中和欣喜中完善。**忏悔**是生命之母,是人的最高天赋,"最大的恩赐",它是在受洗后的"第二次恩赐",是"从神的第二次复兴"。①

关于**净化**,他提出用圣灵的影响净化理智,使之向神圣的直观飞跃。另外圣徒还谈到**自由**,他认为自由源泉是善恶的某种释放。恶会通过自由来实现。善不能通过自由实现,要通过操练和修炼来实现。神自己在"自由的神秘中"对精神起作用,未来的生命是"自由的故乡"……修炼只能通过自由,但自由也只有通过修炼才可能实现和巩固。

修炼的积极力量是**祷告**,爱从祷告中产生和炽烈。圣伊萨克对

---

① Георгий Флоровский,Восточные отцы церкви,Москва,2003. С. 542.

祷告的确定十分宽泛,所有面对神,在思想、事情和语言中的都是祷告。修炼的任务是为了不断祷告,为了永远祷告,也就是不眠和自觉地面对神。这来自圣灵,因为不断的祷告是完善的标志,只有用圣灵的力量才有那样的一贯性……

关于**眼泪和哭泣**,圣伊萨克认为,当眼泪的天赋送来时,这是喜悦和感动的泪水。已经不是悲痛的眼泪,不是随意的哭泣。眼泪的恩赐不是嚎啕大哭和悲痛,是爱的眼泪。这些眼泪预示着新生。

关于**爱**,圣伊萨克认为神从来没有停止对人的爱。"爱会提供给所有人,但爱以自己的力量从两方面起作用:它对于有罪的人来说是折磨,对于那些在神面前完成自己职分的人来说是喜乐,地狱是懊悔。"[1]

关于**直观**,圣伊萨克认为只有**爱**是通向直观的正确之门。没有爱,心灵是闭锁的。当然这里不仅是对神的爱,首先是对人的爱,在爱中可以类似神。真理是直观……在神的启示中有两个阶段:第一阶段是看见,是形象的启示;第二阶段是智慧的启示,它是无形的,高于任何形象和语言,与智力、领悟完全不同,祷告的直观就是这样。"对于未来世界的对象没有直接的和自己的名称,关于它们只能是某种简单的知道,高于任何语言,任何自然现象,形象、颜色、轮廓,任何复杂的名称"。[2]

## (三) 圣伊萨克对后人的影响

圣伊萨克一生都在隐修中度过,研究自己的灵魂,无论哪位圣徒的学说都没有完成像他这样深入的心理知识,这为后人的精神修炼

---

[1] Исаак Сирин, Слова подвижнические, М., 1859. C. 615.
[2] Исаак Сирин, Слова подвижнические, М., 1859. C. 549 - 550.

提供了宝贵经验。公元 12 世纪的作家圣彼得·达马斯金(Пётр
Дамаскин)在自己的作品中大量引用圣伊萨克的观点。公元 14 世纪
圣尼基福尔·乌耶季涅尼克(Никифор Уединенник)在自己的作品
《关于警醒和保守灵魂》中也引用圣徒观点。著名的俄罗斯圣徒尼
尔·索尔斯基在自己的《关于修道院生活的规章》中,也不断引用圣
伊萨克的观点。

## 三 君士坦丁堡的苦修生活

公元 7 世纪穆罕默德入侵拜占庭,636 年阿拉伯人控制了叙利
亚,637 年占领了巴勒斯坦,640 年埃及落入阿拉伯人统治之下。在
穆罕默德统治下,修行生活在这些国家和地区遭到重创。埃及的统
治者颁布法令,禁止修行生活,在 715 年重申对修行者处以刑罚。三
个牧首区与拜占庭教会脱离了关系:安提阿、耶路撒冷和亚历山大
里亚都沦落到穆斯林统治之下。所有的修行生活主要集中在君士坦
丁堡牧首区。当时拜占庭皇帝开设修道院,君士坦丁堡牧首区仿佛成
了修道院和修行生活的王国。修行生活分为共同生活和单独隐修生
活两种形式。在修道院里实现帕霍米和大瓦西里规章,在此规章基础
上,后来形成了萨瓦、阿封山的阿法纳西、斯图底的费奥道罗规章。

发生在伊苏里亚王朝利奥三世时期(717—741 年)的圣像破坏运
动,使东正教独自承担起拜占庭的修行生活。在 9 世纪时,修道院的
长老制获得教会的正式承认,这具有十分重要的意义,归功于迫害时
期修士们的坚定和顽强斗争。[①] 与圣像破坏运动有关的一位圣徒,圣

---

① И. М. Концевич, Стяжание духа святаго в путях древней руси, Посад, 1994. Глава2. 2.
http://www. lib. eparhia-saratov. ru/books/. . . /contents. html

斯图底的费奥道罗的名字被人们熟知。

## （一）斯图底的费奥道罗

### 1. 斯图底的费奥道罗的生平概要

　　斯图底的费奥道罗（Феодор Студит）出生于一个官吏家庭，是圣罗曼·斯拉特科别维茨（Роман Сладкопевец）的亲戚。费奥道罗在母亲的指导下受到良好的教育，也深受叔叔普拉东、萨库季翁修道院院长的影响。他22岁时进入这个修道院剃度修行，他的妻子安娜也接受了修行生活。

　　在普拉东生前，费奥道罗就成为了院长，他作为苦修者和忏悔神父很有名。在公元798年他与自己的门徒一起搬到了斯图底的修道院，这个修道院在他的领导下成为了当时修行生活的明灯。在教会生活中，斯图底的修士占有很重要的地位，牧首和皇帝也很重视他们。费奥道罗给斯图底修道院制定了严格的规章，要求完全实行集体制生活，修士们自己劳动。在当时的教会事务中，修士和神父有责任和义务去反对违反教规的事情。当皇帝君士坦丁六世离婚以及再婚与教规不符时，虽然这个婚姻得到牧首的同意，而且与费奥道罗的亲戚有关，费奥道罗还是出来反对。他因此遭到残酷折磨，并被驱逐，但在君士坦丁死后，他又回到了自己的修道院。为君士坦丁举行结婚仪式的神父被剥夺教职，当出现赦免这一神父的问题时，费奥道罗又一次违背皇帝和牧首的命令，他因此再次被驱逐到土耳其的王子群岛中的一个岛上，在那里生活了两年。

　　在皇帝尼基福尔一世去世后，费奥道罗回到修道院，不到三年，他又投入新的斗争：圣像破坏运动重新燃起。皇帝利奥五世时，亚美尼亚人召集聚会，反对崇拜圣像。在该运动中，在否定可见基督形

象上,费奥道罗从教条方面发现了贬低神(基督)人性的部分,这是违背神的意志。费奥道罗因为组织戴圣像、举十字架游行而被囚禁和流放。在监狱里,费奥道罗继续斗争,向教皇和牧首上诉。新皇帝停止了迫害,民众像勇士和奇迹的创造者一样迎接他。但皇帝没有把修道院归还给他,他于826年在隐修院去世。过了两年,他被奉为典范,在842年会议上斯图底修士占上风,他的名字也被颂扬。

## 2. 斯图底的费奥道罗的功绩

在同时代人当中,斯图底的费奥道罗具有很高的影响力,在斯图底修道院做礼拜时都要诵读他的遗训。对于后人来说,费奥道罗是禁欲主义苦修的主要导师之一,也是圣像崇拜的维护者。费奥道罗的主要理论著作是三本《反驳文章》,其中前两本是以正教徒与异教徒之间的对话形式书写。第三本书是关于看见基督形象的论述,根据圣像战士所提出的论据问题,以反驳词的形式写出。费奥道罗为斯图底修道院制定的规章,可以看出不是他本人所记录,最原始的样本直到现在也没有找到。在费奥道罗去世后不久,一位修士编写了《斯图底修道院的条例规章》(Изображение установления обители Студийской),这个规章获得极大推广,在意大利南部的修道院里保存了九个斯图底规章的版本。对于东方,特别是俄罗斯,斯图底规章由牧首阿列克西(公元11世纪)校正,有了与西方圣贝内迪克特(Бенедикт)规章一样的意义。它传到罗斯是在1065年,由基辅-洞窟修道院院长圣费奥多西引入。

费奥道罗的布道稿收录在两部《教理问答手册》里,一部大的,一部小的。大的更系统一些,但鲜为人知,目前只有部分出版;小的问答手册由134个对修士的布道稿组成,广为人知。圣经和生活经验是源泉,禁欲主义善行的理想是主要主题,它是积极的、非直观的。每一个布道的背景都是新的,费奥道罗回应所有当时社会的政治、日常生活的主要问题。小问答手册是中世纪希腊最喜欢的书之一。

费奥道罗是拜占庭政教合一的反对者和罗马教会的捍卫者,也是圣像运动反抗压迫斗士的坚强后盾。其规章为集体制修行生活的发展做出了贡献。

## (二) 新神学家圣西蒙

在公元 10 世纪末修行生活史上出现了新神学家圣西蒙(Симеон Новый Богослов, 949—1022 年),他的神学思想成为静修主义学说发展的基础。

### 1. 新神学家圣西蒙的生平概要

新神学家圣西蒙生于小亚细亚的帕夫拉戈尼的加拉捷亚小镇,一个富裕的贵族家庭。11 岁时圣西蒙被送到君士坦丁堡学习,到了中等年级时,他拒绝继续学习雄辩术和哲学。借助一个在皇宫地位很高的叔叔的庇护,他被列为廷臣。在年轻人面前是一条光明的仕途升迁之路,但在宗教书籍的影响下,圣西蒙立志走一条修行之路。他几经周折找到了一位导师,斯图底修道院的长老、虔敬者圣西蒙(Симеон Благоговейный)。但直到 27 岁时,新神学家圣西蒙才成为斯图底修道院的见习修士。他在长老的引导下,十分努力地进行精神苦修,这引起修士们的不满,甚至还有院长。新神学家圣西蒙不得不搬到临近的克西罗科尔克斯基修道院(Ксирокеркская обитель),这座修道院是为了纪念马曼达修建的,他在那里接受剃度修行。在公元 980 年,新神学家圣西蒙被牧首尼古拉二世授予圣职,并晋升为院

长。当时修道院处于完全衰落状态,新神学家圣西蒙开始在修道院整顿修行生活,修复被毁坏的教堂,最终马曼达修道院变成了修士人数众多的、十分繁荣的修道院,由于自己的布道和功绩,年轻的院长在广大民众和拜占庭贵族中享有很高的声誉。

由于新神学家圣西蒙致力于修行生活的号召没有得到大多数修士的响应,他们公开反对院长,又向君士坦丁堡牧首锡西尼一世控告自己的院长。牧首最后站到圣西蒙一边,命令驱逐暴乱者。圣西蒙原谅了自己的敌人,并劝说牧首让迷途的羔羊回到修道院。1005 年,圣西蒙把权力交给门徒阿尔谢尼修士,希望自己专心祷告和静修。但由于尼科米季亚的都主教斯捷潘不断向牧首诋毁圣徒,圣西蒙被逐出修道院,住到了他门徒的一个荒漠小教堂,在这里圣西蒙度过了自己余下的时光。在这里圣徒将全部精力用于写作,留下大量关于精神生活的哲学和神学著作。

## 2. 圣西蒙的神学思想

圣西蒙的主要神学思想包括:在神化、精神改造人的可能性中,在地上有可能感受、领会、认识神。这种改造是通过神的儿子,通过信、望、爱、善行、斋戒、忏悔、祷告和基督的宝血及身体的圣餐礼才能达到。

对于圣西蒙来说,在基督信仰中主要是个人与神直接交流的经验。在这里他继承了圣大马卡里(Макарий Великий)的传统,圣西蒙用自己的经验证明神向人显现,成为可见的,而且不是在来世,而是在今生的地上。圣西蒙的神秘主义哲学为 14 世纪的静修主义提供了准备。

圣西蒙的作品有《教理问答》《道德箴言》《篇章》和《颂歌》等,几乎所有的箴言都是针对修士和见习修士,他认为俗世生活是修行的障碍,他对俗世生活是否定的。他认为放弃俗世对人灵魂的净化是有益的,应停止对地上一切的爱。如使徒所说:"不要爱世界和世界的事。"(《约翰一书》2∶15)

圣西蒙是一位充满灵感的宗教作家,由于他对基督教神学的贡献,也是一位教会命名的极少神学家之一。

# 第三节　东方基督教苦修生活的复兴繁荣

## 一　阿封山的苦修生活

阿封山是世界上唯一一座历经千年的正教修行王国,它的居民只有男性。它位于希腊的哈尔基季基的第三个"手指"的地方,延伸海域 80 多公里。

在阿封山的历史上,按照时间顺序第一个出现的是隐修的修行方式,后来是共同修行的生活方式,这里最著名的隐修士和直观修炼者是圣彼得。在圣山上存在的只有隐修的修行方式,直到公元 9 世纪。[①]

10 世纪时,由于隐修士生活方式衰落,圣阿法纳西(Афанасий)在阿封山建立了共同生活的大修道院,这也为两种修炼方式的斗争埋下伏笔。斗争持续了几百年,结果是精神操练变弱。变弱的原因不仅是内部的意见分歧,而且也有外部的冲击和对阿封山的破坏。

---

① И. М. Концевич, Стяжание духа святого в путях древней руси, Посад, 1994. Глава2. 2. http://www. lib. eparhia-saratov. ru/books/. . . /contents. html

在 1204 年阿封山被天主教拉丁人占领,教皇英诺森三世把整个阿封山半岛归到自己个人统治之下,派自己的全权代表带着命令强行让所有的人归依天主教,残忍的恐怖迫害开始了。后来保加利亚皇帝约翰·阿先二世(Иоанн Асень)打败拉丁人,解放了圣山。但好景不长,1267 年拜占庭巴列奥略王朝的皇帝米哈伊尔三世,为了从教皇那里得到帮助来反对奥斯曼土耳其人,同意接受合并。1267 年 10 月天主教徒和拜占庭的叛教者来到阿封山,迫害又开始了。佐格拉夫修道院的修士们被烧死,瓦托别特斯基的修士们被绞死,伊维勒斯基修道院的修士们被抛到海里。修道院的俄罗斯人和塞尔维亚人也被烧死。1313 年阿封山才从拉丁人的手里解放出来。

13 和 14 世纪整个东方出现了新的宗教复兴,其中包括阿封山,它成为修行生活中心。正如历史学教授塞尔库(Сырку)指出的:阿封山在东南欧的内部生活中具有很大影响,特别是在拜占庭和斯拉夫人那里传播和保持东正教的纯洁性方面。圣山在这一时期不仅是东正教苦修的支柱,而且也是东正教本身的后盾。在这里出现了许多具有高度苦修成就和善行的长老,不仅吸引了来自东正教的信徒,而且使整个基督教世界的信徒也来到这里。①

在 14 世纪,确定和推广阿封山静默心祷原则的西奈的圣格里高利和格里高利·帕拉马以及许多君士坦丁堡的教父都成为了宗教领袖。14 世纪的东方新的宗教复兴在静修主义中找到了自己的表达,这引起了长期著名的"静修主义"之争,在这次争论中出现了东西方世界观的碰撞。这次争论以关于"神的能"的学说被东正教会承认以

---

① И. М. Концевич, Стяжание духа святаго в путях древней руси, Посад, 1994. Глава2. 2.
http://www. lib. eparhia-saratov. ru/books/. . . /contents. html

及静修主义完全胜利而结束。

在这一争论中圣徒格里高利·帕拉马发挥了重要作用,他的功绩在于:他不仅承担了针对反静修主义的斗争,而且用清晰、明了的哲学概念表达和确定了神秘主义静修者的感受,完全与东正教的思想方法相符合。正是由于他的功绩,在 1352 年大会上,静修主义神学在教会里正式合法化。静修主义在阿封山繁荣时期,西奈的圣格里高利和格里高利·帕拉马这两位同名的圣徒十分有名。

## 二 西奈的圣格里高利

### (一)西奈的圣格里高利的生平概要

西奈的圣格里高利(Григорий Синаит)生于 13 世纪 60 年代的小亚细亚。他受过良好的教育,年轻时被土耳其人俘获,被赎出后进入修行生活,在西奈的圣叶卡捷琳娜修道院修行。去耶路撒冷朝圣回来时,圣徒在克里特岛耽误下来,在那里遇到隐修院长老阿尔谢尼(Арсений),教他心祷(умная молитва)。这以后圣格里高利在圣山住下来,在那里进行了严格的精神修炼。在他周围逐渐聚集了一些门徒,圣徒向他们传授心祷,他们一个比一个优秀。除了门徒,格里高利还开导那些向他求教的人,他不仅在圣山上享有很高知名度,而且在阿封山的修士中也具有很大的影响力,受到极大尊敬。他的传记作者牧首卡利斯特(Каллист)说过,几乎所有的人都认为,没有听过圣徒的讲道是最大的遗憾。

### (二)西奈的圣格里高利的思想及影响

圣格里高利的主要神学观点:受洗是道德和精神生活的基础,

受洗是"圣灵操练"（делание Святого Духа）的恩赐，[①]基督通过圣灵赐给我们。为了获得恩赐，必须努力，为了精神操练，圣格里高利划分出两种方法：我们在受洗中神秘获得的圣灵作用，用两种方法获得。首先，借助大量、长期的劳动，通过实现福音来获得天赋，因为我们实现福音是以圣灵特有的光照耀我们为限。其次，圣灵恩赐的获得是在顺服中通过认识和不断地呼唤主耶稣，也就是通过关于神的记忆。对于第一种方法，也就是恩赐天赋的习惯要比较慢；如果是耐心、勤奋的话，对于第二种要快一些。[②] 精神苦修要达到全面经历受洗时的神秘恩赐，需通过特殊祷告来获得主的恩慈来改变我们的生命。

圣格里高利的影响是通过他的继承者和他作品的传播来实现，他的作品主要反映圣格里高利提出的苦修之路，这条道路的独创性在于它与祷告技巧紧密地结合，他的思想"对同时代和以后时代东方的精神修炼具有深远影响，如对格里高利·帕拉马、卡利斯特·安盖里库特（Каллист Ангеликуд）以及俄国索拉的尼尔、帕伊西·韦利奇科夫斯基等都有很大影响"。[③]

## 三 圣格里高利·帕拉马

### （一）圣格里高利·帕拉马的生平概要

圣格里高利·帕拉马（Григорий Палама）生于 1296 年，在君士坦丁堡接受教育。父亲曾经是君士坦丁堡元老，在 1301 年早逝，格里高利处于皇帝安德罗尼克二世的庇护之下。格里高利 20 岁之前是

---

① Gregorio Sinaita, Breve notizia sull'Hesychia, 14.

② Gregorio Sinaita, Notizia esatta sull'Hesychia e sulla preghiera, 3.

③ Rigo, Mistici, p. 431; cfr. Rigo Thl, pp. 83 - 84.

在皇宫里度过的,因此,具有各种才能的他,有很多快速晋升的机会。他向当时最优秀的导师、哲学和神学家费奥道罗·梅托希特(Феодор Метохит)学习哲学和其他课程。格里高利是一名优秀的学生,表现出对亚里士多德哲学的兴趣。尽管如此,格里高利仍对政治和俗世社会漠然。

大约在 1316 年,20 岁时他告别了皇宫,放弃了哲学的学习,去了圣山。在那里他沉浸在苦修生活和神秘神学之中。还是在皇宫时,格里高利就已开始修炼。在阿封山,格里高利在离瓦托别特不远的隐修地,在圣尼科季姆的引导下修炼,也是在那里接受了修行剃度。导师去世后,大约在 1319 年他搬到圣阿法纳西修道院,在那里度过了三年。从 1323 年开始,他在格洛西雅修道院开始修炼,在那里他在不眠和祷告中度过了自己所有的时间。

1325 年,由于土耳其人占领了圣山,他与其他修士一起被迫离开。在塞萨洛尼基,格里高利由于自己同伴修士们的请求接受了圣职。从那里他去了韦里亚地区,继续苦修。一周有五天时间他都在洞窟里进行心祷,周六、周日出来参加共同祷告仪式。由于斯拉夫人的入侵波及到这一地区,格里高利被迫于 1331 年又回到圣山,在圣萨瓦修道院继续修炼。后来格里高利被选为埃斯菲戈梅修道院的院长,但他不断努力想要回到静默的隐修院。如果卡拉布里亚的修士瓦尔拉姆(Варлаам,1290—1350 年)没有促使他走上论战道路的话,他的愿望就实现了。他与瓦尔拉姆的论战持续了六年,从1335—1341 年。

瓦尔拉姆来自于希腊的一个东正教家庭,精通希腊语。曾经到过拜占庭,最后在萨洛尼卡居住。14 世纪 30 年代中期,在希腊和拉丁人中间神学讨论复苏。在他反对拉丁人的许多作品中,尤其是关

于对拉丁人主张圣灵来自圣子的学说,瓦尔拉姆强调,神是不能被理解的,关于神的观点是不能被证明的。那时,帕拉马写了反对拉丁人新发现的言论,遭到瓦尔拉姆神学"不可知论"的批评,这是两位神学家第一次神学冲突。第二次冲突发生在 1337 年,瓦尔拉姆研究静修主义教父们的某些作品后,针对祷告操练,他疯狂攻击静修主义者,称他们为梅萨利安和头靠肚皮的人(пуподушник)①,当时瓦尔拉姆把批驳和指责都加在帕拉马头上。在 1341 年君士坦丁堡大会上,瓦尔拉姆认为,静修主义者因为祷告方法不正确,所以有罪,应推翻被造的"法沃尔之光"学说。结果瓦尔拉姆被定罪,最终获准赦免,并在同年 6 月去了意大利。在那里,他后来接受了罗马天主教,并成为主教。

1341 年的大会打击了瓦尔拉姆,帕拉马主义的争论第一阶段结束了。

在第二和第三阶段的争论中,帕拉马的对手是格里高利·阿金金(Григорий Акиндин)和尼基福尔·格里高拉(Никифор Григора),他们区别于瓦尔拉姆,不是批评静修主义者的祷告方法。争论具有神学性质,涉及神的能、恩赐、非被造之光的问题。第二阶段的争论正赶上约翰·坎塔库津(Иоанн Кантакузин)和约翰·巴略奥略克(Иоанн Палеолог)之间的国内战争,发生在 1341—1347 年之间。1341 年 6 月皇帝安德罗尼亚三世去世,他的继承人约翰五世还未成年,所以国内争权斗争更为激烈,牧首约翰·卡列卡支持阿巴卡夫科。当时帕拉马认为拯救国家只能靠坎塔库津来完成。帕拉马参与政治冲突,导致他以后的大部分时间是在流放和监狱里度过。

---

① 静修者为了集中注意力,祷告时头低到能用下巴抵胸的程度。

在 1341 年 7 月发生一次争论,在争论中阿金金被定罪。1341—1342 年末帕拉马开始在圣米哈伊尔修道院隐修,后来在 1342 年 5—6 月举行两次大会为了给帕拉马定罪,但是都没有结果。之后,帕拉马去了伊拉克利亚,从那里被押送到君士坦丁堡,拘禁在修道院。在圣索菲亚教堂拘禁两个月后,帕拉马和他的门徒又被拘禁到皇宫监狱。在 1344 年 11 月的大会上,帕拉马被革除教门,而阿金金在年底被升为助祭。但由于政治情况的改变,1347 年 2 月的大会上宣布帕拉马无罪,而他的对手则被定罪。

在约翰·坎塔库津胜利后,1347 年 5 月宣布伊西多尔·武希尔为牧首,他支持静修者,帕拉马被选为塞萨洛尼基(索伦)的大主教。那时帕拉马主义的争论第三阶段开始了,帕拉马的主要对手是尼基福尔·格列高拉。1351 年 5 至 6 月和 7 月召开两次大会,给他的对手尼基福尔定罪,宣布帕拉马为"虔诚的卫士"。在第一次大会上确定了关于神的统一和实质与被造者能之间的区别。在第二次大会上通过了六项教条的定义与相应的六项革除教门条例。

1354 年帕拉马在去君士坦丁堡途中被土耳其人囚禁,大约一年。在那里,他把囚禁当作向土耳其人传播福音的机会。帕拉马从土耳其人那里被解救出来后,回到塞萨洛尼基,继续从事牧师的活动,直到 1359 年,或根据新的注明日期,是 1357 年 11 月 14 日去世。

## (二) 帕拉马的主要著作

《阿封山的彼得传记》(ЖИТИЕ ПЕТРА АФОНСКОГО)是圣格里高利·帕拉马写于 1334 年的作品。《反对拉丁人》(ПРОТИВ ЛАТИНЯН)写于 1334—1335 年,或者根据新的标注是在 1355 年,是关于圣灵来源问题,认为圣灵来自圣父。最著名的是《三部曲》(ТРИАДЫ В ЗАЩИТУ

священнобезмолвствующих),写这部书的目的是反驳瓦尔拉姆对静修主义者的攻击,解决成为论争对象的所有神学问题。第一部写于1338年春天的塞萨洛尼基,是关于认识神,反对当时瓦尔拉姆的观点。第二部写于1339年春夏,他严厉批评瓦尔拉姆的观点:哲学知识能带给人拯救。帕拉马认为,借助于被造者的方法人不可能与神交往,只能凭借神的恩赐和参与基督的生活才有可能。第三部写于1340年春夏,主要研究神化以及法沃尔之光作为非被造-神的能的问题。

## (三) 帕拉马的学说

圣格里高利·帕拉马创造性地使用精炼的神学术语,宣告了新的神学思想方向。他的学说不仅以哲学概念为前提,而且在全新的原则上形成。他以一位修士修炼的个人精神经验为前提,从神学方面加以论证,以此与歪曲信仰的人作斗争。下面是帕拉马的主要学说:

### 1. 哲学和神学观

根据先前的教父传统,帕拉马十分清晰地区别神学与哲学。外在知识完全区别于真正的精神知识,不可能"从外在知识学到任何关于神的正确东西"(《三部曲》第一部,1,12,86)。在此条件下,在外在知识和精神知识之间不仅存在区别,而且有矛盾:"外在知识有意敌对地对待真正的精神知识"(《三部曲》第一部,1,10,82—84)。

哲学,从感性接受开始,以知识而结束。神的智慧从依靠生活的纯洁幸福开始,同样也从真正的存在知识开始,这种存在知识不是来自习得,而是来自纯洁(《三部曲》第一部,3,42,238)。外在智慧代表不够重视圣灵的力量和天赋,也就是他们反对圣灵神秘的能(《三部曲》第一部,1,15,96)。先知和使徒的智慧不具有习得,但被圣灵教授(《三部曲》第三部,1,37,638)。

## 2. 认识神和见神观

瓦尔拉姆取消了所有认识神的可能性,并阐述必然真理的关于神的三段论,因为他认为神是不可理解的。他只允许神的象征性知识,不是在地上生命里,而只能是在灵与肉分离时。

帕拉马同意神是不可理解的,但他把这种不可理解归为神实质的主要性质。但自己也同样认为某些知识是可能的,当人具有一定知识的前提条件下,神通过自己的“能”成为可以接近的。神同时是可以理解和不可理解的,可知的和不可知的,可感的(рекомый)和不可用语言表达的。认识神获得“神学”,它是两重性的:肯定和否定神学。在肯定神学中本身也有两种手段:理智,通过直观实质达到某种认识。格里高利认为,与神的约(Писание с Отцами)导致人在肯定之外的是信仰,肯定(катафатика)构成证明或超证明神:“比所有证明更好,某种不需要证明的神圣证明的原则是信仰”(《反阿金金》6,1)。П. 霍里斯杜(Христу)所写的帕拉马学说指出:“否定神学是超自然的信仰活动。”(《宗教和道德的百科全书》第 13 卷)区别于瓦尔拉姆,圣格里高利认为直观高于一切,包括否定神学。

总之,帕拉马捍卫东正教神学,源于瓦尔拉姆试图强加的“不可知论”。

## 3. 神的本质和能

神就本质而言是不可理解的,但在人的历史上根据神的能,神启示的客观价值被认识。神的存在是由他的“自在”性,他的非被造、永恒的活动或能仍是不可理解的。通过区别本质和能达到认识神成为

可能,按本质而言是不可知的神,但那些达到一定精神完善的人根据能,神是可知的。神的实质不可理解性和不可领受性,对于人来说取消了某种直接参与其中的可能。

帕拉马不止一次地强调本质和能的统一。"虽然神的能区别于神的本质,但在本质和能中有神的统一神性"(关于统一和区分,22,T. 2. 85)。

## 4. 神化和拯救

凭借恩赐和与神交往,人成为不死的、非被造的、永恒的、无限的。总之一句话,实现神化。"已经神化的天使和人的神化不是神的超本质的本质,但是神超本质的能,它在被神化中共存。"(《三部曲》第三部,1,33)

达到神化是由两个最重要的因素决定,集中注意力和把理智转向内部的人,在不寐中不断祷告,与神交往成为这些的奖赏。在这种情况下,人的力量保持自己的能,尽管它们高于自己习惯的度。为了确实实现他们的相遇,神屈尊于人,人开始向神上升。在相遇中人整个被神荣耀的非被造之光包围,它永远地来自圣三位一体,理智赞叹神的光,而自己成为了光。那时,智慧像光,可以看见光。"圣灵的神造恩赐是不可言说的光,它用神的光陶造那些被它充实的人。"(《三部曲》第三部,19,20,21,35)

帕拉马学说最重要的因素是:神化的经验和人的拯救是可能实现的,开始于真正的生活,与荣耀的历史和超历史的结合。门徒在法沃尔山看到的光,现在纯洁的静修主义者也可以看到,未来世纪的幸福存在形成同一事件的三个阶段,组成统一的超时间的现实(《三部曲》第二部,3,66)。

## 5. 关于非被造之光的学说

关于神圣的非被造之光的学说是帕拉马作品中占重要地位的基本观点之一。在主易容时基督闪耀的光不是被造的，是神圣伟大的表现，门徒获得的某种看见，是获得神在相应预备的恩赐之后的看见。这光不是瓦尔阿姆所说的被造的"神圣的象征"，而是神圣的、非被造的。

于是，法沃尔之光是神的非被造的能，它可以用纯净和虔敬的智慧之眼看见（《三部曲》第一部，3，17，38）。"神像光被看见，用光缔造灵魂纯净的人，这就是为什么称之为光"（《三部曲》第一部，3，40，234）。法沃尔之光不仅高于外部知识，而且高于圣经知识。来自圣经的知识像蜡烛，它可以照到阴暗的地方，而神秘直观的光像明亮的恒星，"它是太阳"（《三部曲》第二部，3，18，448），法沃尔之光的性质高于感觉，因为闪耀"虽然它类似太阳，但高于太阳，它们之间没有任何相等"（《三部曲》第二部 3，19，450）。

看见光会带来与神的统一，也是统一的标志。在地上生命里看见非被造之光，这是宝贵的天赋，永恒的前夕："……非被造之光现今提供给相配的人，作为担保，在永恒的世纪里它会永远庇护他们"（《三部曲》第二部，3，78，564—565）。这种光只有真正的静修主义者才能看到，而圣格里高利·帕拉马自己成为了恩赐和光的伟大信使。

# 第二章

## 俄罗斯东正教长老制的产生和早期发展

俄罗斯东正教长老制产生于俄罗斯静修主义内部，而俄罗斯静修主义是 14 世纪时从希腊的阿封山传入到俄罗斯，也就是说，在 14 世纪，静修主义传入俄罗斯后，东正教长老制才有可能在俄罗斯产生。因此，本章在分析长老制产生的时间问题时，主要借助于拜占庭静修主义修行传统如何传入俄罗斯，传入的时间、路径等问题来确定俄罗斯东正教长老制产生的时间。在确定俄罗斯东正教长老制产生的时间后，进一步研究它的早期发展问题。

## 第一节　俄罗斯东正教长老制的产生

俄罗斯的东正教长老制修行方式源于拜占庭的苦修传统，可以说它是拜占庭苦修传统延续的一个分支。关于俄罗斯东正教长老制修行方式在俄罗斯出现的时间问题存在争议，大致可以总结归纳为圣谢尔基之前和圣谢尔基之后两种观点，但笔者通过史料研究后发现,圣谢尔基时代是俄罗斯东正教长老制萌芽阶段较为合理。

## 一 圣谢尔基之前说

有观点认为俄罗斯东正教长老制在圣安东尼和费奥多西的洞窟修道院(11 世纪)时期就已出现,提出这种观点的是 *И. М.* 孔采维奇(Концевич),他在著作《长老制:古代罗斯之路上的圣徒精神财富》第四章中指出,俄罗斯修行生活的创始人圣安东尼,在 11 世纪进行精神修炼。安东尼曾两次去阿封山,他在阿封山上剃度为修士,在东方圣山的所见所闻奠定了他的精神修行基础。圣安东尼(死于 1073 年)在洞窟修道院生活时,关于修道院里的任何情况,院长都会向安东尼求教。洞窟的圣费奥多西(死于 1074 年)是俄罗斯第二位长老,是安东尼的学生。在圣费奥多西那里具备了长老制的特征:他接受信徒的忏悔,引导学生,具有超凡的神授能力。正如斯米尔诺夫(Смирнов)教授所说:"俄罗斯修行生活的教父,圣安东尼和费奥多西,是不同类型的修行者;第一位是在阿封山接受了剃度,是直观(созерцание)[1]-隐修者。第二位是安东尼为其剃度,结合了直观和伟大的修炼,是杰出的实践和组织天才。他管理修道院的时期(1062—1074 年)是洞窟修道院历史上最好的时期,也是俄罗斯第一段修行生活历史最好的时期。后来的修士(圣谢尔基之前)只是模仿费奥多西,远没有达到他的高度。他是俄罗斯修行生活的立法者。"[2]据记

---

[1] "直观"来源于 templum 这个词,意思是在视野开阔的地方,鸟占卜士进行观察。而这里是指用眼睛仔细观察,进而用心智仔细思考,达到超越一切的最高境界。

[2] И. М. Концевич, Стяжание духа святого в путях древней руси, Посад, 1994. Глава4. 1. http://www. lib. eparhia-saratov. ru/books/. . . /contents. html

载,在费奥多西的洞窟修道院里实行集体制修行方式和斯图底的规章制度,①根据规章,接受修士们忏悔的人是院长,费奥多西具备了长老的特征。可以说,在洞窟修道院的费奥多西时期,已经具有长老制雏形。但史料和文献都没有明确提到长老制的存在。

对于长老制进入俄罗斯的时间问题,甚至有人认为在罗斯受洗之日就开始了。持此观点的是修女伊格纳佳(Монахиня Игнатия),她认为:"'没有长老制就不可能有修行生活',如果采用这个观点作为长老活动的证明,显然,在那些创造了真正内部修炼的修道院里,长老制生根发芽并巩固下来。我们因此得出结论,在基辅罗斯时期,在洞窟修道院里,当时是圣费奥多西建立了修道院,长老制在自己真正形式上、真正意义上被提出来。毫无疑问,长老精神操练的原则在圣徒谢尔基的修道院被巩固下来,长老自己就是长老制的制造者,也是长老制伟大理想和神奇改造人的体现者。我们开始明白,俄罗斯东正教长老制的起源,它的特点和发展以及达到成熟,我们都应该在伟大的修道院历史中寻找,从福音在罗斯的传播开始,从它受洗的那一刻起。"②虽然修女伊格纳佳的著作不能当作学术著作,没有语言的准确性和逻辑性,但是她的著作价值在于,这是一个修行者的宗教思想,她从年轻时起就被长老引导,是一个身处其中的人,她用自己的亲身感受去揭示长老制传统,也具有一定的说服力。但众所周知,罗斯受洗后,最初的修道院是由王公贵族建立的私人修道院,只是为了

---

① 斯图底的规章是指君士坦丁堡的费奥道罗为斯图底修道院制定的规章,可以看出不是他本人所记录,最原始的样本直到现在也没有找到。在费奥道罗去世后不久,一个修士编写了《斯图底修道院的条例规章》,这个规章获得极大推广,在南意大利的修道院里保存了九个斯图底规章的版本。对于东方,特别是俄罗斯,斯图底规章由牧首阿列克西(11世纪)校正。它传到俄罗斯是在1065年,由基辅-洞窟修道院院长圣费奥多西引入。

② Монахиня Игнатия. Старчество на Руси. Свято-троицкая Сергиева лавра. М. 1999. С. 173.

满足王公贵族家用的需要,而且多建在城市。然而在真正修行意义上的修道院应该是基辅罗斯的洞窟修道院,是由修炼者长老本人建立的。所以,长老制从罗斯受洗之日开始,显然欠妥,更缺乏历史文献材料的支持。

## 二 圣谢尔基之后说

有些学者认为,长老制传入俄罗斯相当晚,不早于 15 世纪,有可能是 18 世纪进入俄罗斯。例如,俄罗斯教会历史学家 И. К. 斯莫里奇(Смолич)就认为,"俄罗斯东正教长老制的历史应该从圣尼尔时期开始计算(1508 年)。之所以晚于 15 世纪,是因为在过去时期缺少关于长老制在俄罗斯存在的直接证据。关于古代罗斯修道院历史的材料十分丰富,遗憾的是,其中很少涉及长老制的主要形式是怎样的、苦修引导途径是怎样的,关于圣徒的故事和修道院的规章都不能揭示这些问题。甚至在拉多涅日的圣谢尔基传记里(1392 年)都没有直接指出,是否在他的修道院里有过长老制现象。"[1]的确,在古代俄罗斯修道院的规章或长老传记里都没有关于长老牧养的规定。最早此类的训诫也是在 15 世纪上半叶,从圣谢尔基的学生奥布诺尔的圣保罗(Павел Обнорский)的修道院里产生,但这不意味着长老制在古代基辅罗斯时期和莫斯科时期从来没有过。

## 三 俄罗斯东正教长老制的萌芽: 圣谢尔基时期

根据霍鲁日的观点:"俄罗斯东正教长老制产生于俄罗斯静修

---

① И. К. Смолич. «Русское монашество 988 - 1917—жизнь и учение старцев». Москва. 1999. С. 391.

主义内部,并与心智修炼(умное деление)的实践不可分割地联系在一起。"①14 和 15 世纪是拜占庭东正教静修主义的繁荣时期,而长老制是静修主义的一种变体,静修主义的繁荣势必会带来长老制的繁荣。从静修主义传入俄罗斯的时间和途径来看,也可以推断出俄罗斯东正教长老制出现的时间。另外,根据圣谢尔基的传记所述,谢尔基修道院牧养修士的方法,已经具备了东正教长老制牧养方式的主要特征。基于以上两方面原因,笔者认为,俄罗斯东正教长老制产生的时间应该在圣谢尔基时期。

## (一)静修主义传入俄罗斯的路径

14 世纪,东正教静修主义通过各种途径传入俄罗斯:**第一条途径是通过南斯拉夫传入**。这一时期的俄罗斯文字处于南斯拉夫影响下。南斯拉夫对俄罗斯文献影响的意义十分重大,因为从 13 世纪开始到几乎整个 14 世纪,是南斯拉夫人文化的复兴时期。所有从希腊语的翻译著作都在他们那里得到修正,并出现大量的新东西。这些文献不是在斯拉夫本地完成的,而是在君士坦丁堡和阿封山。在 14 世纪阿封山修道院里形成了一个小型的俄罗斯修士移民点,他们与南斯拉夫人的移民点有一些联系。由于与上述南斯拉夫人的交往,得以有大量的翻译作品传入俄罗斯。索巴列夫斯基(Соболевский)曾说过:"没有这些财富,我们就没有圣尼尔的作品,没有自己的年代记和第一部俄罗斯通史,没有语法和拼写法方面的文章。"②**第二条途径是通过保加利亚传入俄罗斯**。在静修主义运动中的著名长老西奈的

① 【俄】C. C. 霍鲁日:《俄罗斯东正教长老制的精神基础和人学基础》,刁科梅译,张百春校,《俄罗斯文艺》2012 年第 2 期。
② А. И. Соболевский. Южнославянское влияние на русскую письменность в XIV - XV вв. СПБ, 1894. С. 3.

圣格里高利,曾从阿封山离开,搬到拜占庭和保加利亚交界处(现在的色雷斯)。后来他的一个门徒保加利亚人圣费奥多西(Феодосий),在西奈的格里高利去世后回到保加利亚,并在保加利亚传播了西奈的规章。基辅的都主教基普里安(Киприан Киевский)是静修主义从保加利亚传到俄罗斯的传播者。因为耶夫菲米(Евфимий)长老是当时圣费奥多西的门徒,基普里安与耶夫菲米一起学习过,后来在俄罗斯基普里安成为都主教。根据后人研究,基普里安可能是耶夫菲米的亲戚。基于基普里安与耶夫菲米的上述关系,他一定会受到静修主义思想的影响。另外,都主教基普里安在俄罗斯努力进行礼拜仪式改革,为了遵循君士坦丁堡的牧首菲洛费伊(Филофей)推行的礼拜仪式,菲洛费伊是著名的帕拉马主义者,这也证明了都主教基普里安有可能具有静修主义思想。**第三条途径是通过塞尔维亚传入俄罗斯。**这条路径不是通过教会活动家,而是以一般文化影响的形式传入。14 世纪是静修主义普遍繁荣时期,圣徒格里高利·帕拉马在巴尔干半岛享有很高的威望。塞尔维亚的国王曾邀请他到自己的帝国,但他没有同意,仍留在阿封山上。可见,14 世纪的塞尔维亚是率先接受教父学说的国家,但它的艺术在俄罗斯有鲜明的反映,渗透着静修主义精神。例如,14—15 世纪莫斯科三大圣像画家之一的安德烈·鲁布廖夫(Андрей Рублёв,约 1360—1430 年)是静修主义杰出画家,在描画主易圣容圣像中,可以发现艺术家用直观的形式反映门徒看到法沃尔之光的神态,"这光被门徒理解为最大的奥秘和不可言说的恩典……鲁布廖夫所画的形象总是显得精神安宁和稳定,像纯净清澈的水……"[①]**第四条途径是通过莫斯科的都主教们传入,他们是**

---

① 徐凤林:《东正教圣像史》,北京:北京大学出版社,2012 年,第 217 页。

**帕拉马主义者。**都主教费奥格诺斯特(Феогност)是帕拉马主义者,他的继任者圣阿列克西也是帕拉马主义者。从历史文献可知都主教阿列克西和拉多涅日的圣谢尔基之间的关系。当圣阿列克西与谢尔基兄长圣斯蒂芬一起在主显节修道院(Богоявленский монастырь)时,两人很快在莫斯科成为有影响的人物。斯蒂芬提升为本修道院的院长,阿列克西成为都主教菲奥格诺斯的助手。院长斯蒂芬与圣谢尔基的圣三一修道院始终保持联系,他多次造访,甚至住在那里,这些在圣谢尔基的传记里都有提到。在 14 世纪 50 年代中期,都主教阿列克西自己曾去拜访过圣谢尔基。后来都主教阿列克西和圣谢尔基都希望在圣三一修道院建立集体修行制度,但遭到一些修士的反对。都主教阿列克西向牧首请求解决这一问题。在给圣谢尔基的信里,牧首建议,恩准谢尔基建立集体修行制度。这两位伟大的静修主义者——都主教阿列克西和圣谢尔基协同合作,成就了俄罗斯东北修行生活的繁荣。都主教阿列克西之后的都主教基普里安和福吉(Фотий)都是静修主义者,在福吉领导俄罗斯都主教辖区时,帕拉马学说已经被全教会接受并确立。所以说,谢尔基处在这样的环境中不可能不受到静修主义的影响,进而自然会引入长老制修行方式。**第五条途径是俄罗斯人和希腊人直接交往。**从 14 世纪到 15 世纪中叶,这种直接交往没有停止过,既有希腊人到俄罗斯,又有俄罗斯人去希腊。14 世纪,在俄罗斯任都主教职务的有四位希腊人。由于都主教的地位和影响力,所以,在俄罗斯他们会更方便推行希腊阿封山的静修主义主义传统,这也为东正教长老制传入俄罗斯创造了很好的条件。

## (二)圣谢尔基修道院东正教长老制牧养方式的特征

在智者圣叶皮凡尼(преподобный Епифаний Премудрый)所写的

谢尔基传记中,简单记述了谢尔基的牧养实践:"以前提到的斯蒂芬,是圣徒的兄弟,夏天带来自己的儿子,把他交到圣谢尔基手上,让他按照修士方式生活。他在谢尔基那里被要求完全顺从,生活顺乎神意,让自己的身体经受磨练。如同许多俗世人对谢尔基的仰慕一样,对此要做到:任何时候也不要对谢尔基隐瞒自己的思想,无论是在白天还是黑夜。"[①]从此看出,长老制引导修行实践在圣谢尔基的修道院里已经存在,它的典型特征就是见习修士要完全顺从长老以及经常忏悔的惯例。对于这里的修士来说,长老就是谢尔基院长本人。

在沃洛格达和托季马的大主教、修士司祭尼康·罗日杰斯特文斯基(Никон Рождественский)所写的《长老拉多涅日的圣谢尔基传记》中,同样也证明了长老制牧养方式在谢尔基的修道院已经存在。传记中记载,尼康有幸跟从长老谢尔基修行,后来成为了院长继承人。谢尔基的这个学生的名字与谢尔基修道院的历史紧密联系在一起。尼康年轻时就对谢尔基十分敬仰,他来到修道院请求谢尔基接受他为自己的学生。可能是因为预见到了尼康的才能和天赋,长老安排他进行顺从和克制的严格训练,派他到自己学生阿法纳西的修道院里修行,这个修道院位于谢尔普霍夫城。尼康在阿法纳西那里修行了一两年,后来回到了谢尔基身边,并同长老一起居住在同一个修行室。在这个简陋的小室里,尼康从长老那里汲取了丰富的精神营养,他以长老为榜样,精神修炼水平获得了极大的提高,这主要得益于长老的引导和不断的祷告。为了心灵纯净,不受怀疑和惶恐的困扰,尼康的心扉时常向长老敞开,接受长老的引导。由此可见,谢

---

① Памятник литературы Древней Руси. XIII - XV век. Состав и общ. Ред. Д. С. Лихачёв и Л. А. Дмитриев. М. 1981. С. 382.

尔基对尼康的引导,已经完全具备了长老和见习修士关系的主要特征:服从、克制、向长老忏悔、祷告等。[①]

正如斯莫里奇(Смолич)指出的:"俄罗斯东正教长老制不是俄罗斯民族所固有的,而是基督教修行和神秘主义的一个分支。从接受基督教开始,俄罗斯就有了苦修精神实践的理念,安东尼,基辅洞窟修道院的建立者,完成了去阿封山的朝圣并向阿封山隐修士学习,建立了俄罗斯修道院与阿封山的联系。"[②]因此,基于俄罗斯修道院与阿封山的这种联系,当 14 世纪静修主义在阿封山复兴时,加之静修主义通过各种路径传入了俄罗斯,作为静修主义修行实践方式的东正教长老制必然对拉多涅日的圣谢尔基(Сергий Радонежский, 1314—1392 年)、索拉的圣尼尔(Нил Сорский, 1433—1508 年)等许多长老们产生影响。

综上所述,俄罗斯东正教长老制在 11 世纪基辅洞窟修道院的费奥多西时期只是孕育时期,而萌芽和形成时期应为 14 世纪的圣谢尔基时期,在圣尼尔时期发展到第一次高峰。虽然并无直接的历史文献记载,但是根据谢尔基同时代修士为其写的传记中的描述,俄罗斯东正教长老制已经于 14 世纪开始在谢尔基的修道院里萌芽。

从本节的史料研究来看,俄罗斯东正教长老制作为俄罗斯东正教修行生活的一部分,并不是从基督教传入罗斯时就随之具有,而是在拜占庭苦修传统在 13 和 14 世纪经历新的宗教复兴运动时期,也就是静修主义蓬勃发展时期传入俄罗斯。所以说,俄罗斯东正教长

---

① Житие Сергия Радонежского: Опознание человека, попробовавшего посланную еду. Епифаний Премудрый. 1417 - 1418. http://www. samlib. ru/r/raba_b_i/zitija-7. shtml

② И. К. Смолич. «Русское монашество 988 - 1917—жизнь и учение старцев». Москва. 1999. С. 377- 379.

老制是拜占庭苦修传统的继承者,是东正教修行传统这棵大树的一个分支。其具体产生的脉络如下图所示:

**4—5 世纪拜占庭苦修生活产生**

圣大安东尼(苦修生活奠基人,简单长老制的实践者)

⇓

**5—6 世纪拜占庭苦修生活的发展**

西奈的尼尔(提出修炼目标:神化)

天梯约翰(精神生活权威:阶梯式修炼思想)

**9—10 世纪苦修生活的发展**

9 世纪长老制获得教会正式承认

10 世纪末新神学家西蒙(奠定静修主义神学基础)

⇓

**13 和 14 世纪拜占庭苦修生活的复兴繁荣**

西奈的格里高利(圣灵操练)　　格里高利·帕拉马(静修主义神学)

**14 世纪静修主义传入俄罗斯**

谢尔基时期(长老制在俄罗斯萌芽)

# 第二节　俄罗斯东正教长老制的早期发展

公元 1240—1480 年,俄罗斯经受了蒙古鞑靼人长达 240 年的统治。这一时期不仅是俄罗斯国家政治、经济的灾难,而且打破了俄罗斯人的心理平衡,严重影响了他们的世界观。人们的生活失去了确

定性和可靠性,生活变得十分困苦艰难。13 世纪下半叶到 15 世纪,是一个俄罗斯"人民受压迫、领导人绝望、土地贫瘠、工商业衰落和许多技能失传"[①]的时期。

俄罗斯的修行生活,在这一时期也受到影响。但拉多涅日的圣谢尔基对俄罗斯宗教产生强烈影响,被公认为俄罗斯的精神领袖。[②]他是这一时期的重要代表人物,所以学者孔采维奇称:"14 世纪是修行生活复兴的时期,也是圣谢尔基的世纪,因为他的形象高于所有其他人,包括他的门徒和与他交流的人。"[③]圣谢尔基是罗斯直观修炼的发起者和传播者,修士司祭尼康在《传记》中提到 100 多位来自谢尔基修道院的圣徒名字。谢尔基修道院成为使俄罗斯整个东北部地区直观修炼繁荣起来的宗教学校。在 15 世纪,以往几个世纪播种的宗教种子开始发芽并繁盛起来,从以前建立的修道院里又诞生出了许多新修道院,产生了一些新的圣徒。因此,15 世纪是 14 世纪修行生活延续的时代,它是以长老圣尼尔为代表的俄罗斯修行活动的"黄金时代"。俄罗斯东正教长老制思想也在这一时期达到了辉煌。

## 一 14 世纪的俄罗斯东正教长老制——圣谢尔基时代

### (一) 圣谢尔基的苦修历程

公元 14 世纪与圣谢尔基同时代的传记作者、修士智者圣叶皮凡尼(Епифаний Премудрый)在《拉多涅日的圣谢尔基传》中记述:拉多

---

① 【美】尼古拉·梁赞诺夫,马克·斯坦伯格:《俄罗斯史》,杨烨、卿文辉译,上海:上海人民出版,2009 年,第 109 页。

② 【美】尼古拉·梁赞诺夫,马克·斯坦伯格:《俄罗斯史》,杨烨、卿文辉译,上海:上海人民出版,2009 年,第 110 页。

③ И. М. Концевич. Старчество: Стяжание духа святаго в путях древней Руси. Глава 4. 2. http://www. lib. eparhia-saratov. ru/books/.../contents. html

涅日的圣谢尔基(Сергий Радонежский, 1314—1392 年),在洗礼时起名叫巴多罗买(Варфоломей),出身于罗斯托夫公国一个非世袭贵族家庭,是基里尔和玛利亚的第二个儿子。谢尔基从小就与宗教有着神奇的不解之缘。据传记记述,他母亲怀孕时,在一个周日去教堂做礼拜。在读福音书之前,胎儿在母亲肚子里突然大叫了一声,在唱天使颂歌时又叫了一声。惊恐不安的母亲于是决定,小孩出生后就把他献给神。

巴多罗买七岁时,父母把他送到教会学校。他的哥哥斯蒂芬很快学会了读书、写字,而年幼的巴多罗买没有聪明才智的表现,所以老师经常惩罚他,同学经常嘲笑他。有一天老师派巴多罗买去草地放马,在那里他遇到了一位长老,长老发现少年十分忧郁,就问他为什么忧伤。小男孩哭着讲述了自己学业不好的事儿,并请求长老帮助他。长老和巴多罗买一起回家见他的父母,并吩咐少年当着他们的面读圣诗。令人奇怪的是,巴多罗买读得很轻松。从那天开始,巴多罗买在学校的功课好转起来。

1328 年之后,小罗斯托夫公国很快被并入日益强大的莫斯科公国,巴多罗买的父亲搬到拉多涅日州,那是一个莫斯科公国的村镇,在那里他获得了非世袭领地。在拉多涅日,巴多罗买度过了自己的青年时代。他的哥哥斯蒂芬和弟弟彼得都已经结婚。巴多罗买多次请求父亲让他去修道院,父母没有反对,但希望未婚的儿子留在他们身边,直到他们去世。过了一段时间,家庭状况发生变化,哥哥斯蒂芬的妻子去世了,斯蒂芬离家去了不远处的修道院。这时父母已经年迈,他们也去了修道院。在古代俄罗斯的宗教传统观念中,有些人希望在修道院中独处,并度过自己生命的最后时光。所以,现在巴多罗买可以过自己想要的生活了。他把自己的领地转交给弟弟,进入

了哥哥的修道院。之后又同哥哥一起离开修道院,开始在茂密的森林里过着艰苦的苦修生活。

开始他们住在窝棚里,后来为自己建造了木屋和小教堂,以圣三一命名。为了给教堂祝圣,他们去莫斯科都主教那里请求祝福和许可,在那里获得了做礼拜所需的一些圣器后返回。在教堂祝圣后,兄弟两个在远离俗世的森林里斋戒、祷告,苦修的生活并不轻松。哥哥斯蒂芬没能忍受住严酷的修行生活,转到一个莫斯科的修道院里。巴多罗买一个人留下来,他完全处在寂寞孤独中,这是他修行道路上最艰辛的一段时间。在离他不远处有一个老修士司祭,名叫米特罗凡,经常应他的邀请来做祈祷仪式和授圣餐。一天,巴多罗买请求他为自己剃度为修士,修士司祭满足了他的愿望。于是,巴多罗买剃度成为了修士,取名为谢尔基。剃度后,他仍然在森林里单独苦修。茂密的森林没能遮掩神真正的战士,他的美名传到了各地,他的形象吸引和感召着那些对俗世绝望的人。有一天,人们找到了他,请求允许和他一起修炼,为了神,也为了拯救自己。开始谢尔基不愿意,后来接受了那些新来的人,成为他的学生。在他周围逐渐聚集了一些修士,他们成为了谢尔基修行思想的传承者和拥护者,他们把谢尔基的修炼荣誉传到了俄罗斯的各个角落。对于谢尔基来说,修士们的到来是新的宗教修行的开始;对于他的偏僻修道院来说,恢复与俗世的交往有着历史意义。因为这样一来,修道院开始日益影响俄罗斯民族的精神生活,由简陋的木屋教堂和修行室变成了伟大的圣三一谢尔基修道院。

## (二)圣谢尔基的神授超凡能力

### 1. 预见性和洞察力

在沃洛格达和托季马大主教、修士司祭尼康·罗日杰斯特文斯基

(Никон Рождественский)所写的《长老拉多涅日的圣谢尔基传》第七章《神赐的长老》中提到：在大公与马麦战斗时，圣谢尔基感应到会在战场上发生什么，他安慰大公，并许诺大公一定会战胜马麦。战争的结果印证了长老的预言。长老的这一神奇预见力被他的学生记录下来。

还有一件事可以说明谢尔基的洞察力。谢尔普霍夫公爵弗拉基米尔·安德列耶维奇是拉多涅日的安德烈公爵的儿子，圣三一修道院就位于他的世袭领地上，他自己经常拜访圣谢尔基，有时派人送去日用品做礼物。有一次，公爵派仆人送吃的东西慰劳修士们。途中仆人经不住美食的诱惑，偷吃了一点。他到院长那里时，有洞察力的长老没有接受公爵的礼物。仆人请求收下，否则担心公爵怪罪。谢尔基告诉他："我的弟兄，为什么你听从了敌人的话？为什么品尝了没有得到恩许是不能吃的东西呢？"仆人听后扑倒在长老的脚下，哭着请求长老的原谅，承认了自己的罪。那时谢尔基才接受了他的食物，委托他转达对公爵的感谢。①

## 2. 行神迹，医治疾病和精神引领

14 世纪时，大概是为了收集贡品，经常会有神职人员从皇城（君士坦丁堡）来到莫斯科，有一个主教听到关于谢尔基长老的功绩，怀着好奇心希望看到他。可能是过分骄傲的缘故，主教在心里不太相信谢尔基会有神奇的功绩。

主教来到修道院，他心里突然感到一种莫名的恐惧。当他走进修道院，第一次看到长老时，眼睛突然失明了，长老出来迎接他，拉着他的手走进自己的修行室。这是惩罚或更确切地说是触摸到神的右

① Житие Сергия Радонежского: Опознание человека, попробовавшего посланную еду. Епифаний Премудрый. 1417－1418. http://www. samlib. ru/r/raba_b_i/zitija-7. shtml

俄罗斯东正教长老制研究

手(惩罚的意思)教他改变,他流着泪在长老面前忏悔自己的不信,承认自己的罪,请求长老为他医治眼睛。谦逊的谢尔基祷告着用手碰了他的眼睛一下,他立刻就恢复了视力。从此以后,主教不再怀疑长老的功绩,而且到处传颂长老神奇功绩的美名。[1]

## (三) 圣谢尔基修道院的长老制牧养方式

### 1. 作为长老的圣谢尔基

虽然在圣三一修道院里缺乏关于长老制的资料,但在其中也可以捕捉到属于长老制的特征。关于圣三一修道院里的精神训导(духовничество),斯米尔诺夫(Смирнов)教授曾记述:"在圣谢尔基修道院里,最初院长本人是修士们的忏悔神父。劝说谢尔基接受院长职务时,修士们声明:我们十分希望您是我们的灵魂和身体的院长和导师,接受来自您的原谅和祝福。每天祷告,每天都能看到您完美的圣餐礼拜仪式,从您真诚的手中领受圣餐的圣洁和奥秘。"[2]由此可见,圣三一修道院的修士们选谢尔基,不仅是做院长、忏悔神父,而且担任所有修士的导师。如斯米尔诺夫教授所说,这里的忏悔神父:"几乎都是长老"。[3] 当时的忏悔神父,除了主持宗教仪式以外,还具有神赐超凡能力,就像圣谢尔基一样,完全具有长老的特征。传记作者叶皮凡尼的赞美之词也表现出圣谢尔基身上长老的特征,叶皮尼凡说:"真正的引领者,真诚的导师,善良的神父,没有诱惑力的教导

① Житие Сергия Радонежского: Об исцелении мужа молитвами святого Сергия. Епифаний Премудрый. 1417-1418. http://www. samlib. ru/r/raba_b/zitija-7. shtml

② И. М. Концевич. Старчество: Стяжание духа святого в путях древней Руси. Глава 4. 2. http://www. lib. eparhia-saratov. ru/books/.../contents. html

③ И. М. Концевич. Старчество: Стяжание духа святого в путях древней Руси. Глава 4. 2. http://www. lib. eparhia-saratov. ru/books/.../contents. html

者,精神的牧者,善良的指引者,真正的领袖。对于修士来说,他仿佛是引领向上,达到天国的阶梯。"①对于平信徒来说,"他对于所有涌向他的人来说,是幸福的源泉……许多人来到他这里,为的只是看看他,听他的话,所有人都获得了极大的好处;从他那里得到心灵的拯救……"②所以说,谢尔基不仅是顺从他的修士的长老,也是平信徒眼中的圣徒和长老。

## 2. 圣谢尔基对门徒的长老制牧养方式

在圣谢尔基门徒中最受喜爱的是圣尼康,他后来成为了谢尔基的接班人、圣三一修道院的院长。谢尔基对于他的培养和引导,就是完全按照长老制的牧养方式进行的。先是要求他忍耐、顺从,后来与他同住,亲自引领他,使他成为自己合格的接班人。

另外,在谢尔基的门徒中有两个直观修行的榜样:奥布诺尔的西尔维斯特(Сильвестр Обнорский)和保罗(Павел Обнорский)。西尔维斯特(卒于1379年)先是在谢尔基的门下,后来由于渴望默祷,去了遥远的北方,在奥布诺尔河岸停留下来,并在那里建立了修道院,担任奥布诺尔区第一个修道院的院长。

奥布诺尔的圣保罗(1317—1429年)是14世纪杰出的隐修士之一,他最开始是在普里鲁克(Прилук)的圣诞修道院(Рождество Христова)修行。为了向更高的修行阶段迈进,希望自己能有一位修行之路上的导师,他来到了圣三一修道院,找到了谢尔基,开始了新的修行生活,谢尔基成为了他的长老-导师,他在这里修行了50年。

---

① Житие Сергия Радонежского: О начале игуменства святого. Епифаний Премудрый. 1417 – 1418. http://www. samlib. ru/r/raba_b_i/zitija-7. shtml

② Житие Сергия Радонежского: Об исцелении мужа молитвами святого Сергия. Епифаний Премудрый. 1417 – 1418. http://www. samlib. ru/r/raba_b_i/zitija-7. shtml

后来他也去了北方，1389 年在伏尔加河地区建立了"施生命的圣三一"(Живоначальная Троица)修道院，并在那里留下了引导年轻修士的长老文献《门徒传承长老关于修行生活和圣经修行原则的训导》。①这部文献能够充分证明，古代俄罗斯东正教长老制在这里存在。这部作品包含长老引导见习修士的原则以及对在修道院里见习修士修行生活的各种意见；还包括见习修士与长老的相互关系以及关于心智祷告和耶稣祷告等。②正如史学家斯莫里奇所说："保罗修道院里的关于长老引导见习修士的这些文字材料，提供了关于修道院日常生活的概念。在这里我们找到了'心智祷告''精神专注'(собранность духа)'默祷''耶稣祷告'等术语，这些术语是东方静修主义的概念，这也证明了长老制引导在这里的存在"。③

因为圣保罗是谢尔基的门徒，所以他的修行思想必然受到谢尔基的影响。既然有充分证据能够证明，保罗修道院里有长老制的存在，而且是保罗留下来的，那么也可以间接证明谢尔基修道院也有长老制牧养方式存在。

谢尔基思想的继承者是别洛泽尔斯克的圣基里尔(Кирилл Белозерский，卒于 1429 年)，俗名克西马，出生于破落的贵族家庭，在一个富裕的亲戚韦利亚诺夫家里受教育，圣斯蒂芬·马赫里希斯基拜访过韦利亚诺夫家，斯蒂芬是圣谢尔基的朋友和被引导者。在斯蒂芬的影响下，年轻的克西马选择了修行的生活方式。很快斯蒂芬

---

① **俄语名称**：Предание некоего старца учеником своим о иноческом жительстве и о правиле келейном от Божественных Писаний.

② И. К. Смолич. «Русское монашество 988 - 1917—жизнь и учение старцев». Москва. 1999. С. 170.

③ И. К. Смолич. «Русское монашество 988 - 1917—жизнь и учение старцев». Москва. 1999. С. 391.

为他剃度并授名基里尔,并进入了西莫诺夫修道院修行。修道院的
建立者和院长是谢尔基的外甥——修士大司祭费奥道罗。在西莫诺
夫修道院,基里尔在长老米哈伊尔的引导下修行,长老传授他如何进
行心祷和与恶灵斗争。谢尔基曾到过西莫诺夫修道院,基里尔曾与
他交流,并探讨了许多关于对心灵有益的问题。虽然基里尔不在谢
尔基的修道院里修行,但他经常与谢尔基进行交流,请教精神修炼的
问题,这也算是谢尔基在精神上牧养了基里尔。

费奥道罗升为拉斯托夫的主教后,基里尔被选为院长,但很快他
就辞职离开,选择去隐修。后来他同另一位修士一起去了北方,到了
扎沃尔日斯克,为了在那里进行更严格的修行,他俩决定分开。基里
尔在当地一处森林里住了下来。当在他周围聚集了一些修士后,圣
徒放下静默修行,建造了圣母安息大教堂,建立集体修行制度。当发
生灾荒时,许多人来到修道院寻找食物,在这里谁都不会遭到拒绝,
饥饿的孩子会受到特别关照。对世人的爱是基里尔的主要特征。

基里尔是谢尔基传统的直接延续,他与自己的引导者谢尔基相似,
在精神天赋上超过了自己同时代的所有人,在精神操练繁荣时期,他是
自己同时代的修行领袖。长老圣尼尔就是从他的修道院里走出来的。

## 二 15 世纪的俄罗斯东正教长老制——圣尼尔时期

### (一) 15 世纪的俄罗斯东正教长老制

15 世纪的长老制发展是 14 世纪谢尔基时代的延续,也是古代俄
罗斯修行生活的顶峰。14—15 世纪教会阶层代表中的许多人强调
实行集体制修行的必要性,如诺夫哥罗德的大主教西蒙(1417—1421
年),都主教费奥多西(1461—1464 年)等人。但集体制修行方式在

**精神重生之路**
俄罗斯东正教长老制研究

15 世纪并没有普遍引入修道院生活,因为在这一时期古代俄罗斯的
修行生活中出现了许多苦修榜样,他们是隐修生活和个人修行方式
的产物。所以,人们把以上两种修行生活方式提到首位,当时人们
十分厌恶所记录的修道院规章。沃洛克拉姆斯克的圣约瑟(Иосиф
Волоцкий)指出:"那些与他同时代的北方修道院的修士们坚信:在
俄罗斯大地上修行的教父们,没有制定书面的规章或制度,而是以生
动的语言引导修士。所以,现在不应该制定修道院规章,而应口头引
导修士。"[1]这种观点不仅对约瑟的同时代人来说是典型的,而且对整
个 15 世纪来说也是典型的。

所以,15 世纪长老制的繁荣是一大群修行者精神操练的结果,
他们与拉多涅日的圣谢尔基有着千丝万缕的联系,尤其是谢尔基的
门徒。谢尔基强调严格实行集体制修行方式,它是谢尔基修道院生
活的基础,但圣谢尔基没有提供完整的修行牧养体系,而这更多地依
赖于自己的学生奥布诺尔的圣保罗和别洛泽尔斯克的圣基里尔。在
这一时期,关于长老制的存在,已经有了充分的文献材料。除了 15
世纪圣保罗修道院编写的《门徒传承长老关于修行生活和圣经修行
原则的训导》一书,还有一部作品可以证明 15 世纪末到 16 世纪初,
某些修道院里已有长老在从事精神牧养见习修士的活动。[2] 这部作
品是《长老对新修士的训诫:应该顺从地在长老那里做修士》。[3] 另
外,从 15 世纪的一部手稿中,可以看出在此时期修道院里利用长老
制来牧养见习修士的情况:

---

① ВМЧ. Сентябрь. ч. 1. С. 547,548.
② И. К. Смолич. «Русское монашество 988 – 1917—жизнь и учение старцев». Москва. М.
   С. 170.
③ 俄文名称:Предание старческое к новоначальным иноком, кεко подобает жити у старца в
   послушании.

第一,先确定长老和见习修士之间师生关系

院长把可敬的长老邀请到自己这里来,请教他神学知识,并把刚开始修行的弟兄交给长老,委托长老引导他。在此情况下会对长老说:"弟兄(长老),关心他就像是你从基督福音中获得他,为了把他交给我们的父。"接下来院长对新修行的修士说:"孩子,尊敬长老就像自己的父亲和老师,让自己成为顺服的人,服从他,就像服从基督本人一样。把一切交给他,用神的话作宝剑斩断自己个人的意志。"[1]

从这段引文中可以看出,修道院内部已经具有长老制牧养方式,而且有专门的长老负责牧养见习修士。这与14世纪谢尔基修道院的长老制牧养方式有所不同,根据谢尔基传记中的记述,谢尔基既是修道院的院长,也是忏悔神父和导师,虽然忏悔神父"几乎都是长老",但不如15世纪长老制中"长老"这一称乎具体、明确。

第二,长老教授见习修士进行耶稣祷告

长老把新修行的修士从院长那里带走,领他到自己的修行室,教他耶稣祷告,就像以前的教父一样,按双数计算祷告。祷告是这样的:"主耶稣基督,神的子,宽恕我这个罪人吧。"需要小声地进行耶稣祷告,为了让自己远离所有可能的诱惑。在数百次祷告之后推进一个双数,在下一个百次还是一个双数。需要在完成早、晚规章后,每天操练它,为了每一次呼吸能完成两三次祷告。在这之后,调整呼吸并继续祷告。在所有的地方练习

---

① И. К. Смолич. «Русское монашество 988 - 1917—жизнь и учение старцев». Москва. М. С. 391.

> 耶稣祷告：在教堂，在修行室，劳动时，只要你没有睡着都要进行。以后，为了完善自己的操练，在自己修行室里根据长老的建议练习，大声地重复祷告或只是在心里祷告，在呼吸时或屏住呼吸时观察自己的心。当一群魔鬼攻击你时，要小心有灵的幻象：看见光或梦境，无论他们从哪里来，从里还是从外，要知道，这是魔鬼。[①]

从引文中可以发现，耶稣祷告是见习修士最开始学习的内容，实际上从以后的资料手稿中也可以看出，耶稣祷告在修士生活中无处不在，见习修士几乎是在耶稣祷告中生活。这说明，耶稣祷告在长老制修行方式中的作用十分重要，它是达到神化这一修炼目标最重要的手段之一。

第三，长老教授见习修士应如何遵守日常行为规范

> 接下来，长老教导见习修士，他应该在修行室里有怎样的行为举止，他应该在哪里坐，在哪里睡。不要坐长老或其他弟兄的地方，不要把东西移位，在劳动或干其他事情之前，要告诉自己的长老，并说："父，为了神，请原谅我，恩准我！"如果你想在修行室里说话，要小声提问和回答。同样还要服侍长老：给他拿劈材放到炉子里，点火，并用火钩子翻匀，让劈材充分燃烧；需要打扫修行室，端水，轻声开关房门，在劳动后要请长老恩准。长老应该教新剃度的修士，更换衣服和名字，以此改变以往的生活方式，拒绝俗世的生活习惯，像修士一样生活：把自己交托在神的手上，在自己思想里只有一个神，把自己的意志交给长老，顺从

---

① И. К. Смолич. «Русское монашество 988 – 1917—жизнь и учение старцев». Москва. 1999. C. 392.

他，服侍他，就像基督说："我来不是要受人的服侍，乃是要服侍人……"（《马太福音》20：28）

如果想拜访弟兄的修行室，要站在他的窗前做耶稣祷告。如果你没听见"阿们"，那就再大声地祷告一次，如果还没听到"阿们"的回应，那就第三次大声祷告，用手指轻轻敲窗。如果还没听见"阿们"，就离开，不要诱惑自己的弟兄。在修行室的弟兄，应该在第一或第二次祷告之后就回应"阿们"，打开小窗，伸出头并问："先生（господин），你为什么而来？"进门后，做进门祷告，鞠躬，在年长的弟兄面前要俯首在地，请求他的准许，那时再说出想要干什么。当要离开修行室时，也要鞠躬并请求修行室的主人准许："先生，在您向神，主耶稣基督和圣母祈祷中，为我这个罪人祷告平安。"他回答："神，爱世人，按神的意志，教导培育我们，在神认为有益的，为你和我祷告，阿们。"[1]

从引文中可以看出，见习修士的精神操练渗透到日常生活的方方面面，在细微严谨的行为规范中培养见习修士的忍耐、克制、顺从等美德，目的是提升见习修士的精神品质。切断自己的意志，顺从长老，首先从生活中最简单的着装开始，使见习修士很快适应修士生活的环境。见习修士在服侍长老过程中学会顺从，这是见习修士精神修炼最重要部分，顺从是所有其他美德培养的基础。

第四，参加祷告仪式也是见习修士精神修炼的手段

当教堂的钟声通知劳动或祷告时间时，要穿上自己的长袍，在喜悦和对神的敬畏中放下一切，并说："请主，宽恕我"两次，接

---

① И. К. Смолич. «Русское монашество 988 - 1917—жизнь и учение старцев». Москва. 1999. С. 392 - 393.

着说:"感谢圣父、圣子、圣灵","请主,恩准",最后说:"主耶稣基督,神的子,向圣母祷告,用圣洁神奇的十字架的力量,我的守护天使的祷告;我们的圣父拉多涅日的圣谢尔基,奇迹的创造者;奥布诺尔的保罗,神奇的创造者,一切圣徒,宽恕,拯救我这个罪人。阿们。"如果是平常的工作日,这之后三次叩首;如果是节日,三鞠躬。在这之后修士要去自己的长老那里,说出耶稣祷告并请求:"感谢主,我向神祷告结束"。如果长老没听见你的话或沉默,为了考验你,让你再说一遍。获得祝福后,要把手放在胸前交叉。在畏惧和克制中走向教堂,边走边想,你是一个罪人,不配祝福的人。因为你要在"地上的天国",努力把自己的思想不要放在地上的事物上,要放在天上和自己的罪上,尽可能努力流下眼泪。你到了自己的位置开始说:"主,宽恕我吧!"鞠躬;"主,洁净我这个罪人!"再鞠躬。接下来,向圣母祷告,之后五次叩首;向"圣父、圣子、圣灵"两鞠躬,说"主,宽恕我";再向院长方向鞠躬,如果他没来,就向他的位置方向鞠躬;然后向左、右周围弟兄鞠躬。叩首的方式是:双膝跪地,用双手和额头触地,不要躺着,也不要出声,就像其他修士一样。不要与修士讲话,不要靠墙。[1]

从这段引文中可以看出,参加教堂的祷告仪式也是见习修士必不可少的修行科目,通过这些祷告仪式使见习修士学会认罪和克制。在见习修士的祷文中有圣谢尔基和保罗,这也可以看出,当时修士修行时对圣谢尔基和他的门徒保罗的崇敬,这也可以说明两人对当时

---

[1] И. К. Смолич. «Русское монашество 988 - 1917—жизнь и учение старцев». Москва. 1999. С. 393 - 394.

修行生活的影响力,这也是长老制在谢尔基时期开始出现或萌芽的有力证明。

第五,节制食欲、控制睡眠、读圣经也是见习修士精神修炼的手段

> 当祷告仪式结束去进餐时,要唱圣诗:"我的神,我的主啊,我要尊敬你,我要永永远远称颂你,也要永永远远赞美你的名。"(《诗篇》144:1)如果你不能背诵圣诗,就念耶稣祷告。不要与其他的修士聊天,不要笑,不要争吵。在院长的祷告仪式前不要开始吃饭。在吃食物时候,要想着,食物是上帝给的。吃喝要有节制。不要把注意力放在吃上,一天吃一次,周六、周日和特殊的节日除外。不要把任何食物带到自己的修行室。冬天,白天短的时候,饭后不要躺下睡觉;夏天,白天长的时候,你可以休息一或两个小时。在自己的修行室不要无所事事,要读圣经或完成工作,按长老的恩许,静默祷告。如果病了,不要急着躺下,而要向圣母祷告(行三次大礼),重复耶稣祷告和其他的祷告。把自己的思想脱离地上所有的事物,向神努力,想起可怕的审判和地狱,那时再躺到床上。不要露出你的身体,以免在你的守护天使面前羞愧。在入睡前,你要练习耶稣祷告。当睡觉翻身侧卧时,画十字两次祝福自己,并诵读耶稣祷告。如果失眠了,要平静地躺着,用心求助上帝,诵读耶稣祷告……经常做噩梦的修士,是他们没有把自己的诱惑向长老忏悔。[1]

从上面的手稿中可以发现,通过控制食欲和睡眠磨练见习修士的意志力,从而达到意志控制肉体欲望的目的。另外,在手稿中也可

---

[1] И. К. Смолич. «Русское монашество 988－1917—жизнь и учение старцев». Москва. 1999. С. 394.

以发现,在见习修士的生活中耶稣祷告无处不在,耶稣祷告已经成为见习修士生命的一部分,无论是吃饭还是睡觉,无时无刻都要诵读耶稣祷告,可见耶稣祷告在长老制修行方式中的重要程度。

## (二)圣尼尔的苦修历程

索拉的圣尼尔(Нил Сорский, 1433—1508 年)出身于莫斯科的迈科夫贵族家庭。他的修行生活开始于基里尔-别洛泽尔斯科修道院,是由圣谢尔基的追随者别洛泽尔斯克的基里尔建立的。尼尔在这里接受了修行剃度,把自己的时间都放在祷告、斋戒、修行上,劳动也十分繁重,他的宗教天赋和追求神圣的心灵在这里不能得到满足。所以他准备去阿封山朝圣,去了解圣山修士们的生活,希望在那里获得各种疑难问题的答案。与他一起出发的同行修士还有因诺肯季。

尼尔在圣山上拜访了许多修道院,包括圣山上长老的修行室和洞窟。在长老的指导下尼尔理解了一些必要的修行生活知识和实质,如:什么是心祷,保守精神和心智的警醒(трезвение)[1]等。在这里他研究了许多关于修行生活的遗训,拓宽并加深了自己对修行生活的理解,丰富了修行知识。正是在这里,他第一次经历了沉浸在神中的美,如"天堂盛宴"般的精神喜悦。

尼尔从伟大的基督教教父们的创作中汲取了营养,如:圣大安东尼、叙利亚的耶夫列姆、埃及的马卡里、天梯约翰、新神学家西蒙、西奈的格里高利等人的著作。这些教父们努力把修道院的苦修放到神秘主义基础上,所以,这也决定了尼尔的宗教探寻方向,使他成为了静修主义的追随者。带着教父们对他的深刻影响,尼尔

---

[1] 警醒是基督徒的美德,包含在关注精神生活中,也就是不断请求神,来保守自己远离罪。

回到了祖国。他和因诺肯季决定一起在远离尘世的茂密森林里开始修行。

在离基里尔-别落泽尔斯科修道院不远处，流淌着一条小河，叫索拉河。就在河岸，尼尔他们建起了修行室和小教堂。在尼尔周围逐渐聚集了一些修炼者，很快修道院也出现了。在尼尔的引导下，修道院建立了新的修行类型以及新的修道院日常生活方式。很遗憾，圣尼尔的传记遗失了。但从他同时代人的作品里我们了解到，他们公认尼尔长老是俄罗斯"修行生活的领袖"，由此说明了一个情况，就是尼尔把某种新东西引入了古代俄罗斯的修行生活，那就是长老制修行方式。尼尔的作品《关于修道院生活的规章》①被那些分享长老观点的人抄写，做这一工作的主要是扎沃尔日耶的小修道院和隐修院里的修士。

长老尼尔于 1508 年 5 月 7 日去世，由于不希望得到尘世的荣耀，他命令自己的门徒把他的遗体抬到森林里，留给野兽吃掉。因为，他认为自己在神面前有太多的罪过。50 年后，沙皇伊凡雷帝高度评价尼尔在组织修道院生活上的功绩，命令在他的坟墓上方建一座石制教堂，但很快暴风雨摧毁了这个小教堂，只留下了地基。天灾实现了圣徒的心愿。

## (三) 圣尼尔的苦修思想及长老制牧养方式

### 1. 圣尼尔的苦修思想

从流传至今的几段文字中可以了解到圣尼尔的修行思想，这几段文字是尼尔著作《关于修道院生活的规章》中的内容。在著作中圣

---

① Нил Сорский. Устав о скитской жизни. М. 1849.

尼尔教导自己的门徒如何保持心智,为此应该与哪些思想作斗争等等。圣尼尔的苦修思想和观点具体有以下几点:

第一,关于与俗世隔绝的思想

尼尔认为,为了除去心中俗世的东西,修行者应该切断与俗世的交往。修行者与世隔绝是必须的,"若不远离尘世,无论是谁,都不能接近上帝。"(叙利亚的圣以撒)对于见习修士来说,与世隔绝是为了克服分心和思想分散,是与思想作斗争的第一步。

第二,关于情欲形成的观点

圣尼尔指出,我们要坚决地对抗情欲,并与各种思想和诱惑作斗争。通过斗争,修炼者要克服"依附"(прилоги),"接合"(сочетание),"合成"(сложение),"迷恋"(пленение)和"情欲"(страсть),这些让人一步步堕落的过程,也是情欲最终形成的过程。"依附"是简单的诱惑,它像一幅画,潜入内心,向理性显示自己,这时它还不能算是有罪。"接合"是通常所说的接受,有来自情欲的或非情欲的诱惑,总之,是来自敌人的诱惑。诱惑在这里秘密地存在,在这种情况下我们不排斥它,允许它进入我们的意识,这已经是有罪了。"合成"是思想不由自主地、强制性地掌握我们的心灵,深入内心,摧毁我们善的结构。"迷恋"是不由自主地酷爱我们自己内心的想法,这通常源于闲逸的生活和无益的交谈。"情欲"通常认为是当罪已经成为我们的习惯,且大多数情况下发生于我们粗鲁地对待许多人的时候,在坏的思想中我们照个人意志行事。

第三,关于如何与情欲作斗争的观点

圣尼尔认为,情欲属于懊悔或永恒的痛苦,为了从所有的情欲中解放出来,应该忏悔和祷告。具体情欲有八种:贪吃、淫乱、贪财、易怒、忧伤、沮丧、虚荣、骄傲,它们是修行者上升道路上的阻碍。要通过苦修来战胜这些情欲,记忆死亡和可怕的最后审判,是修行者苦修的动力之一,它时刻提醒修士要对神保持畏惧,警醒是保持这种记忆的有效手段。战胜情欲要通过对死亡的记忆和保守心灵的宁静来完成,这要通过祷告和耶稣祷告来达到。另外,还要通过眼泪天赋[1]与各种类型的祷告相结合,来同情欲做斗争。眼泪可以净化人的心灵,修行者为了保守眼泪的天赋,就要不断忏悔和祷告,因为眼泪天赋是心灵忏悔的结果。最后,圣尼尔强调,为了获得精神斗争的胜利,修炼要适度,不应过度。

从尼尔的苦修思想和观点中可以看出,修行生活是为了不断完善、拯救自己的灵魂。实现这一目标的手段是通过精神斗争,斗争的方法就是不断地祷告和"心灵的警醒"。尼尔曾说:"肉体的操练,外部的祷告,更像一片叶子;内部的,也就是心祷,才是果实。"[2]心祷,也就是耶稣祷告,是东正教长老制修行方式中的核心祷告。由此可见,东正教长老制是圣尼尔修行思想最好的表达和实践。

## 2. 圣尼尔的长老制牧养方式

在修行生活方式上,除了集体制修行方式外,还有个人隐居苦修的修行方式以及第三种修行生活方式,即"中间"的"黄金路线",尼尔把它称为隐修院式的修炼方式,即两个或三个修士一起生活。既是严格的隐修,又是集体制的,他不认为修道院的生活是最好的一种修炼方式。圣尼尔奠定了俄罗斯隐修生活方式的基础,他拒绝修道院和俗世社会相互交流的机会,因为他在修道院集体制生活方式中看

---

[1] 眼泪的天赋,或灵魂的哭泣,是上帝赋予人的内心天赋之一,是东方基督教静修主义著名的一个概念。

[2] Нил Сорский. Устав о скитской жизни. М. 1849.

到了不洁净东西的征兆。①

所以，尼尔在自己修道院为每个人制定严格的修行制度：修士们单独居住或两个人住在一个小修行室里，每个修行室距离并不远，主要是在森林里，只有在参加祷告仪式时他们才聚到一起，这是第一次尝试在北方松林里生活，类似埃及的苦修方式。在这样的修道院成立以后，埃及的名称"скит"（隐修院）固定下来。尼尔所理解的隐修（скитство）不是隐居式的（анахоретство）。隐修院包括几个修行室或茅草屋，其中居住几个修士。这些单独的修行室成为了修道院的特点。根据尼尔的观点，在精神警醒和保持上，在祈祷和默祷上，隐修院提供给修炼者最好的机会和条件。隐修士们两个或三个人一起，经常是年长的修士和新修行的修士一起，也就是长老和他的见习修士一起修行生活。尼尔认为这种**长老制**的修行生活方式最合理。

圣尼尔的长老制牧养方式包括如下内容：首先，在隐修院，修士们的一天应该是从祷告开始，在善行中度过所有的时间：祷告，唱圣诗和其他的教会歌曲，诵读圣经。在圣经中尼尔更喜欢新约，特别是《使徒行传》。其次，尼尔认为，修士从事手工劳动是必要的。这是因为：一方面，有利于坚持不眠；另一方面，用自己的双手获得食物，并与情欲作斗争。修士的食物应与他的力气相符合，满足必需即可，因为食物的无节制会促进情欲的增加。最后，尼尔认为，关于死亡的思想应该永远伴随着修士，他应该为了随时可以面见神而建立自己的精神生活。尼尔主张全部精力集中于"心智修炼"（умное деление），在修炼过程中他划分出三个关键点：第一，与有罪的思想作斗争，

---

① Преподобный Нил Сорский - первооснователь скитского жития в России и устав его о жительстве скитском с приложением всех других писаний его, извлеченных из рукописей. М. 1869.

目标是切断通向理智和心灵的道路,为了达到无欲的状态;第二,在沉思注意的状态下实现祷告;第三,直观神,内部的、神秘的与神结合。[①]

尼尔认为,只有通过上述修行方式,经历与情欲的斗争,在精神上修炼自己,修士才可能提升自己的精神高度。现世修士的精神操练在于直观,他的灵魂随着他地上肉体情欲的死亡,上升到神秘的见神(лицезрение Бога)。在耶稣祷告中,在保持心灵宁静中,在完全平静和完全远离尘世中,在默祷中,在精神警醒中,修行者达到精神的成长,最终接近自己操练的最终目标——神化。在这个美好的、神秘的沉浸中,在与神结合中,有幸经历无上幸福的状态。[②]

从尼尔的长老制牧养方式的内容可以看出,修士们精神修炼的目标与静修主义的理想——神化几乎完全一致。这充分说明了长老制牧养体系是一种静修主义的修行实践方式,因为它们的内容和目标是相同的。也充分证明了圣尼尔是一个静修主义者,他所坚持的长老制修行观与拜占庭晚期阿封山的静修主义思想几乎完全一致。

## (四)禁欲派与约瑟派的论战

在 15 世纪后 25 年,由于理解东正教苦修精神的实质不同,在俄罗斯东正教修行生活中形成两大相互斗争的流派:一个是以约瑟为首的"约瑟派",一个是以尼尔为首的"禁欲派"。

---

[①] Преподобный Нил Сорский - первооснователь скитского жития в России и устав его о жительстве скитском с приложением всех других писаний его, извлеченных из рукописей. М. 1869.

[②] Нил Сорский. Преподобного отца нашего Нила Сорского предание учеником своим о жительстве скитском. М. 1849. С. 6 - 65, 69, 107.

## 1. 约瑟的修行观及约瑟派的形成

第一,注重表面仪式修行观的形成

圣约瑟·沃洛茨基(Иосиф Волоцкий, 1440—1515 年),俗名为伊万·桑因(Иван Санин),出身于贵族家庭。20 岁时到了圣帕夫努季·博罗夫斯基(Пафнутий Боровский)的修道院,帕夫努季从宗教谱系来说,属于圣谢尔基流派。大约在 1445 年,帕夫努季在密林里建了一座修道院——博洛夫斯克修道院,他几乎管理这一修道院 30多年。他是一个很有能力的严格院长,赋予修道院表面的日常生活以十分重要的意义。帕夫努季的修道院得到了大公赠予的许多土地和财产,在那里苦修被理解成某种外部的形式,年轻的约瑟在这样的环境里获得了自己修行生活的启蒙教育。在自己修行生活中,约瑟遵行帕夫努季的训导:在修道院各种作坊里进行繁重的劳动,长时间进行礼拜仪式。这些训导被帕夫努季的修士们十分严格地执行,也就是要"逐字逐句"地记住并遵守修道院规章。于是,在自己的修行生活中约瑟得到了这样的经验:修士进行祈祷仪式十分重要,在修行生活中仪式占第一位。这一点在他制定的修道院规章中得到充分体现。

第二,约瑟的集体制修行规章

1479 年,约瑟建立了沃洛克拉姆斯克修道院。约瑟的修道院后来不断收到俗世的奉献,修道院的财富很快变得与帕夫努季的修道院一样多。约瑟在自己的修道院实行集体制修行方式,后来制定了修道院规章,名为"遗嘱"。[1] 这一规章为我们研究约瑟派的禁欲修行

---

① ВМЧ. Сентябрь. С. 499 - 615;ср.:Хрущов. С. 59 - 63,75 - 80.

观提供了依据。他规章的前 9 条有说教的性质,并用圣经和教父们的修行作品来加强证明。第 11 条规章包含对院长的特殊指导,指明他的义务,对修士们也有训诫。第 12 条规章包括 9 个"传统",也就是训诫,要求全体长老应该遵守规章。在第 13 条规章中约瑟强调,他的集体制修行原则是根据圣大瓦西里和斯图底的费奥道罗修道院规章制定。在最后一条规章中,约瑟强调严格苦修的必要性。

第三,约瑟的修行牧养方式

约瑟对东正教苦修精神的理解是表面的、形式化的,他认为牧养修士不在于完善精神和意志,而在于培养修士完美无缺的行为。所以,他认为严格的训诫和直接完成仪式更加重要。在戒律中排第一位的是顺从,准确、严格的规定是达到顺从的最有效手段。在这里,按照约瑟精神牧养修士的观点,约瑟的顺从区别于**长老制**中的"顺从":长老制中的"顺从"是作为修行的手段,在精神引导中考虑到修士的个性特征;约瑟的"顺从"是修行的目标,在牧养修士的方法上,倾向于模式化。

约瑟整体上忽视东正教苦修的精神基础,这一点表现在院长和修士们的相互关系上。约瑟向院长提出的要求具有形式化特征,他强调用东方修行史中的许多榜样来评判,对院长与修士交往的要求极其严格。他教导修士时,不是用苦修精神来对修士的内心产生影响,而是用恐吓来对待不顺从的人。在此条件下修行,从院长身上看不到精神引导者的形象,修士也就不能敞开自己的心扉,说出自己灵魂深处的不安,更不能从他身上得到建议和引导。院长只是修道院的领导,他有权力因为小的过失惩罚修士。

约瑟的规章规定,修士在自己的修行室、食堂、在劳动之余和在教堂祈祷仪式中,要遵守一定的行为守则。约瑟甚至规定修士在对

自己画十字时,应该怎样站立,怎样低头垂首。在共同祈祷时,他要求修士全部都要读出祷文,或唱出祷文。由于祈祷仪式时间很长,加之修士在修道院里的许多时间都用于经济事务的管理和劳动上,所以,修士用于自己祷告的时间很少,这严重影响了修士精神修炼水平的提高。约瑟认为,修道院的任务不是纯粹修行性的,它应该成为教会的神父学校,培养神职人员,包括六来的主教。所以,在宗教牧养修士的方法上应该是同一样式,在祈祷仪式和所有其他生活里应有一样的行为。约瑟一般很少把注意力放在这些未来神职人员的道德教育上。他认为,教会神职人员的职责不是启蒙的作用,而是管理和领导的作用。

从约瑟的牧养方式可以看出,他牧养修士的目标是为了给教会培养管理者,而不是为了提升修士的精神道德水平,更不是为了实现修行者灵魂的现世拯救。所以,在他的牧养方式中没有体现出静修主义思想,他也不是一位静修主义者,自然,东正教长老制修行方式也不会在他的修道院里存在。

第四,约瑟派的形成

在约瑟的规章和他的作品中,约瑟认为,"教会和国家事务应该紧密联系,这是十分必要的。主教不仅是教会的仆人,也是国家的仆人,修道院本身是教会-国家机关。为了培养教会未来的神职人员,修道院应该在经济财政方面得到保障"。① 这个关于修道院任务的简短表述,被当时广大的修道院和主教团所接受。在公元 16 世纪,俄罗斯教会阶层的许多人都支持这一观点,这些人中有许多是大主教。

---

① И. К. Смолич. «Русское монашество 988 - 1917—жизнь и учение старцев». Москва. 1999. С. 508.

后来,持这一观点的人形成了十分有影响力的流派,称为约瑟派。这一流派开始强化对俄罗斯东正教会生活的影响,并很快把教会权力抓到自己手中。

莫斯科的都主教丹尼尔(Даннил,1522—1539 年)是约瑟忠实的门徒和他精神的继承者,并于 1515—1522 年管理沃洛克拉姆斯克修道院。16 世纪的另一位都主教马卡里(1542—1563 年)继承了丹尼尔的教会政策,他也是约瑟派的衷心拥护者,主张把教会和国家捆绑在一起。这一流派与著名的"莫斯科——第三罗马"的理念①相融合,认为修行生活是国家和教会的政治任务。这种认识,对于真正的修行生活发展来说是有害的。

虽然约瑟派有大量的拥护者,但也有很多反对者,这就是以索拉的圣尼尔为核心的禁欲派,他们是一些坚持苦修传统思想的修士。他们与约瑟和约瑟派展开了激烈的论战,这一论战在约瑟生前就已经开始,一直持续了 50 多年。

## 2. 以尼尔为核心的禁欲派与约瑟派的争论

第一,关于修士任务的争论

尼尔给修士提出的任务是完善精神,这比约瑟所要求的更难、更深刻,他反对约瑟的宗教形式主义和表面的过分严厉。约瑟给修士和所有东正教修炼者在尘世的活动都赋予了十分重要的意义。而尼尔认为,这些并不是修炼者的主要任务,而切断与尘世的一切联系、完善灵魂才是修士的任务。按照约瑟的观点,修士应该消除个性。因为个人观点是所有情欲的母亲,是第二种堕落。尼尔身上具有追

---

① 详见本书第三章第二节中"受俄罗斯西方化的冲击"这部分内容。

求内心自由的精神,这在人的道德完善过程中是十分必要的,所以,尼尔捍卫修士的个性,主张在精神操练中要保持修士的内心自由。在国家和教会的关系问题上,约瑟主张应当密切教会与国家的关系;而尼尔则主张教会和国家分离,而且相互之间要完全独立,东方类型的修士-修炼者在达到道德成熟后不应该面向俗世。总之,尼尔严格遵循东方教会的古代修炼传统以及神秘静修主义的世界观。

第二,关于斋戒的争论

在斋戒方面,约瑟在自己的规章中很详细地记录了进食的时间和数量,不考虑修士个人的特点,修士必须严格执行。在尼尔那里,我们找到了对斋戒完全不同的态度。尼尔根据修士个人的精神和体质特点来要求斋戒的程度,另外,他还考虑到北方俄罗斯与巴勒斯坦在气候上存在的差异,没有完全照搬埃及教父们的斋戒标准和要求。他认为,"对于所有的人来说,进餐标准不能完全相同,每个修炼者的体力和承受力各不相同,和铜、铁、蜡一样"。[①] 所以,尼尔主张修行强度要因人而异,不要过度修炼。他认为,过度修炼是一种自傲的表现。

第三,关于修道院是否占有土地和财产的争论

在涉及修道院土地和财产问题上,尼尔的观点与约瑟的观点完全不同。他认为修士应该靠自己的劳动来养活自己,卖掉自己加工或生产的东西来维持生活。约瑟却认为,修道院应该拥有森林、土地和其他财产。尼尔还认为,修道院和修士不应该接受平信徒的奉献,而应该与穷人分享那些自己双手挣来的东西。约瑟则相反,他的修道院正是因为接受虔敬信徒的奉献和大公的馈赠才变得十分富有。

---

① Нил Сорский. Предание своим учеником. 1881. С. 70.

尼尔反对教会和修道院拥有土地,这一观点是建立在东方教会教规基础上的,而约瑟的主张更多的是教会实际的想法,他的修道院主要任务是关心培养教会的神职人员。约瑟的修道院采取集体制修行方式,他认为,只有当修士从获取食物的劳动中解放出来,他们才能够完全献身于祈祷仪式的操练。尼尔认为,修士主要是在真正的苦修环境中完成内部的操练,追求内心的完善。约瑟在修道院禁欲生活中,首先注重的是培养修士来完成教会-行政任务的方法。

尼尔反对在装饰教堂上过分奢华,他认为对于祈祷仪式来说,这些没有必要,反而有害。这是由于:首先,如果奢华是目标本身,它也就变成了情欲;其次,与圣衣和圣器的丰富华美相比,祷告者内部心境更为重要。尼尔的这一观点与圣谢尔基接近,谢尔基就是长期使用普通的木质圣器做仪式。

第四,关于运用教父著作的目的争论

约瑟虽然是古代俄罗斯教父书籍的爱好者,但他利用教父们的作品只是为了证明自己观点的正确,以此来驳斥对手。而尼尔使用圣经和教父们的作品是为了让自己的道理更清晰,更有说服力。尼尔的观点没有形式主义,他不是用论证的手段来证明自己观点的正确,而是运用分析方法来说明和解释自己的观点,以此来唤起读者对智慧的渴望,号召人们关注自己的良心。对于约瑟来说,苦修生活永远是目标本身,而对于尼尔来说,它只是手段,只是工具。尼尔认为,更重要的是苦修生活的精神意义,因为它是基督徒内心生活的外部表现。所以,他从来没有忘记修炼者的个人个性特征。

第五,关于对待异教徒所采取的措施的争论

约瑟在自己的主要作品《启蒙者》(Просветитель)中,坚决反对犹太教徒,并在一些宗教观点上与他们展开争论,《启蒙者》是这一争论

的重要史料。约瑟在自己其他作品、信函中,提出反对异教徒的实践措施。[1] 约瑟成为严酷措施的拥护者,甚至允许使用死刑。约瑟的这些观点遇到来自尼尔为首的禁欲派的强烈反对。禁欲派认为异教徒是一些罪人,如果他们不认罪,不革除罪,那就应该把他与其他基督徒隔绝开,把他关到修道院里,这是为了让他在那里通过学习真理,来认识自己的罪。[2] 约瑟在论战中反对犹太教徒,捍卫残酷措施的必要性,主要依据旧约;而禁欲派则依据新约精神来反驳他们。

从论争内容可以看出,两派观点的分歧主要集中在修行观上,同时也涉及到对待教会和国家的关系上。长老制修行方式主要基于神秘主义基础上的内部修炼,它追求的是个人的拯救,达到神化,尼尔的禁欲派维护的就是这一目标和本质。但是,约瑟派与此目标和本质完全不同,他更关注礼仪和形式等一些外部的东西。约瑟派和禁欲派之间的论战,是 15 世纪末至 16 世纪初俄罗斯东正教长老制出现衰弱前兆的开始,最终,约瑟派的胜利几乎"对长老制在罗斯的发展产生了致命的影响"。[3] 从 16 世纪末开始,约瑟的追随者们很快在俄罗斯教会里变成最有影响力的统治集团。而以尼尔为核心的禁欲派以及后来这一流派的追随者和拥护者,则遭受到来自教会统治阶层的打击,禁欲派逐渐走向衰落,这对长老制在俄罗斯的发展无疑是不利的,也为 16 世纪末以后长老制的衰弱埋下了伏笔。

总之,笔者认为,俄罗斯东正教长老制在其萌芽和早期发展

① Послания Митрофану и великому князю Василию Ивановичу, в: Чтения 1847. 1; епископу Нифонту, в: РИБ. 6. С. 825 и след.

② Ответ нестяжателей -«Послание старцев вологодских» в: ДРВ. 14 (1792). С. 424 - 428.

③ И. К. Смолич. «Русское монашество 988 - 1917—жизнь и учение старцев». Москва. 1999. С. 330.

时期,主要还是遵循拜占庭的长老制传统,而不是如艾克杰姆普利亚勒斯基教授所说,"我们的长老制几乎从其在俄罗斯出现的第一天,就走上了独立发展的道路。它明显区别于古代东方的类型"。① 这一时期对古代东方长老制修行方式的遵循主要表现在以下两点:

首先,圣谢尔基时期,在谢尔基的学生圣保罗的修道院里留下了关于引导见习修士的长老文献:《门徒传承长老关于修行生活和圣经修行原则的训导》,在这部作品里,我们找到了"心祷""精神专注"(собранность духа)"默祷"、"耶稣祷告"等术语,这些术语完全是东方静修主义的概念,也是长老制修行方式的主要内容。

其次,圣尼尔的长老制修行方式中的一些修行观与拜占庭的修行观几乎完全一致。例如,他关于修炼者要克服"依附"(прилоги)、"接合"(сочетание)、"合成"(сложение)、"迷恋"(пленение)和"情欲"(страсть)这些堕落阶段的观点,与拜占庭的圣约翰把情欲发展划分为附着阶段、结合阶段、束缚阶段、情欲阶段的理论几乎完全一致。圣尼尔对长老制修行方式的热爱和对集体制修行方式的排斥以及主张追求个人的拯救(神化),这些都是他坚持古代东方修行传统的表现。

约瑟派修行方式注重表面仪式,轻视修士的内部修炼,但它积极参与俗世事务,密切与俗世的联系,这是其入世性的表现,这也为 18 世纪末和 19 世纪俄罗斯东正教长老制复兴时期的人民性特质埋下了伏笔。这是圣尼尔所代表的禁欲派所欠缺的。可

---

① В. И. Экземплярский. «Старчество». Сост. П. Г. Проценко: Дар ученичества. Соборник. Москва. 1993. С. 220.

见,约瑟派并非一无是处。约瑟派和禁欲派虽然经历了长期的论战,但他们都各据一词,坚持自己极端的观点,都没有吸取对方利于提升精神修炼传统的一面,长老制长达近两个世纪的衰微与此不无关系。

# 第三章

## 俄罗斯东正教长老制的衰弱

在中央集权建立之前,在封建领地的体系下,教会的权威高于世俗权威,它的声音是独立和大胆的,圣徒和神父很高的宗教水平决定了这一点。但是,16世纪以后这种情况逐渐发生了根本性的改变,随着教会精神体现者道德水准降低,它的影响力随之下降。教会失去了自己在民众中的统治和领导地位,而让位于世俗权力。在俄罗斯统一过程中,这一权力集中于莫斯科大公一人手中,他变得越来越强势。在这时,精神修行的总体水平下降了,在修行生活中的"内部操练"几乎被遗忘,修炼变得更加形式化。大部分修道院变成享有特权的、设施完备的集体制修道院,那里食物充足、丰盛,常常用讲究、精致的食物来追悼亡灵。以前虔敬、禁欲的修行生活让位于"富裕生活"和"虔诚仪式"。在修道院的日常生活中,修士们失去了自己的精神基础和支柱,导致教会的精神能力变弱。

16至17世纪,人们对隐修士的态度发生改变,俗世不再跟随他们,而是起来反对他们,甚至认为他们是敌人。修道院的财产越来越多,农民们对修士的仇恨也越来越深。

# 第一节　16世纪末及17世纪的俄罗斯修行生活

## 一　修道院生活的改革

第一次尝试改革修道院生活、提升其精神水平是在16世纪中期以后。改革是从诺夫哥罗德的大主教，即未来的莫斯科都主教马卡里（Макарий）开始。在1526年，马卡里给大公瓦西里三世写信，请求他允许在自己教区的修道院进行某些体制改革。[①] 马卡里在信中指出，在诺夫哥罗德教区只有四座修道院是按照集体制度生活和修行，其余修道院则是按照非集体制修行方式，总的来说，在修行生活中有许多混乱现象。马卡里想通过改革，规范修道院规章，主张修道院实行集体制修行方式，清除当时修道院里出现的腐化堕落现象，提升修道院精神道德水平。于是，在1528年，马卡里召集辖区内的院长，推荐他们接受集体制修行方式，在修道院里实行严格的集体制规章。大主教没有强迫各位院长执行自己的改革思路，只是说要他们在神面前对自己的事业负责。这次改革对于提升修行水平效果甚微。

这次修道院修行生活改革失利的原因如下：第一，主要原因不是缺少集体制的修道院规章或者个人修行规章，也不是各种规章执行不利，而是没有正确理解基督教苦修的内部意义和修士修行生活的意义。约瑟派和禁欲派的争论影响了16世纪晚期以后的修道院日常生活的结构。约瑟派只是表面理解了苦修，重视修道院的礼仪生活，轻视精神生活的内部基础，从而影响修士精神道德水平的提高。第二，修道院内部生活的世俗化对修道院的组织管理及修行生

---

① ДАИ. 1. №22.

活的纪律产生不利影响。在 14—15 世纪,修道院的院长大多是由修士们推选,修士们会自觉顺从院长的领导。但到了 16 世纪下半期和 17 世纪,由修士推选院长成了稀有现象,这一传统只在边远的小修道院里保留,大的、富裕的修道院,甚至在所有莫斯科的修道院里,院长都是由高级主教团任命,或根据沙皇、牧首的意志来决定。这种任命的院长而非修士们选举出来的院长,在管理修道院时很难得到修士们的支持。这种世俗权利参与修道院内部生活的情况,在大公瓦西里三世(1505—1533 年)时期就已经出现,在沙皇伊万四世(1547—1584 年)和阿列克赛(1645—1676 年)时期被确定下来。①

当时修道院精神生活衰弱的现象不仅被禁欲派长老阿尔捷米发现,就连约瑟最忠实的学生之一、都主教丹尼尔也看到了这一现象,甚至沙皇伊万四世也公开指出这种衰弱状况。16 世纪末的许多文献也证明了集体制的规章和修士誓言原则是如何被粗暴地对待,这些恶习在 17 世纪集体制的修道院里也出现了。所以,1681 年大会关注了绝对遵守集体制规章的义务问题,②指出修道院在饮食上无节制的现象,许多修道院没有公共食堂,院长为自己或者自己的亲戚、客人开小灶。甚至在一向以严格修行著称的基里尔-别洛泽尔斯科修道院,也存在着这种堕落现象。

## 二 圣愚现象的繁荣

关于圣愚,在权威性的布罗克高兹-艾夫隆《百科词典》中是这样

---

① Жмакин. Ук. соч. С. 110;ПСРЛ. 6. С. 288,289;ААЭ. 1. №238;АЮ. 1. №381;РИБ. 6. С. 61;Горский. Описание Троице-Сергиевой лавры. 1(1890). С. 77,80,84,85,88,97,130,156. По эпохе царя Алексея см: ААЭ. 3. №262,307,331;4. №37,225,253,275,322.
② ПСЗ. 1. №412;ААЭ. 4. №161;АИ. 5. №112;а также ААЭ. 4. №311,312.

解释的：圣愚是为了屈辱，而不是为了个人利益而犯罪，因而可以"行为不正"。圣愚不是普通的罪人，而是神圣的罪人。而且，这是一个悖论——他既纯洁又不纯洁。俄罗斯作家伊万·普雷若夫注意到，在圣愚从事的仪式中，异教和基督教的传统被混合为一。圣愚现象的某些特征来源于基督教，另外一些特征来源于萨满教。教权对圣愚现象的态度是模棱两可的，有一些教会人士反对它，大主教马卡里(M. B. 布尔加科夫)在《俄罗斯教会史》中认为，"圣愚现象对于俄罗斯基督教来说是一种祸害，而不是一种成就。但教会常常屈从于公众的压力，把圣愚视为古代晚期那些身居荒原而为基督教献出一切的隐士的仿效者而予以接受"。[①] 但是，在俄罗斯最早的《往年纪事》中，我们可以反复看到圣愚（юродивый）一词，但没有附加语"为了基督"（Христа ради）。这本《纪事》的最早抄本可推溯到 14 世纪，虽然一般都认为其中某些部分写于 12 世纪。但因此可以推论，在基辅罗斯，"为了基督"一词没有被用作基辅的苦行僧的修饰语。圣愚一词当时没有积极涵义。但是，出现于 16 世纪的《纪事》在描述瓦西里·布拉任内时，却自然而然地使用了"为了基督"。[②] 在《往年纪事》中，"圣愚"一词是用来指一个名叫伊萨基的僧侣，他善于见鬼通神，被视为奇人。这与萨满跳神极其相似。因为当时萨满教的影响越来越大，逐渐抵消了拜占庭的苦修传统，导致那些与苦修无关的行为都得到认可。因此，在莫斯科王国的基督教人士中间，出现了把吹毛求疵和狡猾的行为等同于基督教圣徒身份的现象。随着时间的推移，

---

① 【美】汤普逊：《理解俄罗斯：俄罗斯文化中的圣愚》，杨德友译。北京：生活·读书·新知三联书店，1998 年，第 18 页。
② 【美】汤普逊：《理解俄罗斯：俄罗斯文化中的圣愚》，杨德友译。北京：生活·读书·新知三联书店，1998 年，第 18 页。

圣愚行为中的异教成分有增加的倾向。

16 世纪以来,至少平民百姓对圣愚现象的真正基督教灵感已经十分相信。传说 16 世纪在普斯科夫有一位圣愚尼古拉·萨洛斯(Николай Салос)。当伊凡雷帝摧毁诺夫哥罗德、进攻普斯科夫时,当地的大主教、军政长官托克马科夫(Токмаков)和尼古拉商量,如何拯救城市。当伊凡雷帝进入普斯科夫城时,托克马科夫命令在屋前桌子上放上面包和盐迎接他。同时,尼古拉·萨洛斯亲自呈献给沙皇一块肉干,沙皇说:"我是基督徒,斋戒不吃肉。"圣愚答道:"你是不吃肉,但是你喝血。别打扰我们,过路人,走吧,你会没有马可骑的。"果然,在那天夜里,沙皇的马就阵亡了。伊凡雷帝在恐惧中离开了普斯科夫。

在 16 和 17 世纪,圣愚的社会地位特别高,同时这一时期也是异教迷信的黄金时期。在《俄罗斯教会史》(1898 年)中,M. B. 布尔加科夫说过:"公元 16 世纪,在受过教育和没受过教育的俄罗斯人当中,到处流行着一些迷信作法,例如,瓦西里·伊万诺维奇大公和沙皇伊万雷帝就常常求教于术士和巫师……不仅普通人,而且还有王公,包括某些大公爵……都遵从术士和巫师的指示,都请求他们的帮助。"[1]

其实,圣愚在 14 世纪就有,教授费多托夫(Федотов)对被列为圣徒的圣愚数量按照时间进行了统计:"14 世纪有 4 位;15 世纪有 11 位;16 世纪有 14 位;17 世纪有 7 位。"[2]从封圣的数量来看,16 世纪是最多的,也说明了这一时期圣愚现象的繁荣。圣愚现象盛行足以说

---

[1] 【美】汤普逊:《理解俄罗斯:俄罗斯文化中的圣愚》,杨德友译,北京:生活·读书·新知三联书店,1998 年,第 158 页。

[2] 【美】汤普逊:《理解俄罗斯:俄罗斯文化中的圣愚》,杨德友译,北京:生活·读书·新知三联书店,1998 年,第 27 页。

明当时真正基督教精神在俗世的衰弱，它已经不能满足人们对精神的渴望，由于人们缺少精神引领而开始了新的追寻，导致一些异教的东西死灰复燃。

## 三 16 世纪末及 17 世纪的俄罗斯东正教长老制

### (一) 16—17 世纪长老制没有得到推广

"从古代基督教禁欲-神秘主义思潮中产生的**长老制**，是修道院规章和精神牧养未来修士的基础。"[①]由于修道院内部权力分散，缺乏统一、权威的管理，使得修道院规章执行不力，自然导致长老制在集体制修道院里得不到执行和推广。

按照修道院规章，修士应该顺从院长的意志，但在 16 和 17 世纪，修道院里开始以一定的方式限制院长的权力和主动权，并设立修道院长老团(соборные старцы)——成员应该由最有经验的年长修士组成，通常有 12 个人。[②] 在这 12 个人当中，不仅有年长的修士，还有管理修道院事务的修士。首先是修道院的总管，他的地位在修道院里很高，负有重要责任。他管理所有修道院的内部事务，如果修道院有土地，他要负责总的监管。其次，长老团还包括总管的助手以及负责其他具体事务的修士。从长老团的组成人员中可以看出，长老团并非是修道院里精神牧养修士的长老团体，而是一个管理修道院事务的组织。

在圣约瑟的修道院规章里，把管理修道院的重要角色划给修道院内长老团。这样，长老团与院长的意志和权威是平行的，但长老团

---

① И. К. Смолич. «Русское монашество 988 - 1917—жизнь и учение старцев». Москва. 1999. С. 322.

② Белокуров. Материалы для русской истории(1888). С. 161.

有权力指出院长的错误。在集体制修行方式的修道院里,院长本应该具有绝对的权威,他不仅承担管理修道院的责任,还应该负责在精神上牧养修士,如同 14 世纪圣三一谢尔基修道院的院长谢尔基一样。圣谢尔基在自己的修道院也主张实行集体制修行方式,自己既是院长,又是长老。但在 17 世纪,修道院的院长普遍是任命产生,院长在修道院内地位的巩固,在某种程度上还要依靠长老团。院长和长老团权利平等引起了许多纷争,当院长试图与破坏规章中禁欲要求的现象作斗争时,会遇到不愿意遵守院长指示的修士们反对,他们拒绝与自己习惯相矛盾的规章,院长经常以妥协和失败告终。例如,长老帕伊西·雅罗斯拉夫,管理多年圣三一修道院后被迫辞去院长职务,回到别洛泽尔斯科的森林。

所以,在修道院内部规章执行不力的情况下,长老制作为修道院的精神牧养体系自然受到影响,不利于它的发展和推广。虽然在修道院里设有听取忏悔的神父,帮助院长精神牧养修士,一些修道院也设有长老制,由年长有经验的修士引导见习修士,但修行生活和修道院日常生活的结构本身已经具有了世俗化的萌芽,只有个别修士的精神水平高于当时普遍的精神水平。尤其是在大的、富裕的修道院里,修士们忙于经营和管理修道院的经济事务,他们没有更多的时间从事精神修行活动,这必然导致精神修行水平的下降。

## (二) 17 世纪的长老制

在 17 世纪的剃度礼仪中,当时也实行把新修行的修士交给有经验的修士去引导,但这不是因为长老制是牧养修士的必要手段,只是由于信守修行传统而已。虽然 17 世纪修行水平有所下降,长老制逐渐衰弱,但仍有一些修士坚持修行,当时著名的长老有圣耶列阿扎

勒·安泽尔斯基（Елеазар Анзерский, 卒于 1656 年）、圣狄奥多，或者达米安·尤利耶戈尔斯基（Диодор, или Димиан Юрьегорский, 卒于1633 年）等。

关于圣耶列阿扎勒·安泽尔斯基的传记大约写于 1700 年左右。长老耶列阿扎勒开始在索洛韦茨基修道院修行，但由于渴望默祷修行，他离开修道院去了荒凉的安泽尔岛。1616 年他受戒为苦行修士，并建了小教堂和单间修行室。很快一些修炼者涌向他，根据教父们的榜样，耶列阿扎勒为他们制定了修道院规章。传记作者写道："我们的长老耶列阿扎勒多年积累了大量修行书籍、修士传记，以此为自己的修士制定修道院的规章和守则，**设立长老制**修行方式，并亲自书写规章。"①

据传记作者描述，当圣耶列阿扎勒·安泽尔斯基的名气传到莫斯科时，沙皇米哈伊尔·奥多洛维奇召见他，要求他为自己的未来继承人祷告，直到皇子阿列克赛·米哈伊尔出生。皇子出生后，高兴的沙皇想授予耶列阿扎勒权力和荣誉，但是他只想回到修道院，只带走了送给教堂用的礼品。耶列阿扎勒第二次被召见时，已经是沙皇阿列克赛·米哈伊洛维奇执政。沙皇给他颁发了镶金的文书，而且从国家财政拨款支持教堂建设，甚至颁布命令修建石制教堂。这座石制教堂开始建设是在沙皇米哈伊尔时期，但后来暂时停止了，因为耶列阿扎勒想建成比批准的规模更大的教堂。在这一点上，耶列阿扎勒区别于圣尼尔，尼尔为自己选择阴暗的地方，他的教堂是简单木制的，为的是不让任何外部的东西妨碍精神集中和直观；而耶列阿扎勒

---

① И. М. Концевич. Старчество: Стяжание духа святого в путях древней Руси. Издательство «посад». 1994. Глава 4: XVII век.
http://www.lib.eparhia-saratov.ru/books/.../contents.html

在本性上是唯美主义者,喜欢所有美好的东西,他认为教堂应是雄伟的。他没有活到这座教堂最后建成。临死前,为了捍卫自己修道院的独立,圣徒不得不忍受来自索洛韦茨基长官的监禁。

可以说,通过耶列阿扎勒的苦修历程,我们在修行生活中再次感受到他与古代修士某些相同的特征,渴望默祷修行以及在修道院设立长老制修行方式等。当然,在17世纪的莫斯科罗斯,在西南的修行生活中,同样也出现了直观的修行特征。约夫(克尼亚季尼茨基,卒于1621年)长期在阿封山修行,回到故乡后,建了许多修道院。约夫(热列佐,卒于1651年)领导了乌戈尔尼茨基修道院,他自己建了著名的波恰耶夫修道院,并管理它50多年。他们也是长老制衰弱时期东正教真正修行生活的捍卫者。

# 第二节　俄罗斯东正教长老制衰弱的原因

俄罗斯东正教长老制是俄罗斯东正教修行生活的一部分,长老制主要是在修士修行生活中的见习修士阶段实行的一种修行方式,也是修道院精神牧养未来修士的基础。修道院的修行生活状态直接影响长老制的存在和发展,而修行生活的发展状况又受到来自教会和俗世的影响。所以,研究俄罗斯东正教长老制衰弱的原因,要从这一时期大的社会背景以及教会和修道院修行生活状态中寻找答案。

## 一　受俄罗斯西方化的冲击

俄罗斯的西方化开始于15世纪末,大致经历了以下几个阶段:

### (一) 与希腊传统的中断

1439年,在意大利中部城市佛罗伦萨召开了宗教会议,这次会

议主要是解决东方教会和西方教会的分歧、两教会合并、确立教皇首席地位等问题。当时,由君士坦丁堡教区牧首委派的莫斯科都主教希腊人伊西多尔,参加了这次会议。他瞒着莫斯科大公瓦西里·瓦西里耶维奇和莫斯科教会其他主教们,以莫斯科教会的名义签署了两教会合并的协议。但是,当他回到莫斯科向大公陈述东正教会和天主教会合一,东正教会承认罗马教皇为"基督在世代表"具有全权地位时,大公极为愤怒,严厉斥责他是"拉丁教的魔鬼",声称同西方教会和好、恢复关系是背离正统教义的行为。为保持正教纯洁,决不能被拉丁教异端所玷污。大公下令把伊西多尔都主教撤职查办。1448 年,在莫斯科召开了全体主教会议,会议谴责了佛罗伦萨宗教会议的协定,正式解除了由君士坦丁堡教区牧首公署任命的都主教伊西多尔,提出必须由俄罗斯人担任都主教,并马上自选约纳主教为莫斯科都主教,莫斯科教会对拜占庭君士坦丁堡牧首公署的从属地位就此宣告结束。[1]

## (二) 君士坦丁堡的陷落与俄罗斯民族自信的增强

1453 年,东正教的中心君士坦丁堡被土耳其人占领。君士坦丁堡沦陷后,俄罗斯发展和巩固了与西方的关系。对俄罗斯来说,与破产和被征服的拜占庭相比,西方更现实,更具吸引力。俄罗斯沙皇约翰三世与拜占庭公主索菲亚·巴列奥略的婚姻没能恢复与拜占庭的关系。相反,成为俄罗斯西方化的开始。因为索菲亚公主是在佛罗伦萨会议的教会合并后接受教育的,她的监护人是红衣主教维萨里昂,婚礼也是在梵蒂冈举行。教皇的使节帕伊西陪同她去了莫斯科。

---

[1] 张百春:《俄罗斯东正教会独立之路》,《俄罗斯文艺》2006 年第 1 期。

这使得莫斯科与意大利有了更为现实性的接触。而且俄罗斯从意大利招募工匠,改造或重建宫殿、教堂。最大的西方派是瓦西里三世,他是约翰三世的儿子,他的第二次婚姻娶的是格林斯卡娅,她已经完全接受了西方教育。下一个沙皇是伊凡雷帝,他不仅在政治上,而且在文化上也倾向于西方,而不是拜占庭。至于俄罗斯文化在历史上对希腊人的依赖,他不承认,也不想承认。他说:"我们的信仰是基督教的,不是希腊的。"①

由于君士坦丁堡的沦陷,俄罗斯对拜占庭兴趣减弱,民族自信心开始加强。16 世纪初,俄罗斯建立了统一的中央集权制国家,这使俄罗斯人的民族自信心倍增。面对沦陷的君士坦丁堡,俄罗斯人认为,俄罗斯应该担负起领导东正教世界的使命。由此,"俄罗斯是世界上真正东正教的唯一捍卫者"的思想,在俄罗斯统治阶层和思想界普遍流行。普斯科夫一所修道院的长老菲洛费在给瓦西里三世的上书中写道:"两个罗马衰亡了,第三个——莫斯科屹立着,可是不会有第四个罗马了。……所有的东正教王国都结集在你独一无二的王国之中;在整个地球上,只有您是基督教沙皇。"②

## (三) 俄罗斯人的自我反思与进一步西方化

到了 16 世纪末和 17 世纪初,俄罗斯整个社会处于动荡时期,许多人失去了原先的民族自我陶醉心理,开始怀疑现存制度,认为民族的创造力源泉已经枯竭,古代传统对现今没有有益的经验可吸取。因为再也不会从它那里学到什么,所以再也没有必要抱住它不放。于是,他们开始从外国人那里寻找经验,日益相信西方的优越性,自

①【苏联】瓦·泽尼科夫斯基:《俄罗斯哲学史》,列宁格勒,1991 年,第 57 页。
②【俄】瓦·奥·克柳切夫斯基:《俄罗斯史教程》第三卷,北京:商务印书馆,1996 年,第 289 页。

己本身的落后性,这为外国影响敞开了大门。

希腊地处欧洲东部,自古以来被欧洲人认为是东方,所以希腊文化代表着东方文化;而拉丁文化代表着西方文化,这种东西方文化的划分完全不是现代意义上的东西方文化的概念。希腊文化对俄罗斯的影响是由教会带来并推行的,主要是宗教-道德目的。西方文化的影响则是由国家引入,最初是为了满足物质需要。拜占庭影响,也是希腊文化传统的影响,远没有包括俄罗斯的全部生活,它只是领导了人民的宗教-道德生活,支持了俄罗斯国家政权,但对国家体制的指示不多。它对俄罗斯民众日常生活方面的影响也不多,对国民经济的影响则更少,只是把精神的完整性传给了古代俄罗斯。然而,西方文化的影响逐渐渗入到俄罗斯生活方面,虽然它只是影响了俄罗斯社会的上流阶层,对民众影响不大,但是,随着俄罗斯中央集权的建立,随着皇权高于教权的加强,国家的东西也被强制性地变成整个社会的,对教会的影响也不可避免。所以,来自希腊内部修炼的传统不可避免地遭到冷落,东正教长老制修行方式衰弱的命运无可幸免。

## 二 世俗社会方面的原因

### (一) 彼得一世改革对俄罗斯修行生活的影响

18 世纪的彼得一世改革不仅给俄罗斯东正教的传统带来灾难,而且在一定程度上打击了它的宗教基础,明显削弱了东正教的禁欲苦修精神。事实上,在彼得一世之前就开始把隐修、隐修院的生活、徒步朝圣等看作犯罪,更确切地说,是当作不符合通行法律和规范的行为。彼得一世决定从根本上改造教会,他指出:"君主政权是受命于神的专制政权,其所作所为无须对世间任何人负责。但是,他有力量和权势像基督上帝一样,按照自己的意志和善心治理自己的国邦"。[①] 按照东正教教规,东正教会的一切神职人员,包括牧首以及沙皇在内都是上帝的奴仆。然而,此时沙皇将自己比作上帝,这显然意味着王权高于教权。他颁布一系列法令,用主教公会代替牧首制。除了一些共知的法令外,还有一些很少引起公众注意的法令,涉及较多的就是黑神品[②]修士。

1701 年,彼得颁布恢复修道院衙门的法令,再次将教会的土地和财产管理权收归国家,并任命贵族伊·阿·穆辛-普希金管理修道院,宗教事务的最高庇护人是君主。他命令白神品神职人员忠实地在教区的土地上劳动,努力做到自食其力,以减轻国家的负担。针对黑神品阶层的阴暗面,彼得颁布命令,整顿修士的生活作风。他批评修士的懒惰和奢侈,要求他们以古代修士为榜样,用辛勤的双手养活自己,过集体式的生活。同时,还规定修士和修女们在做木匠活、画圣像、纺纱、缝纫、编织等手艺中至少应掌握一门手艺。沙皇禁止修道院购买和交换土地,后来还剥夺了支配领地收入的权利,并指示修道院以自己的收入赡养老弱病残的官兵和向学校提供经费。规定出家人无论地位高低,一律吃一份简单的口粮。他要求神父和执事必须去希腊-拉丁语学校学习,禁止没有受过教育的白神品子弟接替父亲的职位。[③]

---

① 【俄】尼·伊·帕甫连科:《彼得大帝传》,北京:生活·读书·新知三联书店,1982 年,第 37 页。
② 东正教会的神品按修士未婚和已婚分为黑白两种:黑神品有修士、修士辅祭、修士大辅祭、修士司祭、修士大司祭、主教、大主教、督主教、都主教、牧首;白神品有诵经士、副辅祭、辅祭、大辅祭、司祭、大司祭、司祭长等。黑神品教士不能结婚,但能晋升主教以上的职位。白神品无权晋升主教。
③ 【俄】尼·伊·帕甫连科:《彼得大帝传》,北京:生活·读书·新知三联书店,1982 年,第 71—73 页。

1721 年 1 月 25 日(旧俄历)沙皇颁布《宗教条例》,条例规定:"'宗教院'为俄罗斯东正教的最高管理机构,它负责向东正教临时代理提供咨询并参与制定有关东正教会事务的基本法。在行政级别上,宗教院同其他世俗院地位平等,它们共同接受参政院的监督"。[①]其中,绝大多数成员为东正教主教以上的高级神职人员。1721 年 2 月 14 日,宗教院正式更名为"圣主教公会",[②]并开始履行职能。自此,俄罗斯东正教会传统的牧首制和地方公会被圣主教公会所取代。彼得一世的教会改革改变了俄罗斯教会史的发展方向,使俄罗斯的官方教会由以教规为基础的自治管理体系转变成受世俗官僚监控的政府机构形式。

彼得一世改革教会对俄罗斯东正教修行生活带来灾难性的后果:

首先,教会成为国家意识形态宣传工具,其宗教道德功能退化。在 19 世纪初,俄罗斯贵族史学家尼·米·卡拉姆津就曾指出彼得废除牧首制所带来的弊端,他认为教会自从归属于世俗政权之日起就失去了神性,进而丧失了对人民的吸引力。

其次,彼得一世加强了拜占庭教会的礼仪,对俄罗斯意识的精神传统,也就是宗教基础进行压制和排挤,这在教会内部造成轻视修行生活、更加重视礼仪的局面。在彼得一世的改革中没有拒绝教会的礼仪生活,他自己也经常参加祷告,军事胜利后总是命令进行感恩祷告,他虽然在征服亚述后在那里建立了修道院,后来还在彼得堡建了亚历山大-涅瓦修道院,但他对于修道院的修行生活,对基督教的苦修思

---

① 戴桂菊:《俄国东正教会改革(1861—1917)》,北京:社会科学文献出版社,2002 年,第 72 页。
② 俄文名称 Святейший Павительствующий Синод,一般简称为 Святейший Синод。

想,主要持否定态度,他认为所有在人类和国家生活中无实际意义和价值的东西,都是不好的。他甚至把修士放到了敌对面,所以彼得的改革没有提升修道院的修行生活,反而降低和削弱了修行生活的权威。

第三,在社会上形成了一种认识,认为修士是一些"毫无意义"的"不劳而食者",隐修生活是逃避国家义务,这些都是国家宗教实用主义的表现。在这样的条件下,似乎修行理想永远消失了,与它一起的代表者——苦修者-长老,阿封山和西奈学派的修士们——很久以前可以在俄罗斯找到俗世的僻静之处,而今只能在修道院,在巨大的帝国森林里谦卑地度过自己在地上的岁月。

## (二) 彼得后沙皇政府对修道院的政策

1725 年彼得一世去世,在他之后的新政府涉及到修行生活的措施,不仅延续了彼得一世的政策,使一些措施步入全面实施时期,而且执行更为严厉。俄罗斯东正教会也进入了漫长的世俗化时期,在这一时期,试图把修行生活排挤到民族生活的最末位。叶卡捷琳娜一世(1725—1727 年)首先延续彼得的大量法令,这些法令包括:剥夺修士的名称,交给俗世法庭,用鞭刑公开惩罚那些从修道院逃跑的修士;命令把病人、战争伤残者、精神病患者、甚至罪犯,送到各修道院;只允许为丧偶的神父剃度为修士,其余的人要提出申请,在得到圣主教公会的批准后,才能剃度为修士。她又颁布新的法令,派年轻的修士去扎伊科诺斯帕斯基修道院学习。这一法令已经没有实际意义了,因为在实行以上措施以后,修道院里已经没有了年轻的见习修士。[1] 可想而知,见习修士几乎

---

[1] ПСПиР. 5. №1678,1778,1492,1787.

不存在,也就意味着修行生活中引导见习修士精神修炼的长老制也销声匿迹了。

因为修士的数量急剧减少,特别是在一些小的修道院里修士的锐减,彼得二世时期(1727—1730 年)采取了相对缓和措施,一些小的隐修院重新开放,修士们又回到那里。但是彼得二世统治时期是短暂的,在他之后,各种与修行生活对立的情绪又复苏了,在圣主教公会时期修行生活几乎处于完全瘫痪的状态。

女皇安娜·约翰诺夫娜(1730—1740 年)在位时期,采取了一些具有直接压迫性质的措施。在她统治的十年间,对于俄罗斯教会来说是不堪忍受的,对于修行生活来说更为沉重。以前的法令被以新的方式确立和更加严格地遵守,例如,对违反法规剃度为修士的罚金,以前是 100 卢布,到了 1734 年达到了 500 卢布,而且该修道院院长被定终身流放罪,新剃度的修士被剥夺修士称号,而且受到肉体惩罚。[①] 修道院院长不仅受委托维持修道院秩序,而且要直接到圣主教公会报告所有违法的修士,有罪的人或是去充军,或是流放到西伯利亚服苦役。后来圣主教公会被完全取消了裁判事务的权力,只是根据政府命令剥夺有罪者的修士称号。[②] 对违法的修士进行惩罚叫做淘汰修士,在这种淘汰条件下,许多修士,特别是有政治罪的人,被从修道院里赶出来,年轻的去充军,年老的派去乌拉尔或西伯利亚做苦役。这种淘汰导致修士的数量急剧减少。女皇的统治给俄罗斯教会带来许多不幸,在圣主教公会给政府的汇报中描述了修道院生活衰败后的画面:"一些隐修院完全是空的,一些修道院修士数量很

---

① ПСЗ. №6177,6189,6574,6561,6585.

② ПСЗ. №7660 и 7538, а также №8543.

少,无人完成祈祷仪式;淘汰修士时抓走了一些院长,修道院的管理处于凄凉的状态;在修道院的日常生活中甚至缺少修行生活的特征。圣主教公会的报告得出的结论是:俄罗斯修行生活处于完全消失的边缘,所以圣主教公会请求重新批准实行剃度修士制度,不是在见习修士三年后,只要六个月见习修士学习之后就可以。安娜政府接受了这一请求。"[1]

在女皇伊利莎白(1741—1761年)时期,教会和修行生活终于有了一点自由。但她在许多问题上仍然坚持自己的父亲彼得一世的路线,她的宗教政策依然取决于行政原则。对一些修道院给予资金帮助,剃度政策放宽,允许个别大的修道院,像圣三一谢尔基修道院和基辅-洞窟修道院,院长有权自主剃度。到1761年,女皇在死前不久颁布法令,允许自由剃度。但在彼得三世时期(1761—1762年),重新出台禁止自由剃度的政策。[2] 这种政策的结果是摧毁了已经建立的修道院日常生活,修行生活又重新陷入凄凉的境地。据统计,到了1762年仅剩7659名修士和4733名修女,甚至比1740年还少。[3]

## 三 教会内部原因

### (一)禁欲派在与约瑟派的论战中失败

禁欲派和约瑟派的论战以禁欲派的失败而结束,禁欲派在论战中的失败几乎"致命性地影响了长老制在俄罗斯的发展"。[4] 这是因

---

① Н. М. Русское монашество в XVIII столетии，в：Странник. 1884. 1. С. 212,435.

② ПСЗ. №11441,11481.

③ ИРИ. 2. С. 81.

④ И. К. Смолич. «Русское монашество 988 - 1917—жизнь и учение старцев». Москва. 1999. С. 330.

为,尼尔选择了修行生活中主要的内部操练和与之相关的长老制,但失去了与国家生活的联系,这是这一派的弱点。约瑟派正好相反,与国家有机地结为一体,他的修道院类型延续了慈善传统,但修行生活中失去了精神操练。按照东正教会观点,修行生活不应该放弃服务俗世,这是荣耀神的善行,但对于修行生活来说,单纯服务俗世原则是毁灭性的。于是,修行生活中的精神方面很快消失,精神操练的流派被遗忘。在移民时期,苦修者远离俗世走入森林,俗世追随他们,听从他们;但从约瑟派胜利后,修行生活开始服务俗世,俗世开始奴役它,直到最后征服它。这也就意味着修行生活中作为精神修行方式的长老制也逐渐被遗忘了。

## (二)修道院内部生活腐化堕落

约瑟派胜利后,作为大土地所有者,修道院与世俗人士和机关进行商业交易,向社会各界搜敛财物,修道院的内部纪律开始涣散和松弛。严守斋戒和节制欲望本来是修士们的天职,然而16世纪俄罗斯修道院的公共食堂里却充满了山珍海味。每当收到社会捐献或勒索到钱财,修士们便随意开斋,大吃大喝。很多人作为修士的目的已经不是静修、超脱和劳动,而是贪图这里清静而安逸的生活。一些高级神职人员也不再满足于修道院里的共同生活,而是为自己修建起豪华的单独修行室,过着独特的修士贵族生活,他们甚至拥有数量可观的私人不动产。16世纪中叶,单独修行室取代公共宿舍成为修士们的主要居住形式。诺夫哥罗德及其近郊共有修道院24座,其中保持公共宿舍的修道院仅有4座。[1]

---

① A. B. Карташев. История Русской Церкви. Том. 1. Москва. 1992. C. 426.

　　修道院内部生活的这种腐化堕落，一方面是因为论战中注重礼仪的约瑟派取得胜利；另一方面是因为俄罗斯宗教生活与拜占庭的脱离，引起教父苦修传统的削弱，修行生活"内部操练"被淡化、被抛弃的结果；第三方面的原因是修行生活和修道院纪律的堕落，这是由于修行生活管辖范围问题上的不确定性。修士破坏修道院纪律应该归教区的高级主教法庭管辖，但在修道院和高级主教的关系中，特别是在服从和管理范围问题上，有很大的意见分歧。牧首直属修道院完全排除在高级主教的司法管辖权之外，处在都主教的管辖内，从1589 年后开始由莫斯科及全俄牧首管辖，其他的修道院的所有宗教事务归相关的教区高级主教管辖。这样，教会中的权力关系被东方教会的教规所确定，也被俄罗斯的国家法律和沙皇钦赐的特权诏书所承认。[①] 有时，沙皇本人给修道院颁发钦赐的不受裁决诏书，破坏了由都主教颁布的规章。这种政策的后果是，修道院的院长在与教区高级主教发生争执时，不是去找都主教，而是去向沙皇禀告。这种关系的不确定性和矛盾性，违反了教会的教规，降低了在修行生活中高级主教的权威，导致对修道院纪律的监督作用降低，这也是造成修道院内部生活堕落的原因之一。

## (三) 修士参与分裂运动

　　俄罗斯东正教会的分裂运动源于 17 世纪的尼康，尼康是当时莫斯科及全俄的牧首，他追求的是要作普世东正教的第一牧首。尼康认为，"作为'第三罗马'，首先不应当在宗教礼仪上与第二罗马有任

---

① Goetz L. K. Staat und Kirche in AltruBland. Kiever Periode. 988 – 1240(1908). S. 151 – 154 （устав св. Князя Владимира）, а также: Макарий. 2 – е изд. 8. C. 143 – 168, 16, 202; Hermann. Op. cit. S. 672, 675.

何出入。他开始将俄罗斯的斯拉夫语经文同希腊语文本进行对照。结果发现：自百章公会以来，教会斯拉夫语经文与希腊原文之间的差异越来越大。为了使译文更加忠实于原文，他决定以希腊教会现行的经文为标准，对俄罗斯的祈祷书和教堂礼仪进行修改，最终使俄罗斯教会在宗教礼仪上同普世牧首区保持一致。1653 年，尼康邀请一批希腊和基辅神职人员来莫斯科，在全国范围内推行东正教礼仪改革"。[①]

尼康改革的反对者中有部分修士，他们坚决恪守东正教会自古流传下来的教规礼仪，对于尼康擅自篡改《百章决议》的做法严重不满，他们不承认尼康改革。尼康将反对自己的教徒称为分裂者（раскольники），由这些教徒形成的派别被称为分裂派（раскол）。支持尼康改革的教徒为官方所承认，被称为教会派教徒（церковники）或尼康派信徒（никониане）。1666—1667 年，莫斯科公会在肯定尼康派为官方教派的同时，还对分裂派教徒进行迫害，谴责他们为"异教徒"，[②]并将他们革除教籍。"出于维护自己制度的考虑，俄罗斯历代沙皇都只承认官方东正教派的主导地位，对分裂派教徒进行残酷迫害"。[③]

多个世纪以来，修士们是教会和国家的忠实助手，在形成俄罗斯东正教文化和世界观中起了巨大作用，是教会生活中的主要活动力量。可是在这次改革中修士们突然公开反对教会阶层，反对国家政权。虽然后来他们屈从接受了尼康改革，但表面被迫的屈从对于俄

---

① 戴桂菊：《俄罗斯东正教会改革（1861—1917）》，北京：社会科学文献出版社，2002 年，第 65—66 页。

② Алексей Николин. Церковь и государство. Москва. 1997. С. 75.

③ 戴桂菊：《俄罗斯东正教会改革（1861—1917）》，北京：社会科学文献出版社，2002 年，第 68 页。

罗斯修行生活的未来埋下了隐患。修士们的公开反对,使修道院的地位下降,在教会和国家政府心目中它排在最后一位。这不仅是彼得改革的结果,也体现在分裂运动中。因为,修士参与分裂运动作为反对尼康改革的力量,扯断了修士和教会阶层联系的纽带。在彼得一世时期更是把修士放到被怀疑和与国家为敌的位置。

参与分裂运动的那部分修士,他们是最少遭到异化影响的修士群体。他们本是俄罗斯修行生活中"精神操练"的捍卫者,也是长老制修行方式的保持者。但是他们参与到分裂派当中,为教会和俗世政权所不容,加深了国家政权阶级对修士和修行生活的误解,使俄罗斯东正教修行生活遭到更为严厉的打击。

## (四) 俄罗斯东正教长老制本身的原因

自古以来,在俄罗斯修行生活中,盛行长老引导修士主要凭借长老个人经验和精神魅力的传统。所以,虽然在 14—15 世纪的教会中,许多人强调实行修道院集体制规章的必要性,但是当时人们非常厌恶所记录的修道院规章。即使到了公元 16 世纪,约瑟指出他同时代的人,那些北方修道院的修士们坚信:"在俄罗斯大地上修行的教父们,没有制定书面的规章或制度,而是以生动的语言教育修士,所以现在不应该书写修道院规章,而应该口头引导修士。"[1]

正如教授 **B. И.** 艾克杰姆普利亚勒斯基在他的《长老制的结束与开始》一文中指出,"理想中的长老具有神秘耀眼的光环,他充满神奇的力量。在实际中,这种理想化的长老很少,可能会有名不副实的长

---

[1] ВМЧ. Сентябрь. Ч. 1. С. 548, 547.

老,他们很容易主观臆断。所以,在修行生活中,与一个人决定另一个人的智慧和良心相比,最可靠的是书面条例、规章的引导"。① 所以,为了规避长老制中出现主观臆断的风险,在一些修道院里规定,院长有权检查长老的活动。另外,修道院的规章本身,虽然对长老个人的要求很少,但对长老的灵性方面,尤其是在长老对见习修士的精神影响方面,在制度上予以规定和限制,避免冒险。因此,随着时间的推移,长老制逐渐失去了它神秘的光环。这也是东正教长老制在俄罗斯发展到 16 世纪末,开始出现衰弱的一个原因。

总之,16 世纪末到 18 世纪末期间,俄罗斯长老制传统中缺乏统一规范的典籍指导,这影响了它的进一步发展。所以,在 18 世纪末,长老帕伊西·韦利奇科夫斯基等人到圣阿封山朝圣,并在那里生活,接受了静修主义思想和修行实践。之后,他们回到摩尔达维亚,与其他人一起把长老们的静修经验文集《爱善集》翻译成斯拉夫语和俄语并加以推广。从此,长老和修士们有了自己规范的引导修行指南,以往俄罗斯东正教长老制中单凭个人经验、类似口口相传、缺乏统一规范典籍指引的缺陷得以克服,这是 18 世纪末以后长老制在俄罗斯得以复兴的一个因素。

# 第三节　18 世纪初的俄罗斯修行生活和长老制

## 一 修道院整体状况

到了 18 世纪初,教会和国家合作之下经历的莫斯科罗斯时代结

---

① В. И. Экземплярский. Старчество Окончание. Начало,《Церковная жизнь》,см. в №2, 1992г.

束了,对于俄罗斯修行生活来说,长期的迫害时期开始了。在人文主义影响下,国家的目的是在现世、在地上达到"全人类的幸福"。教会应该屈从于这种幸福的实现,于是产生了凌驾于教会之上的绝对国家体系。彼得一世仔细研究了在新教国家里教会的管理原则,按照斯堪的纳维亚国家的模式引进它。管理教会不再是教会的事情,而是国家的事情,神职人员的任务从今以后只是为"宗教礼仪"服务。神职人员也有义务报告反国家的罪行,而不应对人民有影响,并禁止在节日时去本堂信徒的家里。国家对修道院的管理措施十分严厉,彼得把修士们叫做"国家的坏疽",认为修士是寄生虫和骗子,不允许修士在修行室里有纸和笔。修道院的修士开始离开,有的甚至去了西伯利亚,奥普塔修道院于 1724 年被关闭。[①]

在彼得法令之后,还有安娜女皇的法令,特别是叶卡捷琳娜二世于 1764 年颁布的法令,是关于教会财产国有化的法令,这给俄罗斯教会传统以严重的打击,这一年也是修行生活的黑色之年。神职人员按照编制领取薪水,"多余的"神职人员,不进入编制的,没有收入,建议他们改变社会服务的性质。中等和小的修道院,大概受这一改革的影响最大。按照修士的数量和重要性把它们分级,使修道院受到严重损失。从剥夺土地和封地时起,富裕的修道院贫穷至极,许多中等的修道院关闭了。在许多修道院里的教堂没有修士司祭和十字架,不得不邀请白神品神父举行仪式,俄罗斯东正教修行生活进一步衰退。[②]

---

① И. М. Концевич. Старчество: Стяжание духа святого в путях древней Руси. Издательство «посад». 1994. Глава 4. 1: Период гонения монашества (XVIIIв.).
http://www. lib. eparhia-saratov. ru/books/... /contents. html

② И. М. Концевич. Старчество: Стяжание духа святого в путях древней Руси. Издательство «посад». 1994. Глава 4. 1: Период гонения монашества (XVIIIв.).
http://www. lib. eparhia-saratov. ru/books/... /contents. html

## 二 修行生活和长老制状况

国家剥夺教会和修道院的财产并非全都是坏事,它也有好的一面,那就是可以为那些崇尚苦修的修士提供更好的修行环境,也为长老制的复兴埋下伏笔。表面来看,修行生活似乎已经彻底消失了。实际上,从迫害时期开始,修士生活变得更加纯净,开始在以往自己的精神之美中复兴。在这一时期,当修道院变空时,宗教的信念才能存在于自己内心,隐藏在俗世生活之下。在人们心灵深处仍保留着精神修炼的真正概念,那些在不被发现的角落里被圣灵拣选的人,仍然在秘密地修炼。正是因为这样,在迫害结束时,真正的修行生活才能够复兴。在迫害时期,也有圣徒存在,下面提到的两位同名的女修行者,与俄罗斯修道院的复兴以及奥普塔修道院都有关系。

长老多西费伊(Досифей)1721 年出生于梁赞的一个贵族家庭,受到圣萨罗夫的谢拉菲姆的祝福,在基辅修行。由于时代环境所迫,她不得不穿着修士的衣服躲在离基塔耶夫修道院很近的一个洞窟里修行。虔诚的女皇伊丽莎白·彼得罗夫娜曾亲自拜访过她,并命令她剃度,这意味着,承认她存在的合法性。长老多西费伊把自己是女人的秘密保留到自己生命的结束。在自己生命的最后几年,费奥凡(Феофан)——后来的修士大司祭、诺夫耶泽尔斯基修道院的院长,在"长老"那里任助手,长老多西费伊派他去摩尔达维亚,到帕伊西·韦利奇科夫斯基的修道院,也就是长老制复兴的中心去学习。在那个真正修士的世界里,费奥凡获得了真正修行的知识,并建立了与此中心的联系。他回到俄罗斯时,长老多西费伊还活着,他留在修道院直到长老去世。后来费奥凡又到圣彼得堡的都主教加百列(Гавриил)那里当助手,他把长老帕伊西的思想推荐给都主教,之后他在一所重建的修道院担任院长。由于他对帕伊西苦修思想的传播,修行生活在俄罗斯一些修道院里逐渐得到复兴和推广。[1]

另外一个同名的修女多西费伊,她是奥古斯特·塔拉卡诺夫(Август Тараканов)的公爵小姐,是女皇伊利莎白二世和拉祖莫夫斯基的女儿,被女皇叶卡捷琳娜二世强行送到莫斯科伊万诺夫斯基修道院监禁起来,于1785年受戒剃度。奥普塔修道院的院长——修士大司祭摩西,当时还是一个见习修士,在多西费伊的引导之下修行。在她的修行室里,摩西曾经见过女皇伊利莎白的水彩肖像。多西费伊派他到诺沃斯帕斯基修道院学习,这个修道院的副院长——修士司祭亚历山大和他的朋友修士大司祭菲拉列特都是帕伊西的门徒。所以,那里也是普及精神操练的中心之一。后来,根据多西费伊的建议,未来的奥普塔院长摩西去了赛拉夫(Сэров),当时圣谢拉菲姆在那里修炼,给他提供了宝贵的训导。[2]

所以,虽然18世纪初期和中期仍是修行生活衰弱期,但这一时期是俄罗斯修行生活复兴的前夜,它为俄罗斯东正教长老制复兴提供了准备。

总之,从俄罗斯东正教长老制衰落的原因中可以发现,这一时期俄罗斯宗教生活与俗世社会的关系,印证了物质生产方式的历史变迁制约着宗教现象的历史变迁。17—18世纪是俄罗斯历史上的一个划时代的变革时期,经过了具有资本主义初期发展性质的彼得一

---

[1] И. М. Концевич. Старчество: Стяжание духа святого в путях древней Руси. Издательство «посад». 1994. Глава 4. 1: Период гонения монашества (XVIIIв.). http://www.lib.eparhia-saratov.ru/books/.../contents.html

[2] И. М. Концевич. Старчество: Стяжание духа святого в путях древней Руси. Издательство «посад». 1994. Глава 4. 1: Период гонения монашества (XVIIIв.). http://www.lib.eparhia-saratov.ru/books/.../contents.html

世改革,俄罗斯社会从以往落后的奴隶制过渡到资本主义初级阶段。物质生产方式的转变必然导致人们意识形态发生改变,宗教是社会意识形态的一部分。所以,代表东正教精神核心的长老制,在俄罗斯这一社会历史变迁中必然受到影响,并发生符合时代要求的变化。

虽然俄罗斯东正教长老制经历了 16 世纪末直到 18 世纪末近两个世纪的衰弱期,但这一时期长老制并没有在俄罗斯大地上消失,在一些修道院里还保有长老制的修行传统,只不过在内外因素的影响下长老制没有得到发展和壮大。

沙皇政府对修道院的一些改革和限制措施,虽然阻碍了修行生活的发展,但这些措施也为修行生活净化了环境,特别是剥夺修道院的一些经济来源的措施,克服了修道院生活的腐化和堕落,为以后俄罗斯东正教长老制的复兴创造了健康的环境条件。所以说,俄罗斯东正教长老制发展经历的低谷期,也是为其复兴和繁荣积聚力量和条件的时期,这在 18 世纪初的两位长老多西费伊的精神牧养方式中得到体现:她们派自己的学生到精神圣地去修行学习,为东正教长老制在俄罗斯复兴和繁荣做了前期准备。

# 第四章

# 俄罗斯东正教长老制的复兴与繁荣

　　保罗一世时期(1798—1801年)对修道院的政策有所放宽,修道院的数量开始回升。18世纪末恢复了29所曾被关闭的修道院,并新建了20所。1808年共有修道院447所,修士人数在5000左右。1815年有478所修道院,修女和修士共6600人。修道院数量的增加主要有两方面的原因:一方面,在世俗化时期被取缔的旧修道院得到了恢复,此外还有新开设的修道院;另一方面,随着国家领土的扩张又增加了一些修道院。[①]

　　到了1832年,莫斯科宗教办公处宣布,可以不经过主教公会批准自行剃度。在此之前,根据俄罗斯修行生活法规,所有希望剃度为修士的人都必须经过主教公会批准。主教公会1865年9月29日颁布命令:"在此命令颁布之日起,剃度可以由教区高级神职人员(主教、大主教、都主教)批准,愿意接受剃度者可以向本教区高级神职人

---

① 乐峰:《俄国宗教史》,上卷,北京:社会科学文献出版社,2007年,第338—339页。

员递交申请书,申请书中要写明申请人所希望进入的修道院,并且附上本教区监督司祭的推荐信以及能够接受剃度的证明材料。"①

19世纪的俄罗斯国家法律、教会教规都容许自愿放弃修行生活,而且也规定了因犯严重过失可以取消修士修行生活权利的制度。如果修士想自愿解除自己的修士称号,在六个月内由院长和神父对其提出劝告。如果劝告无效,则由宗教法庭作出取消修行生活的决定,此决定必须经过主教公会的批准方可执行。被取消修行生活的人恢复他原有身份,但不归还他在剃度前所获得的财产、领地和奖励;此外,他还要受到七年的宗教惩罚,在此七年间不得在他当修士的省份居住和担任公职,也不许在两个都城(莫斯科和圣彼得堡)居住和任职。②

由上述的政策法规可以看出,这些法规有利于修行生活的发展,尤其是规定了修行剃度的细则和要求,利于修道院具体执行和操作。其中规定,关于"因犯严重过失可以取消修士修行生活权利的制度",有助于净化修士群体,提高修行生活水平。修行生活水平的提高,自然会带动作为修行基础的长老制的发展。所以,俄罗斯18世纪末和19世纪的外部环境,为俄罗斯东正教长老制修行方式的复兴和发展提供了有利条件。

18世纪末以来,俄罗斯修行生活开始复兴,在很大程度上归功于**长老制**在俄罗斯的复兴和传播。圣帕伊西从阿封山带来东正教长老制修行传统,并把这一传统传播到俄罗斯。所以,帕伊西·韦利奇科夫斯基被认为是**长老制**传统在俄罗斯的恢复者和传播者。③ 帕伊西创立了以长老制修行方式为基础的帕伊西精神生活流派,同时也

---

① 乐峰:《俄国宗教史》(上卷),北京:社会科学文献出版社,2007年,第338—339页。
② 乐峰:《俄国宗教史》(上卷),北京:社会科学文献出版社,2007年,第341页。
③ А. Соловьев, Старчество, Свято-троицкая сергиева лавра, 2009. С. 7.

掀起了俄罗斯东正教广泛的精神运动,唤起了人们对内部修行生活的向往和对精神操练的热情。这一精神运动从 18 世纪末开始,在 19 世纪得到持续发展和繁荣,一直延续到 20 世纪初。后来,随着社会主义革命的开始,这一精神运动也宣告结束。对于俄罗斯修行生活和长老制来说,18 世纪末和整个 19 世纪是圣帕伊西的时代。

# 第一节　圣帕伊西时代

## 一　圣帕伊西的苦修历程及功绩

### (一) 圣帕伊西的苦修历程

圣帕伊西·韦利奇科夫斯基(Паисий Величковский,1722—1794 年)出生于波尔塔瓦一个神职人员家庭。他从童年起就接触教会生活,很小就开始研究《诗篇》和《日课经》,①但他很快觉得这些不能满足他的渴求。在他心里产生了放弃俗世、接受苦修生活的愿望。他是一个性格腼腆的人,喜欢独处,很少讲话,不仅是与外人,甚至与自己的父母也一样沉默寡言。在帕伊西 13 岁时,由于基辅大主教的庇护,他上了基辅宗教学校。在基辅宗教学校学习的四年里,他是一名勤奋而有天赋的学生,但他的心灵还不能得到满足。在他内心里,要过修行生活的愿望越来越坚定,每晚他同几个有相同见解的同学一起谈心,经常是谈到天亮。他们谈到要去耶路撒冷朝圣,去东正教

---

① 《日课经》(Breviary)是指神职人员使用的祷告用书或祈祷书。它包含《诗篇》、赞美诗和圣经选段,用于每天固定时刻诵念,一年中每天都不间断。自罗马帝国晚期开始,教会使用各种形式《日课经》。1568 年比约五世修订了《日课经》,1911 年比约十世再次修订了《日课经》。《日课经》为拉丁文,但已被译成英语和其他语言。

苦修盛行的圣阿封山,或去西奈山,或去埃及沙漠,帕伊西了解这些圣地的宗教氛围,因为他读过圣耶夫列姆等圣徒的著作,被埃及圣徒的苦修生活深深吸引。一天深夜,他悄悄地离开学校,从基辅出发,开始徒步朝圣,像圣徒一样开始寻找自己地上的天国。

他首先来到第聂伯河畔的一座城市柳别奇。在那里,他找到一所修道院,修道院的院长友好地接待了他,并接受他进入修道院修行,为他提供修行室和各种修行条件。帕伊西从这位院长身上感受到了神的恩赐,而且这种恩赐在他身上不断增加。在这里帕伊西看到了神圣的爱:修士们对待自己的长老充满爱;长老用爱、仁慈和智慧引导他们,因为长老把自己的职分当成自己全部的责任和义务。三个月过去了,突然在修士中任命了一位新的院长,那是一个愚笨专权的人。修道院的生活瞬间改变了,恐惧和惶恐笼罩着修士们,许多人逃走了,对于帕伊西来说,生活的每一个小时都变得十分艰难。一个冬天的深夜,他来到河边,顺着冰面过到河对岸。

他经过长途跋涉来到了摩尔达维亚境内的圣尼古拉修道院,这座修道院建在河中间的一座岛上。院长接受了帕伊西,他在修道院顺从地、尽心竭力地完成各种职分。过了一段时间,在主易圣容节那天,院长为他举行了成为见习修士的仪式,命名为普拉东,那时他19岁。由于河流的阻隔,外人很难到达修道院,在这种安静的环境里,帕伊西的心灵得以休息和成熟。但是好景不长,这里还是发生了无法预料的事情:东仪天主教徒①对东正教徒的迫害开始了。修道院

① 东仪天主教徒是指坚守各种东方礼仪和典制的天主教徒和教会,多数为16、17世纪从东正教会、埃塞俄比亚科普特教会、亚美尼亚教会、叙利亚教会、聂斯脱利派教会和马拉巴教会等分裂出来,加入天主教者,他们承认罗马主教的教皇地位,但继续坚守原有的礼仪和典制。神父可以结婚,主教自行祝圣,不由教宗任命,有的在自行选出后报教皇认可,有的自行选举、自行祝圣,皆无需通知教皇。

被关闭了,修士们被赶了出来。帕伊西不得不又回到基辅,在基辅-洞窟修道院印刷厂找到了栖身之地和工作,掌握了在铜板上压印圣像的艺术。与此同时,在他心里还有修行和远离俗世繁杂的渴望,他渴望在长老的精神引导下得到拯救。于是,他与两名修士一起结伴去朝圣。他们打算去阿封山,在历经乌克兰、摩尔达维亚后,来到了瓦拉希亚(Валахия),在圣徒尼古拉(Николай Чудотворец)的修行室里生活了一段时间,后来又到了克勒库尔(Кыркул)修道院。在克勒库尔修道院的院长费奥多西(Феодосий)的庇护下,接受有经验的长老瓦西里(Василий)和奥努夫里(Онуфрий)的引导,帕伊西进步很快,已经能够完成真正的修行默祷,按圣伊萨克的话说,默祷是"忏悔和祷告的母亲"。[①]

帕伊西在瓦拉希亚大约生活了三年,在这段时间里他熟练掌握了当地语言。在 24 岁时,他与修士特里丰一起,得到院长恩准,历经磨难到达了阿封山。在阿封山,他们来到阿法纳西修道院,得到允许住在一个小修行室里,在这里修行了三年。上文提到过,在瓦拉希亚的克勒库尔修道院时,曾经引导过帕伊西的长老瓦西里,从瓦拉希亚来到圣阿封山。长老瓦西里看到帕伊西的精神修炼水平得到很大提高而十分欣喜,为他剃度并赐名帕伊西。之后,由于阿封山神职人员和忏悔神父严重缺乏,在其他修士多次请求后,授予帕伊西为修士司祭这一神职。

在阿封山被授予修士司祭以后,帕伊西请求改造一座破旧、空置的修道院,以先知以利亚命名,建立了以利亚隐修院(Ильинский скит),离祝福像修道院(Пантократорский монастырь)不远,他还修建

① 参见圣伊萨克的《修行语录》。

了教堂、食堂和 16 个修行室。帕伊西受到来自各方的尊敬和爱,修士人数越来越多,他的修道院逐渐扩大,但还是不够,修士们居住环境仍然很拥挤。帕伊西开始考虑是否回到瓦拉希亚建立新的修道院。于是,他同 60 名修士一起去君士坦丁堡和瓦拉希亚,但没有找到合适的地方,又去了雅西,在那里从摩尔达维亚都主教那里得到一座修道院,名为德拉戈米勒修道院。

1774 年,俄罗斯与奥斯曼帝国之间长达六年的战争结束了。根据和平协议,摩尔达维亚的部分土地划给奥地利,帕伊西的德拉戈米勒修道院正位于这一被划分出去的地区。帕伊西十分关心修士们的平安和未来,他向位于摩尔达维亚境内的谢古尔修道院求助。长老收到了谢古尔院长的回信,邀请他和修士们到谢古尔修道院。但修士的数量增加很快,后来连谢古尔修道院也容纳不下了。在艰难的抉择之后,帕伊西决定把一部分修士安置到大一点的尼亚梅茨修道院,那里离谢古尔修道院有两个多小时的路程。这两座修道院都在他的领导下,很快尼亚梅茨修道院出现了新的医院,为修士修建了修行室和食堂,甚至为朝圣者和穷人建了专门的安置点。400 名修士住在尼亚梅茨,100 名留在谢古尔修道院。

在第二次俄土战争(1786—1790 年)期间,帕伊西长老和他的修士们经历了艰苦的岁月。在这之前,帕伊西已经提升为修士大司祭神职,但在他的内心仍然淡然、简单、谦逊,像以前一样领导两所修道院,牧养自己的门徒。每到晚上研究和翻译圣徒们的著作,直到公元 1794 年 11 月 15 日去世。

## (二) 圣帕伊西的功绩

帕伊西作为院长和长老,领导了两所修道院。随着门徒们对他长老制修行思想的继承和传播,这一思想逐渐发展成为一个大的修行思想流派。不仅在附近的周围地区,而且在十分遥远的地区,都能感受到帕伊西长老的影响。另外,由于帕伊西与阿封山之间的密切关系以及他对复兴长老制的影响,使以前就已存在的俄罗斯精神生活与阿封山之间的宗教亲缘关系得以恢复。在此基础上,帕伊西的活动不仅对于俄罗斯修行生活和长老制,而且对于整个东正教长老制的复兴都十分重要。

## 1. 帕伊西对阿封山的影响

帕伊西在阿封山修行的时候,除了以利亚隐修院的修士外,还有很多精神上存在迷惑的朋友寻求他的精神引导,其中包括生活在祝福像修道院的希腊牧首谢拉菲姆。牧首很喜欢帕伊西长老,经常拜访他,也邀请他到自己那里,长时间与他进行精神交流。后来,虽然牧首十分不舍,但还是准许帕伊西离开,回到摩尔达维亚。除此之外,为了得到他的教诲和与他交流,阿封山许多修道院的修士都去拜访帕伊西。由于人太多,许多人没有机会与长老谈话,怨声很多。虽然长老去了摩尔达维亚,但他对于阿封山的影响并没有消失。他的传统和规章至今还保留在他建立的以利亚隐修院和其他修道院里。

## 2. 帕伊西对摩尔达维亚修行生活的影响

帕伊西对摩尔达维亚修行生活的影响主要通过他的门徒来完成。他的门徒中有一些是摩尔达维亚人,他们在摩尔达维亚继承和传播了帕伊西长老的修行思想。神父维萨里奥(Виссарион,卒于1766年)是帕伊西长老的第一个门徒,他是摩尔达维亚人,在长老帕伊西为修道院建立集体制修行方式中,萨里奥是帕伊西最得力的助手。帕伊西在摩尔达维亚的门徒中还有神父马卡里(Макарий)和伊

拉里昂(Иларион),他们帮助帕伊西长老修正和翻译书籍。伊拉里昂后来成为谢尔古修道院的院长和忏悔神父。神父马卡里后来成为修士司祭,他在阿封山就与帕伊西长老生活在一起,后来去了俄罗斯,在俄罗斯成为了摩尔恰斯基修道院的院长。

在帕伊西长老去世后,在他门徒中有三位成为摩尔达维亚境内的尼亚梅茨修道院中精神修炼的继承者。第一位是修士大司祭索福罗尼(Софроний),他是尼亚梅茨修道院的忏悔神父和院长。在帕伊西长老去世十多年后,根据长老的临终委托,索福罗尼去了基辅,为自己的修道院求取精神修炼方面的书籍,后来他与帕伊西在俄罗斯的门徒经常保持通信联系。第二位是都主教格里高利(Григорий),他为帕伊西长老写了传记。第三位是助祭修士斯提芬(Стефан),他是圣徒传记的翻译者。除了帕伊西长老的门徒外,在摩尔达维亚,帕伊西还有许多助手,帮助他抄写和修正、翻译教父们的著作。因为,在摩尔达维亚,许多修道院的院长都是帕伊西的门徒,[①]他们自然会在自己的修道院里继承和发扬帕伊西长老的修行思想,从而为帕伊西的修行思想影响摩尔达维亚创造十分有利的条件,摩尔达维亚也因此成为当时长老制复兴繁荣的中心之一。

## 3. 帕伊西对俄罗斯修行生活的影响

俄罗斯潘杰列伊蒙诺夫修道院(Пантелеймоновская монастырь)的忏悔神父、修士司祭哲罗姆以及该修道院的修士大司祭马卡里(Макарий),从这两位长老从事的事业和著作来看,同样掌握了帕伊西的长老制修行传统。[②] 在俄罗斯还有长老帕伊西的许多门徒,在他

① Сергий Четвериков. Молдавский старец Паисий Величковский. Daris. 1976. C. 252.
② Сергий Четвериков. Молдавский старец Паисий Величковский. Daris. 1976. C. 251.

们的影响下,俄罗斯修道院里出现了精神生活的高潮,引起了大家对阅读和研究教父著作的兴趣。同时,在修道院的长老和院长中,出现了传承帕伊西的长老制传统和在修道院实行集体制规章的高潮。一些大主教认同帕伊西长老的修行思想,给予实行长老制修行传统的修道院以支持和帮助。许多上流社会有教养的人也对精神生活产生了兴趣,一些人放弃俗世去修炼,成为了帕伊西长老精神思想的宣传者。以东正教长老制修行方式为基础的精神运动随着时间的推移得到进一步发展、扩大,一直持续到社会主义革命前夕。

在长老帕伊西的影响下,俄罗斯的精神运动可以分为三个主要流派:北方的、中央的和南方的。北方运动的主要中心是索洛维茨基、瓦拉姆、亚历山大-涅夫斯基修道院和亚历山大-斯维尔斯基修道院;中央运动集中在莫斯科、弗拉基米尔省、卢卡加省的奥普塔修道院、奥尔洛夫省的布良斯克修道院等;南部运动中心在普洛先斯基修道院、格林斯基修道院等等,上述修道院只是作为研究精神运动最著名或开始的几个,实际上它包括的不止是数十个,而是上百个俄罗斯修道院。①

## 二 圣帕伊西与《爱善集》

对于 18 世纪末开始的俄罗斯东正教长老制的复兴而言,《爱善集》这部文集有着重要的意义。对于俄罗斯修行生活和长老制来说,它是一部划时代的宗教典籍,它在俄罗斯的出现,克服了以往俄罗斯修行生活和长老制传统中口口相传、长老个人主观性强、没有统一规范指导的弊端,是长老制在俄罗斯得以复兴繁荣的重要因素。

---

① Сергий Четвериков. Молдавский старец Паисий Величковский. Daris. 1976. C. 252 – 253.

## (一) 关于《爱善集》

《爱善集》在俄罗斯的出版,被认为"不仅是在俄罗斯修行生活史上,而且是在俄罗斯文化史上的事件"。[①] 它甚至被认为是"欧洲文化基础的书"。[②]《爱善集》(古希腊语是 φιλοκαλείν)是 4—15 世纪基督教作者的宗教作品集,作品大部分属于静修主义传统。文集是由圣山人尼科季姆(Никодим Святогорец)和来自科林斯的马卡里(Макарий)编写,于 1782 年在威尼斯用希腊语第一次出版。它的全称是:《我们的圣徒和教父以及警醒智慧者的爱善集:通过积极和静观的精神哲学,头脑被净化、启蒙和完善》。[③]

帕伊西·韦利奇科夫斯基用斯拉夫语翻译的《爱善集》于 1793 年出版,后来翻译成俄语以及大部分编辑和补充工作是由隐修士费奥凡(Феофан Затворник)等人完成。

文集中的作者包括:埃及苦修生活的奠基人——圣安东尼;修道院集体制修行方式规章的制定者——斯图底的圣费奥道罗;关于苦修思想的经典著作《天梯》的作者——天梯圣约翰;静修主义神学家——新神学家圣西蒙、西奈的圣格里高利、圣格里高利·帕拉马等 35 位圣徒。

《爱善集》的内容分为五卷,第一卷内容包括:圣安东尼的生平和作品,其中有圣安东尼关于在基督里的生活训导;关于善的德行和神圣生活;隐修生活规章;圣安东尼的名言和关于他的传说;对圣安

---

① Г. Флоровский. Пути русского богословия. Париж. 1937. С. 127.

② Zamfiresu D. A Fandamental book of the european culture. Bucharest, 1991.

③ 俄文全称是:《Добротолюбие священных трезвомудрцев, собранное из святых и богоносных отцов наших, в котором, через деятельную и созерцательную нравственную философию, ум очищается, просвещается и совершенствуется》;简称:《Добротолюбие》。

东尼某些名言的讲解。其次是关于圣马卡里,其中包括圣马卡里的生活和作品的资料;以及他的学说:尘世原初状态;堕落的黑暗状态;主是拯救的安排者;建立在主里坚定的决心;艰难状态;接受圣灵积极作用的状态;基督徒完善的最高阶段;未来的生活。第三位是关于圣阿爸伊赛亚的简短资料和他的著作,其中包括:圣伊赛亚给自己门徒的话;给刚开始修行的修士的建议和原则;圣伊赛亚名言;关于保守精神的 27 章;关于苦修和缄默的章节。第四位是关于圣苦修者马可的生平和著作,包括写给修士尼古拉的信;圣马可的训导;关于宗教教规的 200 章;针对那些希望用行动证明是正确的人的 226章。第五位是关于阿爸耶瓦戈里,包括:致阿纳托利关于积极生活的几章;修士耶瓦戈里关于积极生活的 100 章以及长老名言;修士耶瓦戈里描述修行生活;关于精神生活的名言以及其他名言等等。

第二卷内容包括:罗马人圣约翰·卡西安论述苦修生活的目的和结果;肉体和灵魂的斗争;情欲和与之斗争的基本描述;与八种主要情欲的斗争;与思想的斗争,通过它们与恶灵斗争;同所有来自灾难和不幸的悲痛斗争;关于神的恩赐和自由的产生;关于祷告;关于在精神生活上最有经验的建议和引导;关于精神生活完善的程度;关于忏悔的结果。以及耶路撒冷长老——圣伊西希的致费奥杜尔关于警醒和祷告的话。西奈的圣尼尔关于祷告的 153 章;关于八种恶灵;告诫的篇章;人从朽坏中解脱和向不朽的接近;从圣尼尔其他作品中选取的类似上面的思想和训诫;对修士的训诫。叙利亚的圣耶夫列姆关于忏悔和拯救的训导;关于忏悔的经验教训;把自己献给神悦纳的生活的一般描述;关于善行和情欲;关于与八种主要情欲的斗争;关于苦修生活的一般经验教训;给苦修者们的建议。天梯圣约翰关于苦修生活的一般基础;关于忏悔;关于善行和情欲以及与后者的斗争;关于与

八种主要情欲的斗争;关于无欲。教父圣瓦尔萨努菲和约翰以及圣阿爸罗费和圣叙利亚人伊萨克的简短个人资料和他们关于苦修的引导。

第三卷内容包括:对布拉任内·季阿多赫的简短介绍;季阿多赫指出最主要善行的最后界限或完善的顶峰;季阿多赫的苦修语录,分为100项积极完成的知识和精神推断。圣约翰·卡尔帕夫斯基给在印度修士的信(包括100项告诫)。巴勒斯坦的至福阿爸佐西马的语录。圣忏悔者马克西姆在问答中关于苦修生活的话;关于400项爱;从希腊语的《爱善集》700项中选择的关于思辨的和积极的几项。至福的阿爸法拉希致长老保罗关于爱、克制和精神生活。耶捷斯基主教圣费奥道罗的有益精神的篇章;圣费奥道罗关于思辨的话语。关于教父圣阿爸菲利蒙的有益传说。教父圣菲奥戈诺斯特关于积极和直观的生活以及关于神父的章节。西奈的圣菲拉费伊关于警醒的40章。关于以利亚长老。

第四卷内容:斯图底的圣费奥道罗给修士们的苦修生活的引导,共335条。

第五卷内容:新神学家圣西蒙长老的苦修生活语录。圣尼基塔·斯季法特的第一个祷告;关于净化精神的第二个祷告;第三个思辨章节的祷告,关于爱和生命的完善。菲奥里普特——菲拉杰尔费斯基都主教揭示在基督里秘密操练……西奈的圣格里高利关于戒律和教条,许诺的恐吓……;引导缄默;关于缄默和祷告。隐修士尼基福尔关于警醒和保守精神的有益的话。圣格里高利·帕拉马——索伦的大主教在修士的铭诗中关于情欲和美德……;十条基督法令;关于神圣-缄默;关于祷告和心灵纯洁等。卡利斯特长老关于引导缄默者;卡利斯特长老关于祷告的篇章;卡利斯特关于缄默的生活;收集教父们的关于注意和祷告。至福的西蒙、索伦大主教,关于神圣祷告。新神学家西蒙关于信仰和致那些活在世界上不可能达到完善的人的话……;关于三种注意和祷告的方式。圣马克西姆·卡普索卡利维特传记中关于智慧的恩赐祷告。圣格里高利·帕拉马传记中关于所有的基督徒都应该不断祷告。

从《爱善集》的内容可以看出,这是一部苦修圣徒们关于修行思想和方式的文集,集合了几乎所有著名圣徒的修行思想和方法:从公元4世纪的苦修生活奠基人——圣安东尼的著作和思想开始,一直到公元14世纪著名静修主义神学家圣格里高利·帕拉马的修行思想都有记述。《爱善集》是苦修生活史上的一部经典文集,收录了长达十个世纪的关于苦修思想的精华著作。这部文集在俄罗斯的出版,弥补了俄罗斯东正教长老制修行方式缺少理论经典的不足,为东正教长老制在俄罗斯的复兴和繁荣提供了重要条件。

## (二) 帕伊西翻译和出版《爱善集》的过程

在18世纪末俄罗斯出版的《爱善集》,圣帕伊西的名字既没有出现在第一版上,也没有出现在最后一版上。但在俄罗斯东正教会全体主教会议上,纪念罗斯受洗1000年时,圣帕伊西被授予"《爱善集》的修士"荣誉称号,被封为圣徒。

帕伊西与《爱善集》结缘,是从他对教父著作产生兴趣时开始,那时他还是一个儿童。后来帕伊西在柳别奇修道院了解了更多的教父书籍和文章,他抄写过圣尼尔、天梯圣约翰等教父的大部分著作,在基辅-洞窟修道院时,修士大司祭保罗教导他读教父的著作。在去圣阿封山之前,在多尔戈乌察修道院,帕伊西同样抄写过教父的著作。

在阿封山的圣伊林斯基修道院,帕伊西成为修士的长老后,开始收集教父们关于修士内部生活的著作和关于长老精神引导方面的书

籍。在长期研究所收集到的书籍后,他确信斯拉夫语的手抄本书籍在许多地方有"不可理解的模糊地方",导致原文中一些精华部分内容缺失。他曾试着从伊西赫、菲洛费和费奥道罗等人的作品手稿入手,在其他斯拉夫语手抄本基础上修正文本,然后根据四种不同的手抄本来校对。但这种尝试没有成功,因为几种手抄本综合在一起的结果是精华部分没有增加,错误反而增加了。于是他产生了一个想法,按照希腊原文修正古斯拉夫语的翻译,"重新从最开始的古希腊语翻译"。[①] 在这条路上帕伊西遇到了很大的困难,翻译教父的著作,需要翻译者很高的素养和水平,不仅要熟练掌握两种语言知识,而且要在整个文化方面掌握雄辩术、诗学、哲学和神学。帕伊西的摩尔达维亚语要比希腊语好,基于这种情况,他用以下方式完成了自己的翻译和编辑工作:他以自己的门徒(摩尔达维亚人修士司祭马卡里和伊拉里昂)在此之前完成的摩尔达维亚语的翻译作为基础,进行自己的翻译和编辑工作。但要求严格的帕伊西并不满意自己的翻译成果,他打消了出版的念头。帕伊西断然拒绝都主教费奥多西希望他提供自己翻译稿在俄罗斯出版的请求,他认为自己的翻译稿"不仅是出版印刷,就是抄写到别的地方也不合适"。[②] 根据他的意见,出版希腊语的《爱善集》应该更合适。

但是,都主教没有听取帕伊西长老的建议。在 1791 年,他命令从摩尔达维亚带来的翻译稿基础上,准备在俄罗斯出版《爱善集》。"帕伊西长老的门徒给都主教提供希腊语的原文以及这本书的帕伊西长老的翻译稿。根据都主教的指示,把它们先交给懂希腊语的亚

① Житие и писания молдавского старца Паисия Величковского. М. С. 202.

② Житие и писания молдавского старца Паисия Величковского. М. С. 210.

历山大-涅瓦科学院的教师,后来又交给谢尔基修道院的希腊语教师雅科夫·德米特里耶维奇·尼科利斯基检查修正,他们在很难懂的地方做了修改,在莫斯科主教公会印刷厂印刷。"[1]于是,1793 年在俄罗斯第一次出版了斯拉夫语版的《爱善集》。

## 三 圣帕伊西的长老制修行观及牧养方式

### (一) 帕伊西的长老制修行观

教授 B. 艾克杰姆普利亚勒斯基(Экземплярский)说过,帕伊西长老本人是古代东方的长老类型。[2] 他的长老制修行观可以从他的传记和书信以及著作中发现。主要有以下几方面:

### 1. 关于修行生活的分类

1766 年 5 月,帕伊西在给他的门徒季米特里的信中写道:"要知道,我的朋友,圣灵通过教父们,把修行生活分为三种:隐修独处;与一个或两个思想一致的弟兄共同生活;集体制修行"。[3] 帕伊西在这封书信中,对每一种修行方式都进行了详细的分析。他认为,隐修就是要求修行者远离俗世,去隐修院奉献自己的一切,包括肉体和灵魂。在自己与恶灵斗争中以及精神和肉体虚弱的时候,隐修士一个人既是助手,又是安慰者,为了神的爱,他回避俗世所有的安慰。与一个或两个有共同理想的弟兄共同修行,应该是在长老的引导下进行。在精神生活方面,长老是有经验者,无论是在肉体还是精神上,

---

① Житие молдавского старца Паисия Величковского, составленное схимонахом Митрофаном. М. 1993. С. 93 - 94.

② Экземплярский В. И. Старчество \ В книге: Дар ученичества. М. 《Руссико》, 1993. С. 221.

③ Протоиерей Сергеий Четвериков, Молдавский старец Паисий Величковский, Из журнала 《Вечное》, 1976. С. 90.

见习修士都应该顺从他。关于集体制修行,根据圣瓦西里的话,共同生活是根据基督和他门徒的榜样,共 12 个弟兄,还可以扩大到更多人,他们的出身各不相同。为了基督的名,所有的弟兄要求只有一个灵魂,一个思想,一个愿望,那就是一起服侍神,通过神的福音,相互负担,相互顺从,以自己的长老,也就是修道院的院长为首,服从他就像服从基督一样,坚决彻底地切断自己的意志和思想。而且,在集体修行中,为肉体所需的一切都应该是共同的。

帕伊西认为,第一种修行类型,也就是单独隐修,这种修行方式有一定的高度和难度,但同时也有许多诱惑;与一个或两个弟兄一起修行的方式被教父们赞颂,称它为"最佳路线",也就是一两个修士在长老的引导下修行;在集体制中,不只是服从自己的长老,所有的弟兄之间也要克制,要作他人脚下的尘土,像被卖的奴隶,带着克制和对神的敬畏服务所有人,毫无怨言地去忍耐极度贫困,食物和衣物的缺乏是集体制修行的特点。①

帕伊西虽然没有直接表明自己喜好哪种修行方式,但从叙述中可以看出他对第二种修行类型,即具有长老引导的"最佳路线",也就是长老制修行方式表示赞同,这与圣尼尔的观点一致。尼尔也是在三种修行生活方式中更喜欢"中间"的"黄金路线",把它称为隐修式的修炼方式,即两个或三个修士一起生活,有长老引导。这种修行方式,既是严格的隐修,又是集体制的,他认为修道院的集体制修行生活并不是最好的修炼方式。由此可见,无论是圣尼尔,还是帕伊西,对于修行生活方式的观点都是受古代东方修行传统的影响,都遵循古代圣

---

① Протоиерей Сергеий Четвериков. Молдавский старец Паисий Величковский. Из журнала 《Вечное》, 1976. C. 91.

徒们的修行传统，认为长老制修行方式是通向神化的"最佳路线"。

## 2. 关于心祷或耶稣祷告

帕伊西关于心祷或耶稣祷告学说，主要是在《关于心祷或内祷》[①]一书中，他用六章的内容来阐述自己对心祷或耶稣祷告的观点：

首先，帕伊西认为，心祷是古代教父们的操练，同时针对反对者们对这一神圣祷告的指责，帕伊西进行了坚决反击，捍卫了这一神圣祷告。他指出，除了用嘴发出声音的祷告以外，秘密的、看不见的、无声的、发自心底的祷告，像纯洁的牺牲祭品，是神所悦纳的。因为这是最应献给神的智慧，是与神结合的祷告。

其次，帕伊西就心祷或耶稣祷告的来源提出了自己的观点。他指出，根据圣徒们的记载，有两种心祷：一种是为了刚刚开始修行的人而设，使之行为（деяние）符合神意；另一种是为了已经取得一定修行经验的人而设，使之精神符合与神结合，即见神（видение）。第一种是开始，第二种是结束，因为行为符合神意是向见神目标努力的基础。克制、忍耐、斋戒、流泪等修炼以及让肉体疲乏，尽心尽力地完成教会和修道院的规章，这些都是为了符合神意和与神结合的手段。当理智还控制人的意志和意愿的时候，无论在什么情况下都不能称为行为符合神意和见神。如果神不造访他，不把恩典赐给他的话，任何人凭借自我判断和有意识地修炼达到见神阶段，都是不可能的。根据西奈的圣格里高利的观点，除了神恩赐的光，如果有人自己认为达到见神阶段，那个人所看到的光即是幻觉，不是见神，是被幻想的灵所迷住。心祷的坚实基础首先在主耶稣的话里："你祷告的时候，

---

① «Об умной или внутренней молитве», Издание третье Афонского Русского Пантелем-монова монастыря, Москва, Типолитография П. Ефимова, Большая Якиманка, собств. дом 1902.

要进你的内屋,关上门,祷告你在暗中的父,你父在暗中察看,必然报答你。"(《马太福音》6:6)"耶和华啊,我心呼吁你,求你应允我,我必谨守你的律例。"(《诗篇》119:145)"神的国就在你们心里。"(《路加福音》17:21)所以,帕伊西认为,心祷的源泉来自来旧约和新约。

另外,帕伊西提出,心祷是一种精神艺术,他把神圣的心祷称为精神的艺术,没有艺术家(指长老)引导,人自己是不能学会的,因为没有艺术的引导者,人不可能习惯这种祷告的操练。对于大多数人,甚至所有的人来说,掌握这种艺术是从学习中获得的;少数人不用学习,可以用痛苦的操练和信仰的力量,从神那里获到。为了获得这种神圣的操练,也就是心祷。帕伊西指出应该做如下准备:首先是顺从,其次是克制。另外,帕伊西指出,心祷要根据个人的情况进行。要给刚开始修行的人讲述心祷的外部方法。外部方法有两层意思:第一,精神不完善的人按肉体行事,对于祷告来说,集中精神是必须的,所以灵魂的静默应是在身体静默之前,也就是管理它;第二,心祷的实质是在心里用精神祷告,所以我们的精神应该指向内心,真正远离错觉。具体方法是调整呼吸,心与口在祷告时都应用到。祷文是:"主耶稣基督,神的子,宽恕我这个罪人吧。"

最后,帕伊西认为,心祷,也就是耶稣祷告是一种美德,在其《45句关于苦修的话》手稿①中他提到了这一观点。他认为,心祷是人与天使的共同事业,利用这一祷告人能很快接近天使的生活。祷告是

---

① Преподобный Паисий (Величковский), « Крины сельные или цветы прекрасные собранные вкратце от Божественного Писания », 由圣以利亚修道院出版的前言中介绍本书是由修士索夫龙尼所写,他曾在摩尔达维亚的尼亚梅茨修道院,后到长老帕伊西在阿封山建立的圣以利亚修道院。在他去世后留下了他带到这里的手稿,里面有45句关于苦修的话,其中渗透着长老帕伊西所写的教父的苦修思想。但不能完全确定手稿是否属于长老帕伊西自己的创作,或是翻译的作品,或者是从教父作品中摘录的。

所有善事和美德的源泉,能从人身上驱除情欲的阴暗。这种祷告是神圣的喜悦,这是唯一的宝剑,没有任何武器像它一样,能更快地斩除魔鬼;这种祷告像火一样温暖整个人,带给人无法表达的喜悦和快乐,由于这种喜悦,人会认为俗世的一切都是垃圾和灰尘。

在 18 世纪中叶之前,在摩尔达维亚和瓦拉希亚,"心祷的美德"很少有人知道。帕伊西引进心祷或耶稣祷告时曾经遇到修士们的反对。在德拉戈米勒修道院,帕伊西不得不写文章捍卫这种祷告,他借助圣徒们的有关言论批判、揭露了反对者的错误观点。至少在一段时间,他的修行观胜利了。但 20 年后,生活在布科维纳的年长的修士们发表信函,表示对耶稣祷告的不信任。那时,已经年迈的长老帕伊西被迫再次以简短的形式重申了自己的观点。围绕着耶稣祷告的斗争,最终以长老帕伊西的胜利而结束。[1] 帕伊西关于耶稣祷告的思想,在精神引导和牧养修士以及对长老精神的提升方面起了巨大作用。

## 3. 关于修士

关于修士的论述,帕伊西在关于苦修的 45 句话中指出:修士是基督戒律的执行者,满腔热忱的基督模仿者和参与者,日复一日、年复一年的苦修者,在精神修炼中的自愿牺牲者。修士是承受忍耐的一类人,他们是俗世中令人向往的一类人。修士在任何时候、任何地点和任何事情上只考虑神,他们是放弃俗世、不再有任何需要、对神全身心投入的人。

修士是坚定信仰神的一类人,他们不会主动选择死亡方式:或

---

① И. К. Смолич. Русское монашество 988 - 1917—жизнь и учение старцев. Москва. 1999. С. 410.

因人,或因野兽,或因繁重的劳动,或因什么其他情况,都会坦然接受。因为人不会有两次死亡,无论谁都不能逃脱一死。修士是为了天国,把一切交托给神的人,对于俗世来说是死的人,他已经不关心如何死。修士会知道,在任何地方他都会得到拯救。凭借信心,神会给我们恩赐,信心小,恩赐就少,恩赐是因忍耐而有福。通过我们的主耶稣,忍受苦难的人到最后会得到拯救。

## (二) 帕伊西修道院的长老制牧养方式

在长老帕伊西的传记中记载,帕伊西指出:顺从、不贪财、弟兄的爱是修行生活的基础。[①] 在雅西的修道院里,他在这一修行思想基础上,建立了自己独特的集体制修行方式,即把长老制与集体制修行生活相结合,这是一项艰巨的任务。甚至理解了长老制重要性的修士们,也不愿意在自己集体制修行生活中设立长老制,他们认为,长老制只适合于单人修行室或隐修院。[②] 但是,帕伊西还是克服了重重困难,最终,他按照自己的想法,在修道院里建立起了长老制和集体制修行方式相结合的精神牧养体系。

在帕伊西的修道院里,任何修士都不敢声称什么东西是"自己的",因为一切都是共同的、作为神赐的,食物也是一起分享。特殊的饮食只为病人和残疾人准备。在修道院里,所有的工作都由修士来完成。因为在共同劳动的条件下才可能表现出自我意志、不顺从以及反抗,所有人互相观察监督,看是否有不顺从的表现和破坏神的戒律行为。顺从被认为是第一美德,克制、忍耐、善意地对待他人,向着

---

① Протоиерей Сергеий Четвериков, Молдавский старец Паисий Величковский, Из журнала «Вечное», 1976. С. 94.

② И. К. Смолич. Русское монашество 988 – 1917—жизнь и учение старцев. Москва. 1999. С. 410.

修行的更高目标(克服情欲)努力。实现这一目标,首先要切断个人意志和自我见解,还要在心里静默祷告,每个修士完成自己的职分,用同样的爱服务于院长和修士。在修行室里,修士们读圣经和教父的著作,流着泪,跪着向基督和圣母呼唤,请求给他们力量,取得成绩的修士从长老那里获得学习心祷的恩典。见习修士应该每晚到长老那里忏悔,每到傍晚,在祝福中,修士们拿着蜡烛聚到食堂。长老帕伊西走进来读教父的著作,如:圣大瓦西里关于修行的语录,或是斯图底的费奥道罗的语录,或者是新神学家西蒙的语录。诵读的语言会更换,一个晚上用教会斯拉夫语;另一个晚上用摩尔达维亚语,但缺少教堂里的赞美诗诵读。

在帕伊西修道院里精神牧养修士的情况,通过帕伊西写给他朋友季米特里的信中可以看出:

在我们修道院里,无论是谁都没有个人的东西,甚至在头脑中都不具有什么自己的,因为他们确信,如果有什么自己的,那是一条背叛者犹大的路。任何人如有哪怕最细小的东西,都要放到长老的脚下,把它献给主,把自己的灵魂和肉体一起献给顺从,直到死。没有这一条件,任何人都不能进入这一修道院。

第二个必要条件是切断个人意志和思想,严格遵守顺从。坚持自己集体制中的以上两个基本要求的同时,我们努力准确遵守所有其他的集体制规章。爱主,为了对他的爱,无论俗世的什么幸福,修士都要放弃它,背起自己的十字架跟随主。他们努力相互分担重负,只有一个灵魂和心,彼此呼唤去做善事,彼此在对自己长老的爱和信上超越。看见这些我满心高兴,眼含热泪地感谢神,他把自己的奴仆恩赐于我,让我与他们一起生活,

面对面地安慰他们。确实,在我们的集体中不是所有人的精神成长程度都能够一致,这是不可能的事情。一部分人,放弃自己的意志和思想,在所有方面顺从于我,他们经受忍耐欺侮、责备、各种克制,在这些情况下充满喜乐,仿佛他们满足了神。他们心中充满自责,认为自己比所有人都差,不配一切。另一部分人,人数也很多,他们堕落又站起,犯罪又后悔,责备和诱惑交织,但他们不落后于第一部分人,含泪向神祷告寻求帮助。最后一部分人,人数不多,他们还完全不能吃坚硬的食物,也就是不能忍耐责备和诱惑。他们需要受人喜欢的仁爱和宽恕的牛奶来牧养,直到他们步入适合忍耐的精神年龄。他们努力用渴望拯救的真诚和不断自责来填补自己的软弱和不足。尽管每个人的精神年龄不同,所有的弟兄同样都充满渴望和支持神的福音,相互结成神爱的联盟。……①

从帕伊西的这封信中可以发现,在帕伊西的修道院里,对修士精神的牧养,既有长老制的牧养方式,也有集体制规章的约束。长老制牧养方式是基础,长老制中的顺从长老、切断个人意志和思想的要求,是进入帕伊西修道院的先决条件。加之修道院集体制规章,两者结合在一起,因人而异,因材施教。按照修士精神修炼的水平,进行分类,每一类的牧养方式不同。具体情况可以从帕伊西长老的信中看到,他把修道院里的修士,按照修炼水平分成了三类:第一部分人,是信心坚定,能够承受艰苦修炼的人;第二部分人,是信心不稳定的人,他们时而坚定,时而软弱;最后一部分人,是信心软弱,还不能

① Протоиерей Сергеий Четвериков, Молдавский старец Паисий Величковский, Из журнала «Вечное», 1976. C. 95.

承受精神磨练的人,对他们还要宽容和鼓励,逐步坚定他们的信心。帕伊西利用长老制和集体制相结合的方式,根据每一部分人的承受力来有针对性地牧养。刚开始修行而且信心不稳定的人由长老引导,信心坚定的人可以在集体制规章下,自己修行。这样就能够发挥各自牧养方式的优势,扬长避短,促进修道院修行水平的提高。

## 四 圣帕伊西修行思想在俄罗斯的传承

俄罗斯的精神运动在帕伊西的影响下可以分为三个主要流派,北方的、中央的和南方的,在这三个流派的形成和发展中,一方面是对帕伊西修行思想的传承,另一方面是在此基础上逐渐形成自己的特色。

### (一) 在北部的传承

俄罗斯最北部的索洛韦茨基修道院(Соловецкий монастырь)的修士司祭费奥凡(Феофан)是帕伊西的门徒,也是帕伊西修行思想的传播者。是费奥凡把帕伊西长老的训诫带到索洛韦茨基修道院,使帕伊西思想在索洛韦茨基修道院生根发芽。在亚历山大-涅夫斯基大修道院(Александро-Невская лавра)里,且是在帕伊西长老生前,以诺夫哥罗德和拉托涅日的都主教加百列(Гавриил)为首,形成了崇拜和追随帕伊西者小组。长老帕伊西曾委托都主教加百列把《爱善集》从希腊语翻译成俄语。由于都主教加百列的影响,帕伊西的长老制修行思想在俄罗斯北部地区得到推广。

在瓦拉姆(Валаам)和亚历山大-斯维尔斯基修道院(Александро-Свирский монастырь),有两位帕伊西长老的门徒:修士司祭费奥道罗(Феодор)和修士司祭克列奥帕(Клеопа)。他们都是在 1801 年从摩

尔达维亚来到俄罗斯,克列奥帕生于乌克兰,费奥道罗来自奥尔罗夫省的卡拉切夫。他们在帕伊西长老的修道院修行多年,在那里接受修行剃度,并由帕伊西亲自引导修行。到达俄罗斯后,开始他们在切尔斯克修道院(Челнский монастырь)修行,后来在别洛别列日斯基修道院(Белобережский монастырь)修行。1811 年克列奥帕和列昂尼德(Леонид)(后来的奥普塔长老)搬到瓦拉姆,后来费奥道罗也搬到了那里。他们在瓦拉姆修道院生活了五年,根据长老帕伊西的训导继续进行心智修炼。1816 年,长老克列奥帕在瓦拉姆修道院去世,费奥道罗和列昂尼德去了亚历山大-斯维尔斯克修道院,在那里他们得到沙皇亚历山大一世的关注。1822 年的复活节那天,费奥道罗在亚历山大-斯维尔斯基修道院去世,几年后,列昂尼德与自己的门徒去了奥普塔修道院,在那里一直生活到 1841 年去世。帕伊西长老的门徒费奥道罗和克列奥帕在瓦拉姆和亚历山大-斯维尔斯基修道院生活时,把帕伊西的修行思想带到这两个修道院。通过这两个修道院的长老和修士,又把帕伊西的修行思想传到其他修道院。例如,瓦拉姆修道院的忏悔神父耶夫菲米(Евфимий),他有一个学生叫伊拉里昂(Иларион),通过伊拉里昂把长老帕伊西的传统又带到尼古拉-巴巴耶夫斯基修道院(Николо-Бабаевский монастырь)。

在俄罗斯北部地区,正是通过帕伊西学生的努力,使帕伊西长老的修行传统在这一地区得到继承和传播。而在某些北部修道院里,长老帕伊西的修行传统是来自中部地区的修道院,这也说明了帕伊西的修行传统在中部地区得到传承。[1]

---

① Протоиерей Сергеий Четвериков. Молдавский старец Паисий Величковский. Из журнала «Вечное». 1976. С. 256.

## (二) 在中央地区的传承

在中央地区,首先是指帕伊西长老的门徒克列奥帕(Клеопа),他是另外一个克列奥帕,不是北部地区的修士司祭克列奥帕。从阿封山到德拉戈米尔斯基修道院(Драгомирнский монастырь),这个克列奥帕一直在长老帕伊西身边修行。他大概是在 1778 年到了俄罗斯,成为奥斯特洛夫斯基修道院的院长。他是一位杰出的苦修者,也是心智修炼的保持者。他在奥斯特洛夫斯基修道院实行阿封山的集体制规章和帕伊西的长老制修行传统,后来他的门徒继承了这一传统。在克列奥帕之后,他的门徒伊格纳季成为奥斯特洛夫斯基修道院的院长,后来伊格纳季又成为莫斯科教区的别什诺什斯基修道院的院长。1788 年他被任命为季赫温修道院的修士大司祭,根据都主教加百列的恩准,在那里实行长老制和集体制规章。1795 年他到了莫斯科西蒙诺夫修道院,在那里也实行了长老制和集体制规章,于 1796 年在此修道院去世。

在伊格纳季之后,长老克列奥帕的另一个门徒修士大司祭马卡里成为别什诺什斯基修道院的院长,直到 1811 年去世。他与长老帕伊西有精神交流和书信往来,曾经从帕伊西长老那里收到一件礼物,那是一根手杖。[①] 他领导别什诺什斯基修道院进行内外秩序建设,支持修士集体修行。后来,许多修道院的集体制规章取自于别什诺什斯基修道院,这些修道院主要包括:戈卢维斯基、莫斯科的斯列杰斯基、基里尔-诺娃耶杰尔斯基等修道院。马卡里在俄罗斯修行生活和长老制历史上有特殊的意义,因为他的门徒中有 24 位院长。例如,

---

① Протоиерей Сергеий Четвериков. Молдавский старец Паисий Величковский. Из журнала «Вечное». 1976. С. 257.

长老马卡里的门徒阿夫拉姆,后来成为奥普塔修道院的院长;马克西姆成为别什诺什斯基修道院的院长等等,他们都为帕伊西修行思想的传播做出了贡献。

帕伊西的修行传统在俄罗斯中央地区的莫斯科得到长足发展,在莫斯科有两个帕伊西精神运动的中心:西蒙诺夫修道院(Симонов монастырь)和诺沃-斯帕斯基修道院(Ново-спасский монастырь)。帕伊西长老的门徒保罗在西蒙诺夫修道院修炼,他的苦修精神不断影响着其他人。保罗的门徒修士司祭约瑟,后来成为西蒙诺夫修道院的副院长。另外,在西蒙诺夫修道院还有帕伊西长老的另一个门徒阿尔谢尼。由于他们的影响,在西蒙诺夫修道院实行集体制和长老制修行方式。

在诺沃-斯帕斯基修道院著名的长老修士司祭菲拉列特和亚历山大,他们通过帕伊西的门徒阿法纳西,认识了长老帕伊西。阿法纳西在长老帕伊西那里修行了七年多,并接受了修士剃度。根据长老的命令,他从事摘录教父书籍中关于祷告、克制、忍耐、顺从、爱等美德的训导。由于一些必要的事情,1777年他到了莫斯科,长老阿法纳西在诺沃-斯帕斯基修道院的修士司祭亚历山大和菲拉列特那里停留,并就心智修炼问题与他们进行了交流和探讨。在交流过程中,两位修士司祭了解了帕伊西的修行思想,由此产生了对帕伊西长老的尊敬和爱戴之情。他们通过书信向帕伊西请教有关教父著作和精神修行方面的问题,正是通过这种书信交流的方式,修士司祭亚历山大和菲拉列特得到了长老帕伊西的精神引导。

奥普塔修道院是俄罗斯东正教长老制历史上最著名的修道院之一。这一修道院是著名的莫斯科都主教普拉东从废墟中恢复建立的,他在修道院里任命别什诺什斯基的修士大司祭马卡里的门徒阿夫拉姆为院长。这一任命把帕伊西的精神影响带到了奥普塔,因为阿夫拉姆是马卡里的门徒,也是长老帕伊西的仰慕者,帕伊西思想传统的保持者,他在奥普塔实行长老制牧养方式和集体制规章,提高了奥普塔修道院的精神生活。

主教菲拉列特管理卡卢加教区时对帕伊西充满崇敬,他像都主教普拉东一样把注意力放在了奥普塔修道院上。为了提高修道院的修行生活,他决定建立一座奥普塔所属的隐修院。为此他邀请了雅罗斯拉夫森林隐修者多西费(Досифей)、摩西(Моисей)、安东尼(Антоний)等人,这些人奠定了奥普塔隐修院的基础。过了几年,摩西成为了奥普塔修道院的院长,他的弟弟安东尼成为了隐修院的院长。因此,奥普塔的精神生活集中到了帕伊西思想的继承者手中。1829 年亚历山大-斯维尔斯基修道院的长老费奥道罗的门徒修士司祭列昂尼德来到这里,他的到来奠定了奥普塔杰出长老制的基础。

综上所述,在奥普塔修道院,由多条渠道传入的帕伊西精神在这里汇集:阿夫拉姆把帕伊西的传统从马卡里那里带来;摩西和安东尼从卢卡加地区带来帕伊西的传统;而列昂尼德从费奥道罗和乌克兰克列奥帕那里带来帕伊西的传统。正是由于各种精神思想的汇合,奥普塔的长老制获得了极大的发展,使奥普塔修道院成为当时著名的精神修行中心之一。

## (三) 在南部地区的传承

俄罗斯东正教长老制的南部分支,最初也是源于长老帕伊西。在俄罗斯南部地区有帕伊西的门徒——修士格拉西姆(Герасим),他曾是帕伊西长老的剃度修士,后来去了俄罗斯,生活在索夫龙尼修道

院。格拉西姆把帕伊西的修行思想带到了索夫龙尼修道院,在索夫龙尼修道院也实行了长老制牧养方式和集体制规章。

帕伊西长老的另一个门徒,修士司祭瓦西里(Кишкин),在俄罗斯南部最具影响力。他生于库尔斯克的贵族家庭,徒步朝圣来到阿封山,又到摩尔达维亚,在长老帕伊西那里修行了很长一段时间。回到俄罗斯后,瓦西里来到了白别列加修道院,同时也把帕伊西的修行传统带到了这里,并使之发扬光大。因为瓦西里成为白别列加修道院(Белобережский монастырь)的院长之后,在修道院里实行帕伊西的长老制牧养方式和集体制规章,提高了修道院的修行水平。后来,瓦西里又去了克列梅涅茨基、萨罗夫等许多修道院,在这些修道院里,他拥有大量门徒,这些门徒成为了帕伊西修行思想的继承者和传播者。瓦西里的门徒中有一些著名的人物,例如,奥普塔的列昂尼德长老曾在白别列加修道院修行,并处于瓦西里的引导之下。

另外,俄罗斯南部地区的格林斯基苦修路线起源于长老瓦西里的门徒,那就是著名的苦修者菲拉列特以及修士大司祭费奥多西。他们来自摩尔达维亚,后来在格林斯基隐修院修行。同样,他们也把帕伊西的修行思想带到这里。这里后来走出了一些著名的苦修者,例如,有洞察力的修士大司祭马卡里、伟大的隐修者和持斋者长老马尔基里等人。

后来,长老帕伊西修行思想得到进一步传播,在俄罗斯的影响扩展到 35 个教区的修道院。在这些修道院里有他众多的门徒:莫斯科教区的修道院有 14 人,奥尔洛夫教区有 12 人,卡卢日加 9 人,诺夫哥罗德 7 人,弗拉基米尔 6 人,库尔斯克和斯摩棱斯克各 5 人,奥洛涅茨 4 人,彼得堡、图拉、沃洛涅日、奥伦堡和乌菲姆斯克平均 3 人,科斯特罗马、普斯科夫、基辅和切尔尼戈夫平均2人,其余1人。[①] 正是帕伊西的这些门徒以及他思想的追随者,把帕伊西的修行思想传播到整个俄罗斯大地,为东正教长老制在俄罗斯的复兴和繁荣创造了有利条件。

## 第二节　奥普塔修道院的长老制

在俄罗斯东正教长老制的传播和发展中,奥普塔修道院功不可没。在修道院恢复之初获得了帕伊西传统的精髓,在此之后,奥普塔修道院一直沿袭帕伊西的精神修行传统。但随着时间的推移,奥普塔修道院又有了自己的独特性。在修道院里的一切,包括修道院的规章、设立的祷告仪式、共同修行的秩序以及修士团结一致的精神,所有的这些,使修士们在奥普塔修道院获得了警醒、喜乐和平静等修行经验。只要踏进这座修道院,虔敬的祷告者或朝圣者立刻就能感觉到这里神的亲近性,不由自主地要去接近神。奥普塔修道院是俄罗斯东正教长老制复兴的独特表达,它是俄罗斯东正教精神修行的顶峰,人们不断到奥普塔长老那里寻求安慰、医治、建议和引导。[②]

### 一　奥普塔修道院的历史

奥普塔修道院(Козельская Введенская Оптина пустынь)位于卡

---

① Протоиерей Сергеий Четвериков. Молдавский старец Паисий Величковский. Из журнала «Вечное». 1976. С. 283.

② И. М. Концевич. Старчество: Стяжание духа святого в путях древней Руси. Глава 4: Краткий обзор последующей эпохи. (XVIII - XX вв.). Издательство «Посад». 1994.
http://www. lib. eparhia-saratov. ru/books/. . . /contents. html

卢加州,离小城科泽利斯克四公里,在日兹德拉河的右岸。直到 16
世纪初,科泽利斯克一直处在切尔尼戈主教的教会管辖之下。根据
奥普塔修道院的修士大司祭列昂尼德(卡维林)的描述,修道院建于
15 世纪上半期,由公爵弗拉基米尔·安德列耶维奇·赫拉博雷
(Владимир Адреевич Храбрый)创立,但没有确切的编年史证明。据
地方传说,修道院的建立是由于一个悔过自新的强盗奥普塔的誓言,
从此它开始叫奥普塔修道院。更确切地说,"奥普塔"一词来源于"成
批的"(опт),意思是"一起的""整体的""总数的"。例如,沃尔霍夫修
道院从来都是男女修士一起修行,在 17 世纪初以前,它被称为"共同
的修道院"。到了 16 世纪初,许多俄罗斯修道院被分成两部分,男修
道院和女修道院,但在一个神父领导下。显然,奥普塔修道院曾是那
种"共同的"修道院。至少在 1670 年以前,在科泽利斯克还没有一个
女修道院,在奥普塔的追荐之人名簿上,有追悼亡灵的女苦行修士的
记录。[1]

在 16 世纪末才出现首批关于奥普塔修道院的文献资料,奥普塔
修道院的大司祭是院长,这证明修道院地位的提高。据史料证明,在
17 世纪,奥普塔修道院算是小型修道院,人数在 12 到 20 人之间。奥
普塔修道院在 18 世纪,没有任何发展。因为,根据沙皇的命令,自
1704 年 3 月 25 日起奥普塔修道院失去了主要收入来源,只能靠磨
坊、捕鱼和河道运输的收入来维持修道院的日常生活。[2] 加之,根据
主教公会的命令,从 1723 年 1 月 28 日起,"在高级主教管辖区内的
所有修道院,不能给任何人剃度修行,空缺由退役的士兵来补充"。[3]

① Монашество и монастыри в России XI - XX века, Москва «наука» 2002. С. 233.
② Монашество и монастыри в России XI - XX века, Москва «наука» 2002. С. 233.
③ 1. ПСЗ. Т. VII. №4151. С. 18.

这项命令又限制了奥普塔修道院修士人数的增加,不利于修道院规模的扩大和发展。更为严重的是,在废除牧首制和推行宗教章程之后,彼得颁布了关于废除所有贫困的小修道院的法令:"1724 年 2 月 5 日伟大的最高权力者彼得沙皇陛下,全俄罗斯的君主,在陛下的冬宫,在圣主教公会和政府参政院参与下,颁布命令:根据宗教条例的内容,人数少的修道院和小型修道院合并整合,不得拖延,上述小修道院全部撤销。"①

圣主教公会成员,大主教列昂尼德指派别列夫修道院的修士大司祭吉洪去执行命令。把奥普塔修道院教堂的和修行室的所有砖制和木制建筑、教堂的器具、不动产的契约和现金、器皿、土地以及所有的修士和白神品神职人员,逐一登记;把在粮仓里和播种中的所有粮食、在围栏里的牲畜和马匹及马具等列出清单,派专差登记报送到高级主教办公室,大量物品被搬到了别列夫和普列奥布拉任斯基修道院。由于长期捐献人御前侍膳安德烈·舍佩廖夫(Андрей Шепелев)的说情,奥普塔修道院才幸存下来。但挽回财产的过程持续了不止一年的时间,一贫如洗的修道院长期只能靠菜园和施舍度日。②

此后,修道院的院长修士司祭阿夫拉米(Аврамий)吸引了一些新的捐助者,借助他们的帮助修道院得以重新建设。1796 年,都主教普拉东视察奥普塔修道院,参观了周围地区和一些建筑物,并决定把佩斯诺什斯基修道院的章程引入奥普塔修道院。19 世纪初,奥普塔修道院归属于卡卢加主教辖区,教区从 1819 年起由菲拉列特管理。他

① 1. ПСЗ. Т. VII. №4183. С. 30 - 31.
② Зырянов. П. Н. Монашество и монастыри в России XI - XX века: В. А. Кучумов. Русское старчество. М. 2002.

的名字与奥普塔修道院引入长老制有关,菲拉列特邀请了隐修者摩西和安东尼,积极筹备和组织建立了奥普塔修道院的下属隐修院,并把帕伊西的长老制牧养方式和苦修传统带到奥普塔。从此,奥普塔进入了新的发展时期。[①]

## 二 奥普塔修道院的长老制传统

### (一) 列昂尼德的长老制

长老列昂尼德是奥普塔修道院长老制的奠基人,他以自己崇高的精神生活、深刻的智慧、敏锐的洞察力、医治的恩赐,对修道院的修士和周边的居民以及来此地的朝圣者产生了巨大影响,获得了很高的知名度。为了从他那里获得有益的建议和安慰,解除痛苦,人们从四面八方涌向他。每年到他这里来的人数都在增加,长老不仅在外部提升了奥普塔的声誉,而且在内部提升了奥普塔修道院的精神生活。

长老列昂尼德(Леонид,1768—1841 年)生于一个市民家庭,在俗世的名字叫列夫·纳戈尔金(Лев Наголкин)。大约 30 岁时进入当时不太有名的卡卢加省的奥普塔修道院,两年以后,他转到奥廖尔省的白别列加修道院。阿封山的门徒、修士司祭瓦西里·基什金任院长当时在那里,他是一位很有天赋的长老。1801 年,列夫·纳戈尔金剃度为修士,被赐名列昂尼德。在长老瓦西里的引导下,年轻的修士开始了自己的修行生活。5 年以后,长老瓦西里隐退,列昂尼德已经成为修士司祭,被选为院长。在被选为院长之前,他曾在来自摩尔

---

① Воспоминания архимандрита Пишена, настоятеля Николаевского монастыря. М. 1817. С. 52 - 53.

达维亚的长老费奥道罗的精神引导下修行,费奥道罗曾是帕伊西的门徒和朋友,通过他列昂尼德接触到了帕伊西的修行思想。

两年以后,长老列昂尼德辞去了院长职务,开始与长老费奥道罗和修士司祭克列奥帕一起生活在修道院的森林茅舍里。在这里,列昂尼德受戒为苦行修士,他们享受孤独修行的时间不长。因为他们的名声很快传到了俗世,于是人们向他们靠近。为了安静的苦修,他们告别了森林里的茅舍,来到了拉多加湖边上的瓦拉姆修道院。当时列昂尼德40岁,他在瓦拉姆修道院还不能被所有的修士接受,特别是那些有了教职的人,他们认为长老制对自己的地位构成威胁。瓦拉姆修道院的院长就是那样的人,所以费奥道罗和列昂尼德遭到排挤,被迫搬到亚历山大-斯维尔斯基修道院。后来长老费奥道罗去世,从那时开始,就有许多人开始寻求列昂尼德的引导。1829年,长老列昂尼德从亚历山大-斯维尔斯基修道院来到奥普塔,他是有神父教职的苦行修士。但他没有居住在奥普塔修道院,而是住在隐修院,离修道院不远。隐修院由简单的木制教堂和几个小房子组成,在里面住着几个修士。那里与世隔绝,四面被浓密的森林所围绕。每天列昂尼德长老接待需要精神帮助的平信徒,为那些忧虑的人指明道路,摆脱忧愁的阴云。

长老列昂尼德的修行方式和日常作息都是按照帕伊西的修行传统进行的。每天,长老起得很早,凌晨2点门徒们就聚集到他那里,来参加早上的例行祷告。除了两次短暂的休息,他一整天都在从事祈祷仪式和祷告。在傍晚例行祷告之后,隐修院的修士们留在长老的修行室,向他敞开心扉,倾诉自己的苦恼,交流思想。在这里有时也会读福音书或《爱善集》中的章节。每两周长老在隐修院教堂举行一次圣餐仪式。他睡眠不足三小时,每天吃两餐,每餐的食物量很

少。他的衣服很破旧,但在修行室里接待客人时总是穿白色亚麻的衣服。在与客人讲授训诫或福音时,他手里会拿着一些窄的腰带,之后送给客人。他总是叨念耶稣祷告或唱教会圣歌。[1]

主教伊格纳季·勃良恰尼诺夫(Игнатий Брянчанинов,卒于1867年)是长老列昂尼德的门徒,他写过列昂尼德和马卡里的传记,指出两位长老都用圣徒和圣经的话语来引导人,这种方式很有说服力。列昂尼德对待自己的门徒既严肃,又幽默,话语中经常使用民间俗语和谚语。在他的长老制中,有些方式类似于故作癫狂,人们特别喜欢这种引导方式。一位俄罗斯研究者这样描述那样的故作癫狂:"不理解俄罗斯的故作癫狂就不能理解长老制,长老制与它有着紧密的亲缘关系,甚至是在长老不是疯癫修士的情况下。"[2]

另外,列昂尼德长老通过书信方式引导远方的平信徒,在给他们精神上安慰和鼓励的同时,也向俗世传播了长老制修行方式的理念和内容。下面就是长老列昂尼德写给一位平信徒信中的一段话:

> 你抱怨强烈的肉体情欲和病痛还在逼迫你,随着时间的推移,它们没有减弱,反而加强。我的教女,你的爱会感知到,所有敌人-魔鬼,他们会使用各种凶狠、阴险的花招,让你不能确定,你是否完全控制了你的怒气和肉体的情欲。你要相信,你暂时的平静不是因敌人软弱下来,而是你通过祷告,神的恩典在帮助你。……从你的讲述中可以看出,在你身上很少有克制,要记

① И. К. Смолич. Русское монашество 988 - 1917—жизнь и учение старцев. Москва 1999. С. 421 - 422.

② И. К. Смолич. Русское монашество 988 - 1917—жизнь и учение старцев. Москва 1999. С. 423.

住：在忍耐中获得心灵的财富。①

从上面信的内容中可以看出，长老列昂尼德是在帮助一位身处痛苦中的平信徒。他引导这位平信徒，要用祷告和克制来解除痛苦，战胜情欲。祷告和克制在长老制中也是长老牧养见习修士的内容。可见，奥普塔的长老正是在引导和帮助平信徒的过程中，把长老制的理念传播到俗世。

所以，**从列昂尼德开始，俄罗斯东正教长老制的历史发生转折**。②长老帕伊西、克列奥帕、费奥道罗、费奥凡等人，他们接收门徒是为了正规的宗教培养，努力把见习修士培养成真正的修士。列昂尼德延续了上述长老们的传统和精神，同时开创了新的时代，他创造了自己独特的奥普塔修道院精神流派，即把长老制从封闭状态带到俗世。长老通过教诲和祝福，使长老制得到传播，成为服务所有人的手段。这一流派在俄罗斯宗教生活中起了巨大的作用，其影响长达近百年的时间。

## （二）马卡里的长老制

长老列昂尼德的精神引导活动开始向人民深层拓展，引导对象大多是工人、商人、市民等，很少有贵族去他的修行室寻求交流和帮助。长老马卡里是列昂尼德的追随者，某种程度也是他的门徒，但马卡里的长老制牧养方式和对象，有别于列昂尼德，这是由马卡里的出身背景和性格特点所决定的。

---

① Г. Г. Гуличкина. Письмо великих оптинских старцев. XIX век. Москва：Сретенский монастырь. 2001. С. 41.

② И. К. Смолич. Русское монашество 988 - 1917—жизнь и учение старцев. Москва 1999. С. 422.

长老马卡里(Макарий,约 1786—1860 年)生于奥尔洛夫省一个贵族地主家庭。一天他去拜访普洛先斯基修道院,在那里居住着帕伊西的门徒——长老阿法纳西,后来两人关系亲密,修道院的祈祷仪式和全部生活给年轻人留下深刻的印象。于是他决心留在修道院修行,马卡里在普洛先斯基修道院修行了 24 年(1810—1834 年)。在长老阿法纳西的精神引导下,马卡里深受长老帕伊西的修行思想影响,这种引导长达 14 年。1834 年,已经成为修士司祭的马卡里转到奥普塔修道院,他与长老列昂尼德熟知已久,而且交往密切,两位长老相互影响,深化了各自的长老制牧养方式。

## 1. 马卡里的长老制牧养方式

长老马卡里个子矮小,长相一般,说话有时有些口吃。但他性格温和、善良,喜欢音乐,十分熟悉和理解教会音乐。除此之外,长老马卡里对学术著作也十分偏爱,他的修行室里摆放着各种修行书籍和教父著作。在长老列昂尼德去世后,在 20 多年的时间里,长老马卡里一直是奥普塔精神生活的中心。与列昂尼德的长老制相比,马卡里的长老制风格以睿智著称,他对来访者态度平静,从不开玩笑。而长老列昂尼德拥有很快掌控一切的能力,他有俄罗斯农民的特殊智慧,并能在自己的长老制牧养实践中进一步发展这种智慧。而长老马卡里能够深入分析苦修者的思想观点,他一生都在研究这些苦修者的著作。他总是用例子和证明来充实自己的话,许多人都惊讶于他解决神学难题的能力,深奥难懂的神学问题,在他那里变得十分简单、容易。马卡里与列昂尼德一样,都通过书信来与远方的信徒沟通,在他们的长老制牧养方式中,书信起了重要作用。马卡里牧养的许多门徒,从来没有见过他,尽管他们相隔遥远,但依靠书信,门徒们依然处于他的引导之下。几个女修道院也是以此方式,通过书信由他引导。[①]

## 2. 马卡里的长老制牧养方式对俗世的影响

马卡里通过自己长老制的牧养方式,对俗世一些人产生了强烈的影响,许多职位很高的军官放弃自己在首都的显赫地位,来到奥普塔修道院修行。据《奥普塔的长老们》[②]一书记述:立陶宛的大主教尤维纳利就是其中之一,他曾是一名军官,脱下军装来到奥普塔成为一名修士,也成为马卡里的门徒。还有一位年轻的学者康斯坦丁·泽杰勒戈利姆(Константин Зедергольм),他是莫斯科路德教区长的儿子,在马卡里的影响下转入东正教,后来成为教父克利门特,他对奥普塔起了重要作用。许多诗人和学者都到过马卡里的修行室,长老马卡里与著名哲学家伊万·瓦西里耶维奇·基列耶夫斯基(Иван Васильевич Киреевский,1806—1856 年)有着特殊的关系。

长老菲拉列特把基列耶夫斯基介绍给马卡里,随着时间的推移,伊万·瓦西里耶维奇成为长老马卡里的常客,后来又成为长老忠实的学生。基列耶夫斯基给自己的朋友科舍廖夫写过这样一段话:"所有书和所有思维的实质,去找东正教的长老,他可能是你的导师,你可以把自己每一个想法告诉他,听到关于这一想法的意见,即使不是长老的,也是智慧的、教父的意见。"[③]基列耶夫斯基还把自己的文章《俄罗斯的启蒙》寄给长老马卡里,请求长老指正。在自己所写的另

---

① И. К. Смолич. Русское монашество 988－1917—жизнь и учение старцев. Москва 1999. С. 425－426.

② Старцы оптиной пустыни: Преп. Макарий. 1992.
   http://www.wco.ru/biblio/books/optina2/main. htm

③ И. К. Смолич. Русское монашество 988－1917—жизнь и учение старцев. Москва 1999. С. 426.

一篇文章《哲学新原则的可能性和必要性》中，基列耶夫斯基认为，神秘主义直观应该是哲学的基础。从这篇文章中可以看出，马卡里的长老制理念已经影响到了基列耶夫斯基，通过他又渗透到了俄罗斯思想界。

俄罗斯作家果戈理（1850年7月和1851年9月）也拜访过长老马卡里，他第一次去奥普塔修道院后，写信给 A. П. 托尔斯泰，信中写道："我认为，阿封山不是最好的。明显的那里（奥普塔）有神恩的存在，这在外边就可以感受到。虽然我们不能为自己解释为什么，但无论在哪里我都没有看到那样的修士。我觉得，可以与他们中的每一个人倾谈所有的事情……距离修道院还有几俄里，你就已经感到它的芬芳：一切都变得那么和蔼可亲。感谢神，有它（奥普塔），人的命运更好。"[①]通过这段文字可以看出，奥普塔修道院给作家果戈理留下了深刻的印象，让他感觉到了奥普塔修道院伟大的精神力量和魅力。

修士大司祭尼科季姆指出，在19世纪初，关于俄罗斯精神-苦修的文献很少。之所以神秘主义内容的书籍能够被允许印刷，应当归功于长老马卡里和他的门徒以及一些知识分子信徒，是他们实现了拯救长老们思想的工作，出版工作也得到了莫斯科都主教菲拉列特的支持。在长老马卡里的领导下，莫斯科神学院教授戈卢宾斯基和基列耶夫斯基以及几个奥普塔的修士一起翻译出版了教父们的著作，包括长老帕伊西·韦利奇科夫斯基的传记作品、圣尼尔的作品等。[②] 这些作品对长老来说是必要的建议和指导，对刚修行的人来说

---

① Н. В. Гоголь. Полное собрание сочинений. Москва. 1953. Том. 14. С. 194.

② И. К. Смолич. Русское монашество 988‑1917—жизнь и учение старцев. Москва 1999. С. 427.

也是一种引导,对平信徒来说加深了他们对东正教长老制修行方式的理解,对俄罗斯东正教长老制影响俄罗斯民族精神和文化来说则起了促进作用。

## (三) 阿姆夫罗西的长老制

长老阿姆夫罗西继承了奥普塔长老制传统的成果,他的精神引导的特点是深刻理解各种普通生活现象,但把一些新的特征带入了长老制的牧养方式中。他的生活道路区别于其他的长老。

长老阿姆夫罗西(Амвросий,1812—1891 年)出生于一个贫穷的教堂诵经士家庭。他从小受到宗教教育,曾担任过宗教学校的老师。1839 年秋天,他来到奥普塔,进入长老列昂尼德的修行室,成为长老列昂尼德的男仆。列昂尼德去世后,他又受到长老马卡里的引导。因为接受过宗教教育,具备一些神学知识,阿姆夫罗西帮助长老翻译教父的书籍。在这段时间他病得很重,留下后遗症,一生都体弱多病。疾病对他的修行观念影响很大,正是由于疾病,他获得了特殊的洞察力。在长老马卡里去世后,长老阿姆夫罗西接手领导翻译教父文献的工作。但他没有在这一工作中找到最大的满足,他觉得引导人的心灵比翻译教父书籍更重要。所以,长老阿姆夫罗西开始接待来自四面八方的信徒,帮助和引领他们,解除他们精神上的痛苦和疑惑。在他的修行室里,经常可以看到大量的、来自各个阶层的拜访者。

长老马卡里的功绩是使奥普塔受到了学者们极大的关注。19世纪 60 年代,对俄罗斯而言,宗教生活在国家中的地位有所动摇。部分知识分子倾向于唯物主义世界观,在思想和精神上,他们试图使一些有教养的东正教徒脱离教会。长老制复兴的意义在于,它成为

反对这一企图的支柱。长老阿姆夫罗西延续长老马卡里的工作,巩固教会的精神和观点,把新的思潮赋予宗教思辨。一些俄罗斯宗教哲学家认为,俄罗斯宗教哲学创作的主要任务是建立东正教的世界观,它来自丰富的东正教教义内容,也适用于生活。这一思想在俄罗斯宗教哲学家伊万·基列耶夫斯基的思想里得到体现,后来影响到弗拉基米尔·索洛维约夫以及陀思妥耶夫斯基和其他宗教思想家。[1]

陀思妥耶夫斯基和索洛维约夫都拜访过长老阿姆夫罗西(1878年),在长老阿姆夫罗西那里,他们找到的不仅是个人问题的答案,而且也找到了平信徒的共同任务是什么的答案。如陀思妥耶夫斯基说:"从修士简短的、渴望孤独的祷告中,可能再次拯救俄罗斯大地!"[2]另一位伟大的作家列夫·托尔斯泰来到奥普塔修道院之后,他认为自己过去对苦修精神的批评完全没有说服力,他真诚地悔过道:"这位长老,阿姆夫罗西完全是个圣人。与他交谈在我心里是多么轻松和愉快。当你与他那样的人交谈时,你会感觉到上帝离你很近。"[3]托尔斯泰曾三次拜访过阿姆夫罗西,最后一次是与家人一起。当1910年他第四次去奥普塔时,据传说,阿姆夫罗西的学生长老约瑟要为他剃度为修士,引领他的心灵进入平静,但托尔斯泰在离奥普塔不远的地方去世了。

长老阿姆夫罗西还有着非凡的预见性和医治疾病的能力。据《奥普塔的长老们》一书记述,他预见到了著名的俄罗斯作家、哲学家

① И. К. Смолич. Русское монашество 988–1917—жизнь и учение старцев. Москва 1999. С. 439.

② И. К. Смолич. Русское монашество 988–1917—жизнь и учение старцев. Москва 1999. С. 439.

③ И. К. Смолич. Русское монашество 988–1917—жизнь и учение старцев. Москва 1999. С. 439.

康斯坦丁·列昂季耶夫的死亡时间是在自己死亡后不久。他还为一个生病的修士治好了结核病,等等。长老阿姆夫罗西还关心着妇女的灵魂,他在离自己不远的地方建了沙莫勒吉纳女修道院,在精神上引导修女们,直到 1891 年 10 月 10 日去世。他延续了 31 年的长老制走到了尽头,但他的精神在奥普塔和沙莫勒吉纳修道院被传承下来。

随着长老阿姆夫罗西的去世,俄罗斯东正教长老制的重大时期也结束了。除了长老阿姆夫罗西以外,与他同时代的其他修道院的长老也发挥着重要作用,但阿姆夫罗西的功绩尤为突出。阿姆夫罗西的许多门徒继续坚持着他的长老制传统,他的门徒约瑟在奥普塔作了 20 年长老,于 1911 年 5 月去世,与自己的导师并排安葬。长老阿姆夫罗西的另一个门徒修士涅克塔里,年轻时进入奥普塔,接受阿姆夫罗西几十年的引导。涅克塔里大部分时间用于心祷,约瑟长老去世后,他开始牧养修道院修士和信徒。他的长老制牧养方式的风格与长老列昂尼德相似,幽默而风趣。长老涅克塔里于 1928 年去世。阿姆夫罗西最后一名门徒是修士阿纳托利,他多年观察长老阿姆夫罗西的修行生活,又受到他的精神引导,后来成为了奥普塔精神生活的中心。老阿纳托利在奥普塔实行长老引导 30 年,于 1922 年去世。1923 年春天,奥普塔修道院被关闭后,修士和他的门徒们分散到各处。

## 三 奥普塔修道院长老制的特点

柳德米拉·伊柳尼娜在《俄罗斯东正教长老制——在俄罗斯长老制中心》[①]一文中,总结了奥普塔著名长老的特点:长老列昂尼德

---

① Людмила Ильюнина. Русское старчество. Центры старческого служения в России: Собор оптинских старцев.

http://ricolor. org/history/ka/podvig/centers_starch/

是一位精神勇士,公正无私,有时在语言上明显地故作癫狂;长老马卡里,在长老制的引导中保持特别的谨慎,性格谦虚,吸引了众多知识分子来到奥普塔;长老阿姆夫罗西,在开玩笑时隐藏着伟大的宗教精神天赋,是奥普塔"长老制的柱石";长老约瑟,在克制和简洁的话语中隐含着神的降临和圣母的显现;长老伊拉里昂,在经济实践活动和精神智慧上有融合的天赋;长老阿纳托利是耶稣祷告的创新者和受难者;长老伊萨基是最后的院长,也是一位新受难者。

在奥普塔修道院里,信徒都能感到一种虔诚的"聚和性"①,迄今为止,《奥普塔长老的祷告》②一书已经多次出版,其中没有作者的姓名,在书中反映了奥普塔精神,这一精神仍然活在修道院里。这种精神首先是没有任何表面的虔诚,是在内部斗争中隐藏的乐观精神;其次,这是神圣的简单,不爱"崇高的平静",崇尚实际生活中的经验性,也是通常所说的入世性,它是奥普塔长老制的最大特点。

## 第三节　萨罗夫修道院的长老制

### 一　萨罗夫修道院的历史

萨罗夫修道院建于 1706 年,它的奠基人是圣约翰(Иоанн, 1670—1737 年)。圣约翰在 1706 年初得到彼得一世和大主教斯提芬·亚沃尔斯基代理人的恩准建立教堂。1706 年 6 月 16 日,萨罗夫修道院的第一座大教堂被祝圣,这一日期被认为是萨罗夫修道院的建立日。

---

① 聚和性是俄罗斯斯拉夫派领袖阿·斯·霍米雅科夫在概括东正教会的本质时提出的。详见张百春:《当代东正教神学思想》,上海:上海三联书店,2000 年,第 494—497 页。
② 俄文书名:Молитва оптинских старцев。

圣约翰的贡献不仅是建造了修道院,还实行了集体修行的制度。约翰起草并颁布了萨罗夫修道院规章,这一规章是严格按照古代修行方式制定的,后来这一规章成为俄罗斯许多修道院的规章典范。萨罗夫修道院的规章十分严厉,修士的日常生活也十分艰苦,他们居住在木屋里,居住环境和生活条件很简陋,所有生活必需品都是靠修士自己的劳动来获得。修士的服装很简单,夏天穿用麻布做的长袍,冬天穿皮袄。圣约翰的另一重大贡献是为萨罗夫修道院争取到了土地。到1729年,萨罗夫修道院拥有了22000俄亩的土地。圣约翰去世后,在第二任院长多罗费时期,修道院的建筑群最终完成。所有的修士都有自己的修行室,修道院里的各种设施一应俱全,包括面包房、食堂、圣饼作坊、木工间等等。修士顺从的形式之一就是完成各种工作,这些工作对于修道院的经费来说是必要的。到了19世纪中期,萨罗夫修道院达到了经济的繁荣,修士的数量也在增加。

在萨罗夫修道院长老制中,最为著名的长老是萨罗夫的谢拉菲姆(Серафим Саровский),他是一个伟大的俄罗斯苦修者,是萨罗夫修道院的骄傲。萨罗夫修道院历经了200多年时间,成为俄罗斯人民心目中的圣地之一。但在1927年3月,苏联政府通过决议,取缔萨罗夫修道院,修道院的财产和建筑物被划归尼热戈罗特斯克内务人民委员会管理。

## 二 萨罗夫修道院圣谢拉菲姆的长老制

### (一)长老谢拉菲姆的苦修历程

萨罗夫的谢拉菲姆(Серафим Саровский,1759—1833年)出生于库尔斯克,俗名叫普罗霍尔(Прохор)。从童年起他就喜欢独处,勤奋

地阅读圣经和圣徒传,特别喜欢祈祷仪式。作为商人的儿子,本应该继承父业去经商,但是他对此很反感,他的心向往另一个世界。18 岁时,普罗霍尔告别自己的母亲去了基辅,来到著名的洞窟修道院朝圣。在这个洞窟修道院里生活着长老多西费,他具有很高的洞察天赋,普罗霍尔请求他恩准自己留下修行,但长老建议他去萨罗夫修道院。

于是,普罗霍尔辞别了多西费长老,来到了萨罗夫修道院。在萨罗夫修道院他接受了严格的苦修操练,得到了长老纳扎里·约瑟的引导。在这里生活和修行八年以后,他接受了剃度并获得院长帕霍米的赐名,名为谢拉菲姆。在剃度后不久他得了一场重病,病愈后谢拉菲姆在祷告修炼中度过无数的长夜。教区的主教费奥菲尔了解到修士谢拉菲姆的苦修,于 1793 年 9 月 2 日推荐他为修士司祭。充满神圣恩赐的谢拉菲姆继续以往的苦修生活,在院长帕霍米去世后,他决定去修道院外隐修。1794 年末的一个冬天的早上,谢拉菲姆离开了修道院,来到森林里的一个茅草屋,除了福音书和仪式用的圣器外,他什么都没有带。

圣谢拉菲姆的独处隐修生活时间不长,一些人就开始向他涌来,有的寻求内心的帮助,有的是出于好奇。谢拉菲姆不愿意看到这种情况,他只想潜心修炼,但他遵从了神意,又回到了修道院。可是他对苦修的渴望没有终止,修道院的院长去世后,修士们选举圣谢拉菲姆为新的院长,但他谢绝了。他又开始了新的修炼,那就是静默(молчание)。他在这种静默中度过了三年,从不和任何人说话,甚至是给他送面包的修士。当有人走近他时,他就用围巾把脸蒙住。静默只是谢拉菲姆通向更高苦修的阶梯,1810 年 5 月 8 日的晚上,谢拉菲姆重新回到隐修地,开始了新的隐居苦修。他的这种隐居苦修持续了 15 年之久,于 1825 年 11 月 25 日结束,从此以后谢拉菲姆开始了长老制引导。

长老谢拉菲姆以同样的态度对待来访者,无论来访者的身份是富贵,还是贫贱,他总是那样谦逊、和蔼。谢拉菲姆穿着带有围巾和袖子的白色衣服,表明自己司祭的身份。他不断进行心祷,对来访者的要求也是一样。他说:"你的所有关注和学习都在于此,走路或站立时,在教堂举行仪式前的站立时,进来和出去时,都要在口中和心里不断祷告,这样你就会以神的名寻找到平静,圣灵就会住在你的里面。"[①]长老谢拉菲姆同样关心姊妹们的修行,1861年,由谢拉菲姆引导的妇女修行团体被称为谢拉菲姆-季维耶夫斯基修道院,20世纪初是这座修道院的繁荣时期,拥有1000名女修士和姊妹,她们严格的修行方式闻名于整个俄罗斯。长老谢拉菲姆是女修道院的精神导师,他引导培养修女们在精神上与俗世隔绝、顺从,特别引导她们习惯对祈祷仪式的热爱。她们苦修的实质在于为圣母和圣洁的主做祷告。他经常对姊妹们说:"不是我拣选了你们,是圣母自己拣选了你们,然后转交给我。"[②]

长老谢拉菲姆不断以自己神授的天赋架设起从地上到天国的桥梁,直到1833年去世。他不仅拯救了信徒的灵魂,也医治了一些人的肉体疾病。由于他的功绩,教会誉他为"天使交流者""教会的力量和信徒的喜悦"。直到现在,长老谢拉菲姆在俄罗斯信徒心目中仍然是俄罗斯东正教历史上最完美的一颗耀眼明珠。[③]

---

① И. К. Смолич. Русское монашество 988 - 1917—жизнь и учение старцев. Москва 1999. С. 448.

② И. К. Смолич. Русское монашество 988 - 1917—жизнь и учение старцев. Москва 1999. С. 460.

③ И. К. Смолич. Русское монашество 988 - 1917—жизнь и учение старцев. Москва 1999. С. 443.

## （二）圣谢拉菲姆的长老制修行观

### 1. 关于圣灵财富的观点

与谢拉菲姆进行过交流的尼古拉·莫托维洛夫（Николай Мотовилов）在日记中谈到长老谢拉菲姆对他的引导，其中谈到长老对于圣灵财富的见解。当尼古拉·莫托维洛夫求问长老基督徒生活的目标时，长老说："无论是谁，都不会确切地告诉你答案，人们会说：去教堂向神祷告，完成神的戒律，做善事，这就是基督徒的生活目标。甚至有些人对你很气愤，因为你的好奇心是神不喜悦的，他们会说：不要试探比你高的神。而我一个残废人现在向你解释什么是生活的目标。祷告、斋戒等都是实现目标的手段，基督徒生活的真正目标是要积攒圣灵的财富。"[①]

要想实现这一目标就要做神所喜悦的善事，这样才能得到圣灵的果子。即使是善事，若不是为神所做的，你也不会得到神的恩赐，也就得不到圣灵的财富。这就是圣经上所说的："不与我相合的，就是敌我的；不同我收聚的，就是分散的。"（《马太福音》12：30）对此，基督徒应该真正地信仰我们的耶稣基督，是他架设起人与上帝的桥梁。积攒圣灵的财富如同在地上积攒钱财一样，也要从一点一滴做起，逐步积累。只不过积攒的是为神所做的善事，是神所喜悦的。

### 2. 关于神的观点

长老谢拉菲姆认为，神是火，能给人温暖和灼热感。如果你感觉到自己内心的寒冷，那寒冷是来自魔鬼的，因为魔鬼是寒冷的，你可

---

① И. К. Смолич. Русское монашество 988 - 1917—жизнь и учение старцев. Москва 1999. С. 453.

以呼唤神,神就会温暖你的心,驱赶走寒冷。神不在恶的地方,一切来自神的,都是平和的、有益的,神会引领人走向克制和自责。神向人展示仁爱,不是在我们做了善事的时候,而是在我们对他不恭和令他气愤时,他对我们的惩罚也是善意的惩罚。

### 3. 关于信仰的观点

谢拉菲姆认为,信仰是人与神联系的开始,真正的信徒是神殿的石头,为建造神的大厦时刻准备着。信仰的实质是爱、和平、长久忍耐、仁慈、克制、平静、背负十字架、过属灵的生活,只有这样的信才会融入真理。真正的信仰不可能没有疑惑;谁真正信,谁就不断地有疑惑出现,随着内心疑惑的解决,人对神的信心也会逐渐加深。

### 4. 关于祷告和眼泪的观点

谢拉菲姆认为,真正坚决服侍神的人应该操练,以此感知神,并不断向耶稣基督祷告,用心说:"主耶稣基督,神的子,宽恕我这个罪人吧。"如此操练,保持自己的注意力和内心的平和,这样就可以接近神并与他结合。根据叙利亚伊萨克的观点,只有不断祷告,我们才可能接近神。我们应该为我们的罪而哭泣。谁留下平静的眼泪,真理之光,也就是神基督的光,就会照耀谁。眼泪是圣洁的武器,通过内心真诚的哭泣,可以驱赶内心情欲的魔鬼,用眼泪洗刷罪孽。

### 5. 关于对神恐惧的观点

关于对神的恐惧,诗人是这样描述的:"当存畏惧侍奉耶和华,又当存战兢而快乐。"(《诗篇》2:11)长老谢拉菲姆认为,对神的恐惧有两类:如果不想作恶,是因为惧怕神所以不做;如果想做善事,是因为惧怕神就去做。担负起内心修炼的人,首先应该对神恐惧,这也是

卓越智慧的开始。关于如何获得神的恐惧，长老谢拉菲姆认为，在没有完全摆脱所有俗世的羁绊时，任何人都不能获得神的恐惧。只有在人与世隔绝，并放弃俗世中的一切，把自己所有的思想和情感集中于对神的认识，把一切投入到神的直观中，才会获得神的恐惧。也就是，当理智不再关心俗世，那时神的恐惧就会出现，人就会进入神仁慈的爱里。①

## 6. 关于忍耐和克制的观点

谢拉菲姆认为，无论发生什么，为了神和恩赐，都要永远忍耐一切。我们的生命与永恒相比只是 1 分钟而已。因为短暂，按照使徒的话说："现在的苦楚若比起将来要显于我们的荣耀，就不足介意了。"(《罗马书》8：18)应该漠然地对待他人的侮辱，学会让自己觉得侮辱不是针对我们，而是针对别人。在沉默中忍受敌人对你的欺侮，那时你的心就会对主敞开。我们应该永远在所有人面前降低自己。遵守叙利亚的圣伊萨克的训诫：我们喜欢上克制，就会看到神的荣耀。②

从萨罗夫的谢拉菲姆的长老制修行观中可以发现，他的修行观主要还是遵从古代长老制的传统理论。与古代长老制不同的是，19世纪俄罗斯东正教长老制的牧养方式，打破了古代东方长老制限于修道院牧养修士的传统，牧养对象扩大到整个俗世，为了所有人能够获得现世的拯救，这充分体现了俄罗斯东正教会的普世性。

总之，在18世纪末和整个19世纪，俄罗斯东正教长老制经历了

---

① Из книги Архимандрита Серафима（Чичагова）. Летопись Серафимо-Дивеевского монастыря. 1903.

② Из книги Архимандрита Серафима（Чичагова）. Летопись Серафимо-Дивеевского монастыря. 1903.

从复兴到辉煌的过程,它复兴的原因有以下两方面:

一方面,东正教长老制在俄罗斯的复兴是时代发展的需要。因为 18 世纪末到 19 世纪初,俄罗斯处于内忧外患之中。在这一时期,俄罗斯先后同土耳其、瑞典、波兰、法国等国家发生了战争。一系列战争之后,俄罗斯出现了社会动荡、经济不景气、民众生活水平低下等一些社会问题。生活上极度困苦的俄罗斯人民,精神上更是处于一种迷茫的状态中,这时的他们把希望寄托于教会。而在圣主教公会时期,教会生活过分规范化和形式化,神父在很大程度上失去了吸引民众的精神力量。而长老们,由于他们拥有高尚品德和情操,因此成为民众所追随、仰慕的榜样。人们希望能够从长老那里得到精神的安慰和引导,减轻自己内心的痛苦。所以在这一时期,顺应时代的要求,俄罗斯修道院的长老制对俗世的民众开放,长老们为他们提供咨询和精神引导,同时也把长老制理念推广到俗世,从而激发起民众到修道院朝圣的高潮,推动了东正教长老制在俄罗斯的复兴和繁荣。

另一方面,精神领袖的出现成为东正教长老制在俄罗斯复兴的一个重要原因。帕伊西·韦利奇科夫斯基是东正教长老制传统在俄罗斯的恢复者和传播者。[1] 帕伊西创立的精神修行流派,掀起了俄罗斯东正教广泛的精神运动,也唤起了民众追求内部修行生活和精神操练的动力。这一精神运动从 18 世纪末开始,持续发展,一直到 20 世纪初,形成了东正教长老制在俄罗斯复兴和繁荣的帕伊西时代。

---

① A. Соловьев, Старчество, Свято-троицкая сергиева лавра, 2009. С. 7.

# 第五章

# 19 世纪末至今的俄罗斯东正教长老制

19 世纪末至今,俄罗斯东正教长老制经历了从繁荣到衰落的过程,虽然苏联解体后,俄罗斯东正教迎来了复兴,然而,对于俄罗斯东正教长老制来说,却没有迎来像 18 世纪末至整个 19 世纪那样的复兴与繁荣。这与当今信息时代的社会环境密切相关,人们对于苦修的精神生活已经不再热衷,更多关注的是现实物质生活的需要。但是,作为修行生活基础的长老制依然存在,只是引导方法和手段发生变化,具有了鲜明的时代特色,这也是东正教长老制适应当今时代发展要求的体现。

## 第一节 19 世纪末到 20 世纪初的
## 俄罗斯东正教长老制

19 世纪末到 20 世纪初,俄罗斯修道院的数量和修行生活的人数逐年增长,1850 年,修道院的数量是 587 座,修士人数是 18530 人;到了 1914 年,修道院数量达到 1025 座,修士人数达到 94629 人。[①] 由此可见,19 世纪末到 20 世纪初俄罗斯的修行生活十分繁荣。

在世纪之交,长老制在俄罗斯成为了神学研究的对象,与古代东方的长老制相比,俄罗斯东正教长老制的教父特征(Святоотеческий характер)已经成为研究课题。但到了 20 世纪初,长老引导的意义和思想被贬低,因为一些人利用"长老"这一概念,达到追逐钱财的目的以及假名长老的病态大人物(联想到格里高利·拉斯普京)的出现,使得人们对真正的修行活动逐渐疏远。

但在第一次世界大战前,修行生活和长老制在修道院还是占据主导地位,这主要体现在东正教作家 E. 波谢利亚宁(Поселянин)和主教尼康之间的争论上。波谢利亚宁在《教会公报》上发表文章,指出:"不是所有人都有静观的天赋","有些人有慈善活动的天赋,没有慈善活动他们的信心就变得虚弱,他们需要这种活动就像需要空气一样。"但是俄罗斯的修道院主要适合静修生活。他主张创建一种"新型修道院","在其中除了完成每天的职分外,修士可以做慈善方面的事情。"[②]主教尼康发表言论驳斥波谢利亚宁的观点,认为开办所谓"新型修道院"会与修道院的制度相矛盾,破坏修道院的规章。尼康写道:"我们,修士们,不隐瞒有令人痛苦的现象,那就是优秀的修士数量在我们修道院里变少了……在此情况下某些修道院可以关闭,要比改造成新型修道院更好。如果要办,就办什么联合会、团体、兄弟会等等,不要称为修道院,目的是不要混淆概念,不要改变基本原则,修道院在本质上不要让步于时代的需要。"[③]就这样,在传统修

---

① П. Н. Зырянов. Монашество и монастыри в России XI - XX века. М. 2002г. С. 305.
② Прибавления к Церковным ведомостям. 1909. 8 августа. С. 1489 - 1492.
③ Прибавления к Церковным ведомостям. 1909. 26 сентября. С. 1798 - 1806.

行派的反对声中,所谓的新型修道院的提议不了了之。

从上述情况可以看出,19 世纪末到 20 世纪初,虽然俄罗斯东正教长老制有较高的入世性,但是信守修道院修行生活传统的思想,在当时还是占据主流地位。

## 一 白神品长老喀琅施塔德的约翰

19 世纪末到 20 世纪初,俄罗斯宗教生活中极具威望、形象多面的喀琅施塔德的约翰把公正观念和社会服务、恢复礼拜仪式、神启祷告和医治疾病的超凡天赋相结合,成为俄罗斯修行生活的一盏明灯。在服务社会时期他深受欢迎,喀琅施塔德成为了著名的朝圣中心。[①]圣西卢安说:"圣徒谢拉菲姆生前,因为他的祷告,上帝保全了俄罗斯;在他之后是另一个柱石,顶天立地的柱石,喀琅施塔德的圣约翰。"

### (一)圣约翰的修行历程

喀琅施塔德的约翰(Иоанн Кронштадтский, 1829—1908 年)生于阿尔汉格尔斯克省皮涅加县苏拉村一个乡村诵经员家庭,父亲是伊里·米哈伊洛维·谢尔盖耶夫,母亲是盖达尔。

1839 年,约翰进入阿尔汉格尔斯克教区学校学习,在这里,十岁的约翰懂得了祷告的力量。1851 年,约翰·谢尔盖耶夫被派到圣彼得堡神学院学习,当时约翰希望接受修行生活,并作为传教士去中国或美国。他向神祷告实现他的想法。有一天在梦中,他看到自己成为了神父,在一个陌生的教堂里工作。约翰把这个梦当作神指引的路。

在神学院毕业前夕,约翰认识了喀琅施塔德大司祭 К. П. 涅斯维

---

① Надежда Киценко. Святой нашего времени: Отец Иоанн Кронштадтский и русский народ. М. 2006.

茨基的女儿伊丽莎白·康斯坦丁季诺夫娜（Елизавета Константи-
новна），1854 年两人结婚。根据约翰的愿望和夫妇俩的协议，他们从
第一天开始直到生命结束，一直像兄妹一样生活。1855 年，约翰从神
学院毕业，同年 12 月 10 日，在彼得和保罗大教堂圣彼得堡的主教雷
瓦尔斯基·赫利斯托福尔给约翰举行助祭按手礼，12 月 12 日举行神
父的按手礼，年轻的神父被派到喀琅施塔德市的安德烈耶夫斯基大
教堂。1872 年，约翰在《喀琅施塔德通报》上发出号召，帮助那些无家
可归的穷人。由于他的努力，1882 年建起了"勤劳之家"，由几个福利
机构组成。又先后建起了作坊、夜校、学校、幼儿园、孤儿院、食堂、图
书馆和医院等等。1888 年他为无家可归的穷人建起了廉价客栈，
1891 年建了养老院。在这里，穷人找到了住处，病人和年迈的人得到
了照顾，有劳动能力的人有了工作。

在圣徒约翰的传记中记述，约翰具有神授的超凡能力，他能够医
治疾病，凭借他的祷告治愈了数千信徒的疾病。他还具有预见能力，
在一次活动中他见到了一位年轻的军官，上前吻了年轻人的手，像吻
一位长老一样。后来这位军官得了重病，接到命令去了奥普塔修道
院，成为了一名修士，这就是后来的长老 И. П. 保罗。[1]

1908 年 12 月 20 日，约翰神父去世了。1990 年，约翰被封为东
正教会区主教会的圣徒，庆祝纪念日为 12 月 20 日/1 月 2 日和 10 月
19 日/11 月 1 日。

## (二) 白神品长老约翰的新型长老制牧养方式

约翰·谢尔盖耶夫的童年是在尼古拉一世时期。在此之前，彼

---

[1] Надежда Киценко. Святой нашего времени: Отец Иоанн Кронштадтский и русский народ. М. 2006.

得一世改革使教区的白神品神职人员生活复杂化,教区神父的地位明显降低,甚至对他们可以适用肉体的惩罚。[①] 在当时,最普及的宗教风俗是朝圣,崇拜当地的圣物、圣像和圣尸,这些与教区的白神品神职人员没有直接联系。修道院的修行生活被高高地推崇,苦修被认为是最受神喜悦的修行方式,这不可避免地导致对教区白神品神父的歧视。白神品神父的地位不仅低于隐修士和苦行修士,而且低于主教,一直到 19 世纪,罗斯受洗后经历了八个多世纪,但白神品神职人员没有一个被封为圣徒。

当约翰走上神父之路时,在俄罗斯正在形成一种新的宗教经验,在俗世明显提高了传教和教会教育的作用,约翰神父成为这一变化的受益者,他的新措施迅速改变了俗世社会对白神品神职人员的态度,同时也影响了当时的社会生活。他的新措施超越了传统修行生活的理念,打破了单纯依靠苦修来提升人精神水平的思想。圣约翰的新措施具体表现为以下几种方法:

## 1. 圣餐仪式的修炼方法

在担任神父教职初期,苦修是圣约翰精神成长的重要方式,主要是限制肉体的需要,向隐修长老和苦修者们求教,把他们作为神圣性的榜样来效仿。后来,这些方式逐渐被新的措施所补充,包括完善教会服务和行善。周围的人,不仅是亲人,还有教区的神职人员,都带有敌视性地对待他的苦修努力。在一定程度上,正是周围人对约翰苦修思想的厌恶唤起了他推行宗教善行的动力。

圣礼(таинство)对于神父来说是最真诚、有效的手段,因为它能

---

① Cracraft J. The Church Reform of Peter the Greet. Stanford,1971,pp. 242 - 251.

使教徒的心激动,吸引他们走上拯救之路。对于约翰来说,精神生活中最核心的是圣餐仪式。圣餐仪式,又叫圣餐礼,东正教没有为圣餐礼下任何定论,他们相信耶稣亲临在圣餐中。约翰在日记中不断提到圣餐仪式的奥秘,在日记中兴奋地证明他接受这一奥秘的喜悦和力量,对于他来说圣餐仪式就是生命本身。因为每天的圣餐礼仪前,自己感觉到精神生活的虚幻和与神交往的紧张。所以,圣餐仪式对于约翰来说,是精神不断修炼的方法。

在 1860 年,圣周四(复活节前一周的周四,东正教徒回忆耶稣和门徒共进的最后晚餐是圣餐仪式奥秘的基础),约翰陷入对神绝对参与仪式的怀疑中。他不断祷告并克制了怀疑,这种怀疑只是发生在他任神父初期。在后来他得出结论,对于面包和葡萄酒变成耶稣的肉体和血,没有一个解释是合理的。于是,他从空洞的、脱离实际的、关于这一奇迹的虚构中解放出来,把更多的注意力放到举行圣餐仪式时领受者的状态上。"为了毫不怀疑信仰生命创造者奥秘的圣餐仪式,战胜所有敌人的奸计,所有的诽谤,你看,你接受酒杯中是'子',也是'唯一的存在'。当你有那样的思想和心态时,接受神圣奥秘的你会突然平静,获得荣耀和充满生机,用心理解,在你身上真正地存在主,你在主中,这是经验。"[1]

约翰在教堂里努力吸引每个参与礼拜仪式人的注意,深入到他们灵魂的最深处,在这一方面他与大部分神职人员进行的传统礼拜仪式有明显的不同。一般神父是用习惯的、凄凉的男高音,努力冷静地诵读祷文,约翰则使用哭泣、呼唤的语言来晨祷和举行圣餐仪式,在提到圣母和圣徒时面带微笑,在提到魔鬼时带有愤怒的语调。总

---

[1] Сергиев И. И. Моя жизнь во Христе. т. 1. С. 175.

之，约翰希望信徒在各个方面完整地体验圣餐仪式。他认为这种领受圣餐的经验也是一种修行体验，能够提升教徒的精神水平。这也是约翰精神牧养修士和平信徒的一种新措施。

## 2. 基督徒之间相互交流的修炼方式

约翰是一位俄罗斯宗教活动家，他不仅承认与人交流的必要性，而且在精神修炼中赋予这种交流以特殊的意义。交流中相互负责的思想在福音书中体现为"爱人如己"（《马太福音》22：39）。实质上，约翰希望的是在俗世培养某种集体修行的类似物。他赋予交往的意义不是只限于简单地与他人共度时间，实质上，约翰把交往包含在自己的拯救修炼方法之中，把弟兄之间情感的交流看作精神修炼的方式，他也用类似的方式来颂扬隐修教父们的集体生活方式："要喜欢去作客、交往，要把交往看作是基督徒的一份事业。在交往中观察他人，我们把彼此好的品质联系在一起，发现和收集精神珍宝，因为我们本身是贫乏和软弱的。"①

这种相互交流的价值不仅是约翰的修行观，是他精神牧养的一种方法，也是他长老制的一部分。他认为交流有着不可思议的精神安慰力量。通过与他人交流，不仅可以发现自己的不足，而且可以提升自己的精神水平。尤其是在自己封闭和苦闷时，与人交流可以使自己的精神得到安慰，品德得到提升，当然也要考虑交流的对象，他一定是德行高尚、能够帮助自己精神品德提高的人。正如约翰在日记中写道："通过与人谈话以及自己对话，语言能够驱赶内心中的阴郁，使人得到安慰，拓宽心灵……语言是金色的纽带，智慧本质的锁链。"②

① ГАРФ. Ф. 1067. Оп. 1. Д. 12. Л. 43 об.
② ГАРФ. Ф. 1067. Оп. 1. Д. 8. Л. 63 об.

### 3. 善行和拯救相联系的方式

根据约翰的观点，帮助穷人不单是愿望，而且是义务："富人，要用真理赎自己非真理的罪：把罪恶的盈余施舍给穷苦的人，那时你可能有希望得到拯救，否则不会被拯救。"[1]约翰认为，给穷人急需的面包并不简单，必须作为阶级消除穷人。这符合他理解的基督教社会理想，他设想的社会制度是每个人都有饭吃，有衣穿。为了喀琅施塔德那些无家可归的人，约翰神父在1868年向市议会提出建立"勤劳之家"（Дома Трудолюбия）的请求。1881年议案得到批准。约翰研究制定了"勤劳之家"的具体模式，在这里穷人获得了直接的、实际的帮助，并且希望积德行善的富人也找到了行善的办法。他不仅努力提供给劳动者物质帮助，而且还给他们精神的安慰。因为，他认为神父的使命不仅在于进行慈善活动，而且要传播神的福音，促进人精神的成长。所以，神父的重要使命是引导信徒，通过从事慈善事业帮助穷人，提升信徒的精神水平。从事慈善事业是表达"爱邻人"的主要方式，也是提升信徒的修炼方法。约翰认为，这不仅是富人得救的手段，也可以帮助穷人提升精神水平。这一思想体现在1881年他的布道中："许多人十年或十多年没有去教堂，是因为穷困，没有体面的衣服可穿。"[2]解决了穷人穿衣的问题，他们自然会去神的殿——教堂，教堂中的礼拜仪式和神父的讲道，一定会提升他们的精神水平。正如阿封山的一位现代长老卢卡所说："与开始身体被造一样，后来赋予人灵魂（精神），应该肉体走在前，精神走在后。……如果没有做好相应的物质准备，就不能

---

① ГАРФ. Ф. 1067. Оп. 1. Д. 3. Л. 78.
② ГАРФ. Ф. 1067. Оп. 1. Д. 23. Л. 2об.

进行精神教育。"①长老约翰的善行与拯救联系在一起的精神修炼方式,不仅针对富人,更重要的是帮助穷人,使富人和穷人通过慈善事业同时获得精神的修炼和提升。

## 4. 通过神父与神沟通的方式

尽管约翰在日记中不止一次地强调,为了获得神的恩赐,苦修是十分必要的,但他不排除在俗世像使徒一样担负使命的可能性。1856 年 5 月 9 日,约翰在日记中写道:"主,赐予我你使徒的贫贱、灾难、穷困和对俗世的敢作敢为,为了我能有他们的名望,他们的喜乐,他们的财富,他们所拥有的一切,以此来拯救我。"②根据他的观点,现在与使徒使命相适应的是神父的职分(служение)。当感叹"神父是天使,而不是人"③时,约翰认为,神父是修行生活中的天使。"神父崇高,实现教会的职分,特别是奥秘;那时他与神分享伟大的权威,是全能的,能够替全世界向神祈求。"④约翰把神父与神圣性等量齐观,神父与圣徒等同,就像器皿,通过他们,神的恩赐流到人间。神父起中介作用,通过他产生人与神的交往,为人和神之间架起一座沟通的桥,从而实现人与神结合,人最终实现被拯救的目标——神化。

## (三) 作为长老的圣约翰

据现在存放在圣彼得堡中央国家历史档案馆的文献记载,圣约翰具有神授的医治疾病天赋,他曾为不计其数的信徒祷告治病,向约翰请求医治的人都相信他有神授的治病天赋。在这个意义上,他符

---

① И. В. Астэр. Современное русское православное монашество: социально-философский анализ. Санкт-Петербург. 2010. С. 163.

② ГАРФ. Ф. . 1076. Оп. 1. Д. 3. Л. 28 об.

③ Сергиев И. И. прот. Моя жизнь во Христе. Извлечения из дневника: В 2 т. М. 1894.

④ Сергиев И. И. прот. Моя жизнь во Христе. Извлечения из дневника: В 2 т. М. 1894.

合基督教神圣性的理想,这也是圣徒的传统特权,也符合俄罗斯东正教长老具有神赐天赋的特征。借着他的祷告被治愈的人们,在报纸上发表了许多感谢信,这带给了约翰全民性的荣誉。大约有4000人写信给约翰请求为其治病祷告,[①]信件标注日期从1883年到1908年,也就是直到他去世为止。除了医治疾病的天赋,约翰神父还有超凡的预见性。他预见了1881年亚历山大二世的死亡和1905年的革命等。[②]

约翰还在长老制的建议和引导方面发挥着重要作用。在收到关于医治疾病的信件同时,约翰还不断收到关于请求精神支持和引导的书信,正是通过这些书信,约翰引领人们走上拯救之路。一些妇女给他写一些长信,信中叙述一些生活的琐事,请求指引,从这些信中可以看出她们对神父的依赖。[③]

约翰神父之所以成为人们心目中的伟大长老,既是时代发展的要求,也是19世纪末和20世纪初的长老制顺应社会发展的结果。正如 Д. А. 霍米雅科夫所说:"……喀琅施塔德的约翰的闻名和荣耀不能用他的神迹来解释,他的大多数崇拜者不是请求医治和寻找奇迹;也不是因为他的慈善事业(它不是原因,而是东正教信徒中有产阶级涌向他的结果),他的荣耀只能解释为,为了自己寻求理想神父的人民,……突然听到,那样的神父出现,人们全身心扑向他,以此表明人们为自己寻找到了导师。"[④]喀琅施塔德的约翰成为了俄罗斯理想的"现代"神父,迫使现代人重新审视神圣性的概念,他创造了现代

---

① ЦГИА СПБ. Ф. 2219. Оп. 1.

② Kselman T. Miracles and Prophecies in Nineteenth-Century France. New Brunswick, N. J., 1983, p. 60 – 83.

③ ЦГИА СПБ. Ф. 2219. Оп. 1. Д. 31. Л. 193 об.

④ Хомяков Д. А. Собор, соборность, приход и пастырь. М. 1917. С. 3 – 4.

东正教里"神圣神父"的典型。他是东正教会中白神品神父-圣徒的唯一鲜活形象。他之所以当之无愧地成为了白神品长老，是因为在俗世生活时，他经历了苦修生活，他的医治、预见性天赋以及对信徒的精神引导，都是真正长老所具有的特征。在他身上结合了神父和先知的特点，具有个人超凡的神授能力和神父服务信徒的义务和责任，他是俄罗斯宗教史上重要的丰碑。

## 二 佐西马修道院的长老制

圣斯摩棱斯克-佐西马修道院自古以来被称为"北方的奥普塔"，它是 1680 年由苦行修士佐西马建立，佐西马曾是圣三一谢尔基修道院的修士。但在佐西马长老去世后，大部分修士离开了修道院，修道院实际上荒废了。1890 年末，修道院得以恢复。由于圣三一谢尔基修道院的副院长——修士大司祭保罗和格符希曼斯基隐修院听取忏悔的神父——修士司祭戈尔曼（Герман，1844—1923 年）的努力，修道院成为了长老制中心之一。[①] 1897—1923 年，戈尔曼作为修道院院长领导修道院，修道院保存下来的石质建筑就是那个时代留下来的。在 1923 年 5 月，修道院被彻底关闭，1992 年 4 月恢复重建。

## （一）戈尔曼的长老制

从 19 世纪末开始，长老戈尔曼不仅修建了佐西马修道院，而且牧养修道院的修士们。戈尔曼是苦修神父（иеросхимонах）亚历山大长老的门徒，亚历山大是奥普塔长老列昂尼德的门徒。在长老亚历山大的引导下，戈尔曼继承了奥普塔修道院的修行传统。戈尔曼是

---

① Монахиня Игнатия（Петровская）. Старчество на Руси. М. 1999. C. 32.

一位独特的、强有力的人，许多主教曾是他的门徒。他任修道院院长时，有关于修道院的记载："佐西马修道院以建筑的内部陈设和物质的富足而驰名……修道院寂静而简单。伟大的精神印刻在佐西马修道院生活中心的祈祷仪式里，教堂的祷告宁静而平和，缓慢的、平稳的阅读和唱诗，一切都渗透着克制和忏悔的精神，令人感动。一切都那么美好、简单。"[1]长老戈尔曼是严格修行的榜样。白天，他总是精神饱满地进行祈祷仪式；夜里，长老总是穿着窄袖长内衣睡觉，因为他时常起床，跪着进行耶稣祷告。他总是贬低自己，经常与自己的思想斗争，用克制和祷告战胜自己内心的情欲。

在修道院里有各种工作、职分，为了修道院里有良好的修行生活环境和食物供给，为了修士们不会灰心和痛苦，院长戈尔曼认为，所有修道院的物质生活都必须由修士们自己负责，这类似于古代修道院的修行生活方式。他也同样关注耶稣祷告的规定和要求，致力于追求内部精神的提升。戈尔曼在长老制中看到了修士道德建设的伟大力量，特别是在耶稣祷告方面，他有自己独特的见解和引导修士的方法。

他认为，耶稣祷告是生命中最重要的，如果感到懒惰、懈怠，就要全神贯注地向神祷告，要像一个孩子一样向主说祷告词："主耶稣基督，神的子，宽恕我这个罪人吧。"主自己知道，你是有罪的。再次同样的祷告："主耶稣基督，神的子，宽恕我这个罪人吧。"要放松、简短，最好将注意力放到语言上，就这样祷告。要用智慧深入理解每句祷告词，如果精神不集中，要强迫自己，把注意力集中在祷告上。要让舌头不由自主地自己重复祷告词，达到这样的状态最好。长老戈尔曼要求不断地诵读耶稣祷告，耶稣的名字应经常在心中、头脑和语言

① Монахиня Игнатия (Петровская). Старчество на Руси. М. 1999. С. 32.

中：站着、躺着、坐着、走着、吃饭时，总是要重复耶稣祷告。对于见习修士来说，可以简短地说耶稣祷告，这会十分有益，要记住六个单词：主耶稣基督，宽恕我这个罪人(Господин Иисусе Христе, помилуй мя, грешнаго)。稍慢一些重复："主耶稣基督，宽恕我这个罪人。"然后更慢地说："主-耶稣-基督，宽恕我-这个罪人"，这样最好。[1] 就连圣主教公会都十分重视戈尔曼的祷告经验，在阿封山发生关于耶稣名的争论[2]时，最高教会管理局曾书面问询过长老的意见，他回复说，耶稣祷告是奥秘的事，因此，产生的意见分歧应该用爱来解决，都主教马卡里照着这样做了。

在长老制方面，教父阿列克西(索洛维约夫)给予戈尔曼许多帮助。正是由于他们的努力，佐西马修道院才得以繁荣。它不仅在莫斯科有名，而且闻名于全俄罗斯。修道院完备的内部和外部生活吸引了来自四面八方的人们，他们来到这里寻求祷告、忏悔、建议和安慰。他们和修道院的修士们一起被无形的、"智慧"的修炼高度所吸引，被真正智慧的长老所引导。修道院开始成为那个时代俄罗斯东正教精神中心之一。

## (二) 阿列克西的长老制

长老阿列克西(Алексий, 1846—1928 年)是在 20 世纪初，除了院长戈尔曼外，佐西马修道院又一位著名的长老，1918 年他在全俄修行者中脱颖而出，参加选举牧首的大会，为确定牧首抓阄。1919 年2 月，修士司祭阿列克西被授予苦行修士称号，为在内讧中死去的人

---

① Великие русские старцы. Жития, чудеса, духовные наставления. М. 2000. С. 752 - 753.
② 关于耶稣名的争论，详见张百春：《当代东正教神学思想》，上海：上海三联书店，2000 年，第515—519 页。

祷告,并开始接待来访的民众,直到1923年佐西马修道院被关闭。
2000年8月13—16日,在莫斯科举行的高级主教纪念大会上,佐西
马的长老阿列克西被授予"神圣的上帝侍者"称号,纪念日为10月2
日(俄历9月19日)。

长老阿列克西在长老制牧养方式上有着自己的特点,他的语言
风格简单,心地纯净,有着孩子般的天真性格。他的长老制牧养方式
具体表现在以下几方面:

## 1. 关于祷告的方法

关于祷告,长老阿列克西指出,需要努力燃烧自己心中忏悔的情
感,在神面前诚心悔过。不要采取什么人工的方式,如吸气或呼气,
而只是发展自己身上深深的,真诚忏悔的情感。即使是稍微获得成
功,那时你就会感到祷告的伟大甜蜜,需要每天不断地,不计其数地
诵读耶稣祷告,要求不要机械,不要太快,而是思考地诵读。诵读耶
稣祷告最好限定时间,15到20分钟,祷告要不紧不慢,注意向神做请
求祷告,请神帮助你完成耶稣祷告。独处和静默可以帮助祷告,祷告
总是会摆脱悲痛和罪,在祷告结束时要补充说:"主,最好还是按您的
意志。"这样,以免把对神的祈求变成对神的命令,这是神不悦纳的。[①]

## 2. 关于阅读著作和经文的方法

指导阅读是佐西马修道院长老引导的一个重要方面,因为通过
阅读宗教文献可以消除人们精神的迷惑。阿爸多罗费(Авва
Дорофей)的书最为基础,书中描述了修士内部生活的进程。更高层
次的书是关注善行提升的,如天梯约翰的《天梯》一书,在这本书里可

---

① Великие русские старцы. Жития, чудеса, духовные наставления. М. 2000. С. 763 - 764.

以找到精神生活之路上遇到的问题和答案。还有一些俄罗斯修炼者的书籍,像圣徒伊格纳季·布良恰诺夫(Игнатий Брянчанинов)和隐修士费奥凡的书。《爱善集》很复杂,具有一定深度,包括叙利亚的伊萨克的书,要在有基础、有经验者的指导下阅读。

关于读经的方法,长老阿列克西要求修士,在修行室里最好站着读《诗篇》,修士读《诗篇》也是祷告的操练;福音书一定要站着读,使徒传可以坐着,也可以站着读,但最好是站着读。他认为,奥普塔长老的著作要比隐修士费奥凡的著作更贴近心灵,因为费奥凡的著作有许多经院哲学那类深奥难懂的东西,奥普塔长老们更多的是经验性的,因为他们长期不断地与被牧养者交流。一般内心的信仰要比理性的研究更快、更深地领悟它的真谛。对于修士修行来说,奥普塔长老中,教父马卡里的思想更严谨、有益,他的学说都可以归结为克制和自责。

## 3. 关于利用痛苦来修行的方法

长老阿列克西认为,痛苦是通向神最短、最正确的路。他对门徒和教民说:"你痛苦没有什么奇怪,为了理解他人的痛苦这是必要的。需要忍耐,基督是无罪的,却忍耐恶人的辱骂,与基督相比,你又算什么,怎么能不经历痛苦呢? 你是否知道,灵魂的纯净是用忧伤和痛苦来净化的。基督可以逃避自己的苦难,但是他自愿走上十字架,神特别爱那些自愿为了基督而去受苦的人。"[1]长老阿列克西留给门徒和教子的遗嘱是:"悲恸是一艘大船,我们乘着它驶向天国。"[2]

---

① Великие русские старцы. Жития, чудеса, духовные наставления. М. 2000. С. 763 - 764.

② Великие русские старцы. Жития, чудеса, духовные наставления. М. 2000. С. 763 - 764

## 4. 关于控制情欲的方法

长老阿列克西反对行为放荡的情欲，要求遵守以下生活和行为方式：任何时候也不要指责任何人，不要骄傲，衣着要简朴，房间里应该一切简单，不要多吃，不要多睡，这很重要。不应懒惰，但也不要过度劳累。在斋戒的时候，不要去那些有人迫使你吃个便餐的地方，当有人劝你不要不好意思的时候，要按照自己内心的信仰去遵守教规。长老特别要求妇女和年轻的姑娘，在忏悔时，不要看着听取忏悔神父的脸，最好看着侧面或圣像，因为根据教父的话，目光是淫乱情欲的导体。[1]

从长老阿列克西对门徒和教民的长老制牧养方式来看，长老制的思想内容还是沿袭古代东方长老制传统，只是具体要求和操练方法各不相同。例如，关于耶稣祷告，在 15 世纪的关于长老制牧养方式的手稿中，关于耶稣祷告的方法以及帕伊西关于诵读耶稣祷告的方法，都与阿列克西关于诵读耶稣祷告的方法大致相同，但各有特点：15 世纪的耶稣祷告，无论是在时间，还是在数量和方法上，要求得十分具体详细；而帕伊西的耶稣祷告，更侧重于对耶稣祷告意义的理解；阿列克西长老的祷告介于上述两者之间。具体详见本书第二章和第四章相关部分。

## (三) 佐西马修道院的其他长老

在佐西马修道院中，每位长老的引导都具个性，长老米特罗凡（Митрофан）实质上还是古代长老的风格，但他的长老制引导方式也具有自己的特点：简单、广泛、不拘细节、不喜欢分析思想，也不祝福被引导者，不强加给人强硬的规则，他的戒律是"与上帝同在"。当给

---

[1] Великие русские старцы. Жития, чудеса, духовные наставления. М. 2000. С. 765.

人施洗时,他不会设置、创造什么特殊的环境。但他是一位伟大的长老,有洞察力,有预见性,预言了卫国战争。他曾是彼得修道院院长巴多罗买的精神支柱,在彼得修道院里采取什么重要的宗教决定都要询问他。战争时他备受折磨,最后在狱中像圣徒一样死去。[①] 佐西马修道院的另一位长老英诺森(Иннокентий)是长老戈尔曼的门徒,是修士司祭和佐西马修道院的听取忏悔神父,是长老阿列克西的助手。在修道院关闭之后生活在莫斯科地区,负责引导莫斯科女子修道院的修女们。1934—1937 年,他被流放到奥伦堡,1949 年 3 月 10 日去世。[②]

# 第二节　20 世纪初至今的俄罗斯东正教长老制

东正教长老制是东正教修道院修行生活的一部分,它是一种引导见习修士修炼的修行方式,也是一种牧养体系。随着俄罗斯时代的发展,长老制在十月革命后的 20 世纪中,随着东正教会的被压迫,修道院几乎全部被关闭,修行生活几乎被全部摧毁,长老制也几乎销声匿迹。因为教会、修道院、修行生活、长老制是从外到内的统一整体,它们之间相互联系、密不可分。所以,俄罗斯东正教的修行生活状况直接反映出长老制的存在状态。

## 一 苏联时期的俄罗斯东正教修行生活

### (一) 苏联初期的俄罗斯东正教修行生活

1918 年 1 月 23 日,由苏联人民委员会颁布了《关于教会同国家

---

① Великие русские старцы. Жития, чудеса, духовные наставления. М. 2000. С. 767.
② Пыльнев. Г. А. О воспоминании старца иеросхимонах Иннокентий. М. 1998.

分离和学校同教会分离》的法令,此法令是苏维埃国家对宗教所规定的政策核心,也是苏维埃国家政教关系的基础。此法令的内容主要包括以下几点:

第一,教会必须同国家分离。主要指原来的国教东正教,在原国家中享有的一切政治、经济、文化思想等特权统统被取消。此后,任何教会都只能作为一种民间团体存在,完全与国家政权脱离关系。

第二,在俄罗斯共和国,任何公民都有信仰宗教的自由和不信仰宗教的自由。国家认为信教是公民的私事。

第三,每种宗教都可以作为一种团体存在,但这种团体不能从国家或地方获得任何特权和津贴,教会和宗教团体无权占有财产,也不享有法人权利。

第四,原来属于教会和宗教团体的财产一律宣布为国有财产,但专供祷告用的建筑和祈祷用品可根据国家和地方政权规定,交宗教团体无偿使用。[1]

俄共(布)党在制定宗教政策时,名义上让宗教存在,实质上是以消灭宗教为目标,党的许多机密文件已证明这一点。[2] 事实上,1918年决议的实施也印证了这一目标。

剥夺教会财产是从修道院开始的,从修道院强行收回所有法律权利,剥夺其生存的现实条件,包括土地、资产、不动产。为了实现这一目标,司法人民委员会的清理部在 П. А. 克拉西科夫(Красиков)的领导下,强迫修行人员从修道院里搬出,理由是服从"伟大需要","为

---

① 傅树政,雷丽平:《俄罗斯东正教会与国家》,北京:社会科学文献出版社,2001年,第33页。
② 傅树政,雷丽平:《俄罗斯东正教会与国家》,北京:社会科学文献出版社,2001年,第36页。

劳动阶级提供住处"。第一个打击目标是莫斯科修道院,院长接到命令三天内清空修道院,提交日用品资产目录。莫斯科修道院的建筑物在很短的时间内被占用,主显现修道院、尼古拉-格列切斯基修道院、斯列坚斯克修道院、扎伊克诺斯巴斯基修道院里建起了工人宿舍。苏维埃政权初期,在男修道院里只剩下几个修士,大部分修士被强行搬出。几个女修道院保留下来,是因为在苏维埃政权的最初几个月,在受难尼基斯克、斯科尔比亚先斯克修道院的修女们组织缝纫车间,为红军缝制军服。

限制教会权力引起神职人员和平信徒的愤怒和反抗,于是第一批针对神职人员的恐怖行动开始了。在基辅,都主教弗拉基米尔被打死,主教格尔莫根在托博尔被淹死。在 1918—1920 年间,至少有28 名主教遭暗杀,数以千计的神父被投入监狱或被处决,大约 12000名信徒被杀害。[①] 一些教堂和修道院被关闭,到 1921 年,被关闭的修道院总数有 700 座。每关闭一个修道院,通常都伴随着对修道院财产的没收以及侮辱、销毁苦修者虔敬的圣尸等行为。根据官方资料,到 1920 年末,在各省有 60 多具圣尸被剖解。他们中有一些非常著名的苦修长老的圣尸,如莫斯科圣母安息大教堂的圣阿列克西的圣尸以及圣三一修道院的拉托涅日的谢尔基的棺木。在 1919 年 4 月12 日克拉西科夫写给列宁的信中记述:"弗拉基米尔·伊里奇,在三一修道院里拉托涅日的谢尔基的棺木被顺利打开,里面什么也没有,除了干草和老骨头。修士们都参加了,还有医生、电影工作者、见证人和居民代表以及聚集在修道院的人群。记录和纪录影片很快准备

---

① Sergei Pushkarev: Christianity and Gouernment in Russia and Souiet Union Reflections on the Millennium. Westview Press, London, 1989, p. 56.

发表和公映。"列宁的回信说："应监督和检查,更快把这部纪录片在全莫斯科上映。"①这一毁坏圣尸的目的是让民众消除对苦修长老的崇拜,从而破除对东正教的信仰。从中也可以看出苦修传统在俄罗斯东正教精神中的核心地位。

据那些年代的报纸记载,修士们对没收修道院宝物运动的反抗十分激烈,这导致 1922—1923 年被杀害的修士有 1962 人,修女有 3447 人。②吉洪大牧首也于 1922 年 5 月 6 日被捕,其罪名是反对国家没收教会珍宝文物、煽动制造饥馑。而在整个没收教会珍宝期间,被处决的人大约有 25000 人。③后来有人提出,利用教堂和修道院青铜钟来发展电子技术工业的设想,这导致"反钟运动"④席卷全国,随着教堂和修道院的钟被拆除,教堂遭到直接、严重的破坏,而收集的钟也没有给国家工业带来任何好处。

1926 年 11 月苏联颁布和实施的《苏俄刑法典》,对宗教活动的规定和限制是非常严苛的。其中有关于在国立和私立学校中向未成年人传授宗教教义的行为,或是违反此项法律的,判处一年以下劳动改造;为教会或宗教团体的利益而强迫募捐者,判处六个月以下劳动改造或 300 卢布以下罚金等等条款。⑤1929 年 4 月,苏联全俄中央执行委员会和人民委员会又颁布了《关于宗教组织》的决议。这项决议就是一部新宗教法,此项决议对宗教组织的申请、批准、活动和使用的建筑物、财产等权利又作了非常具体而又严厉的规定。在它之后,该

---

① РГАСПИ. Ф. 2. Оп. 2. Д. 9239.

② О. Ю. Васильев Русская Православная Церковь и Советская власть в 1917 – 1927 годах. Вопр. Истории. No8. 1993. С. 41.

③ 傅树政,雷丽平:《俄罗斯东正教会与国家》,北京:社会科学文献出版社,2001 年,第 81 页。

④ 傅树政,雷丽平:《俄罗斯东正教会与国家》,北京:社会科学文献出版社,2001 年,第 135 页。

⑤ 傅树政,雷丽平:《俄罗斯东正教会与国家》,北京:社会科学文献出版社,2001 年,第 132 页。

决议指南更多限制了神职人员的法律和经济地位,导致人数急剧减少,加之 1929—1930 年间是烧毁教堂的高潮时期,从 1930—1934 年间,修道院和教堂数量减少了 30％。[①]

所以,苏维埃政权初期对待东正教会的一系列法律和措施,使整个教会和修道院遭到重创。这导致俄罗斯东正教内部修行生活无法进行,作为修行方式之一的长老制更是无从谈起,它完全被淹没在社会主义革命的洪流之中,几乎销声匿迹。

## (二) 斯大林时期的俄罗斯修行生活

### 1. 斯大林执政前期的俄罗斯修行生活

在斯大林执政前期,无论是从个人的好恶,还是从国家政策出发,斯大林都想尽快消灭东正教,因为他认为宗教在社会中散布一种反国家情绪,是苏维埃社会中的一股敌对力量,一种挑起不稳定的因素。[②] 斯大林关于加强阶级斗争的论点,随着向社会主义的推进,注定掀起对教会神职人员的大规模镇压浪潮。许多神职人员遭到被捕和流放,在流放地神职人员失去了举行祷告仪式的权利,检查人员会在夜里突击检查,如果发现有与宗教仪式有关的物品,立即没收交给国家政治保安局处理。

第二次世界大战前,俄罗斯主教以上的神职人员只剩下四个人,两个大主教和两个都主教:莫斯科的都主教谢尔基(斯特拉戈罗德斯基)、列宁格勒的都主教阿列克西(西曼斯基);彼得戈夫的大主教尼古拉(雅鲁舍维奇)、德米特罗夫的大主教谢尔基(沃斯克列先斯基)。

---

① 傅树政,雷丽平:《俄罗斯东正教会与国家》,北京:社会科学文献出版社,2001 年,第 133 页。
② 傅树政,雷丽平:《俄罗斯东正教会与国家》,北京:社会科学文献出版社,2001 年,第 137 页。

这四个人组成了 1939 年教会的全部大主教团。1937 年,大约有 35 名主教消失,许多神父被枪杀。大主教安东尼"无踪迹地消失了"。每个月都有一些神父被枪决。1937 年整个列宁格勒地区只剩下 15 名神父,而 1930 年这里还有 1000 多名神父。[①] 1937 年失去了大约 10 万教区的度修行的神职人员,东正教修行生活的中心在 1917 年之后已经不在俄罗斯,而是在俄罗斯之外的修道院:瓦拉姆修道院,波恰耶夫大修道院,皮尤赫季茨基修道院。1938 年时,在苏联不存在任何一个修道院,在兼并波罗的海沿岸地区、西乌克兰、西白俄罗斯和比萨拉比亚之后,修道院有 46 座。到 1941 年俄罗斯东正教会有 3021 个开放的教堂,并且其中 3000 个位于 1939—1940 年加入苏联的地区。神职人员在大战前大约有 6376 人。[②]

## 2. 斯大林执政的复兴教会时期

从 1939 年 8 月开始,随着苏联对西部领土的兼并,苏联官方基本上停止了对俄罗斯东正教会的迫害。这是苏联想尽快征服和同化被兼并地区广大居民的需要,因为这些地区的居民大多数是东正教徒,苏联至少要表示出对当地居民宗教信仰的尊重,以便本地居民减少对苏联政府的仇视和不满。为了进一步征服当地居民的心,利用莫斯科东正教会去统一当地的东正教会无疑是最好的策略。通过教会去统一教会,使西乌克兰和西白俄罗斯的居民,可以同他们的东部同胞组成一个统一的宗教整体,这对苏联政权来说是最好的使之臣服的办法。于是苏联政府马上派俄罗斯东正教最高管理

---

① 傅树政,雷丽平:《俄罗斯东正教会与国家》,北京:社会科学文献出版社,2001 年,第 155—156 页。

② Монашество и монастыри в России XI - XX века. Москва «наука». 2002. C. 336 - 337.

机构中的大主教尼古拉(雅鲁舍维奇)去西乌克兰、西白俄罗斯；大主教谢尔基(沃斯克列先斯基)去波罗的海兼并区。斯大林在苏联兼并西部以后，不仅对内地的东正教会停止了迫害，对新兼并区的教会也特别宽容大度，在苏联土地上对东正教的迫害暂时停止了。

1941年6月卫国战争爆发后，苏联的整个宗教政策发生了明显变化，表现为以下几点：第一，无论是口头的还是书面的反宗教宣传，从政府的文件、报纸、广播中消失；第二，不再禁止谢尔基代理牧首的布道活动和演说，当然，这些演讲都具有爱国主义思想和反法西斯的性质；第三，不再禁止谢尔基代理牧首致全体教徒的公开信在全国教徒中传阅。[①] 另外，苏联政府对教会态度的转变还表现在1942年对外宣传的《俄罗斯教会真相》一书中，该书对东正教会的看法已经大大改变，强调了教会的爱国主义传统，对牧首吉洪政治威望和教会内部的威信也给予了高度评价。另一个转变的表现是允许教会在1942年的复活节时举行大规模的庆祝活动。另外，1943年1月斯大林允许代理牧首谢尔基的请求，以教会的名义在银行开设账户，存放全国各地教会募捐到的国防捐款。斯大林不仅同意了这一请求，而且还对教会这一爱国举动表示感谢。

对于复兴教会来说，具有历史意义的时刻是1943年9月，斯大林在克林姆林宫接见了谢尔基、阿列克西、尼古拉三位宗教领袖。在会见中，谢尔基提出四点要求：第一，选举全俄牧首；第二，开办培养神职人员的教区培训班，以解决东正教会缺少神职人员的问题；第三，从劳改营和监狱中释放一批主教和神父，给予他们人身自由和做

---

① 傅树政，雷丽平：《俄罗斯东正教会与国家》，北京：社会科学文献出版社，2001年，第167页。

神职人员的自由;第四,解决出版宗教刊物的问题。[①] 斯大林满足了这次会见所提出的全部要求,而且还主动为教会提供了其他优惠,如在食品供应、交通、住房等方面给予帮助。这次具有历史意义的会见,标志着俄罗斯东正教会迎来了新的历史时期,即复兴教会时期,也标志着苏联政府和教会之间的紧张关系有所缓和。但是,复兴教会是在斯大林的严格监督之下进行的,为此成立了俄东正教会事务委员会,任命国家安全上校 Г. Г. 卡尔波夫为负责人。委员会的所有决定都由政府确认,所有问题卡尔波夫都要向莫洛托夫请教,没有斯大林的同意不能采取任何一个决定。

修道院也开始复兴。1940 年,在俄罗斯苏维埃联邦社会主义共和国的领土上没有一个起用的修道院。在领土兼并之后,有 46 个修道院;后来恢复活动的有 29 个。1945 年 8 月 26 日,苏联人民委员会《关于东正教修道院》秘密决议中,要求俄东正教事务委员会在最短时间内调查苏联境内正在起用的修道院的法律和经济状况。1945 年 10 月的调查表明:75 个修道院中有 42 个女修道院,33 个男修道院;女修道院中有修女和见习修女 3125 人;男修道院中有修士和见习修士 855 人。年龄结构: 2/3 是大于 60 岁。修道院的分布情况:库尔斯克和普斯科夫州 2 个;乌克兰 42 个;摩尔达维亚 24 个;布哈拉共和国 3 个;立陶宛 2 个;拉脱维亚和爱沙尼亚各 1 个。[②]

从苏联政府委员会的资料中发现,大部分修道院实行集体制修行方式,其中一部分修道院是执行古代成文的修道院规章。大部分修道院接收剃度年龄不小于 30 岁。但在摩尔达维亚的 1159 个修士

① 谢尔盖·戈尔布恩神父:《1943—1970 期间的俄罗斯东正教会》,参见《莫斯科牧首去杂志》1993 年第 1 期。
② Монашество и монастыри в России XI - XX века. Москва «наука». 2002. С. 338.

中,有 57 个不满 18 岁,81 个不满 25 岁。一些修道院享有法人权利,它们出租土地和雇佣劳动力。非集体制修行方式的修道院在苏联不多:摩尔达维亚有 5 个,都是女修道院;库尔斯克只有 1 个,是圣三一女修道院。[①] 1946 年春,圣三一谢尔基大修道院重新开放,这所修道院在俄罗斯东正教修行生活中有着重要地位,它的重新开放也标志着俄罗斯修行生活有所复兴。因为东正教会的大部分神职人员都曾经在这里受到过引导和培养,这所修道院对俄罗斯东正教的修行生活起了巨大的作用,它在俄罗斯具有很高的宗教威望和影响力,在这里培养出许多著名的、威望很高的长老和院长。

在这次复兴运动中,**长老制**也有了复苏的机会,一些被流放和关押的长老和神父得到释放,一些长老又回到了修道院,担负起引导见习修士的责任,也恢复了对平信徒的牧养。长老库克沙于 1947 年结束了流放生活,回到了基辅洞窟修道院,并在这里开始引导修士和信徒的长老制。凭借他的祷告和精神引导,向他求教的信徒们获得了精神的安慰和提升。这一复兴运动持续了 10 多年,直到 1958 年俄罗斯东正教会又遭到新一轮的压制和迫害为止。

## (三) 后斯大林时期的俄罗斯修行生活

### 1. 后斯大林时期的修行生活

1958 年,俄罗斯东正教会和修道院的生活发生了巨大改变。苏联新任领导人赫鲁晓夫提出不仅要"建成共产主义",而且要完全清除人民意识中的资本主义"宗教残余"的计划纲要。这一反宗教运动从迫害修道院开始,因为修道院是东正教的精神中心,它给予

---

① Монашество и монастыри в России XI - XX века. Москва «наука». 2002. С. 338.

了信徒精神支持和安慰。1958 年 10 月，苏联部长会议通过了《关于苏联的修道院》和《关于向教区管辖企业和修道院征收所得税》的两个决议。前一个决议禁止修道院雇佣劳动力，大量减少修道院的土地和修道院的数量。制定了 1959—1960 年关闭修道院的计划，在 63 所修道院中保留了 28 所。一些修道院被命令在 24 小时内关闭，修士被迫搬出修道院。在 1960 年从修道院里被搬出的人员中，只有 20％左右的人转到其他修道院，其余的人员被送到医院和养老院。[1]

1963 年，基辅洞窟修道院被关闭，波恰耶夫、普斯科夫洞窟修道院和皮尤赫提茨基女修道院被保留下来。在这次反宗教运动中，修道院的数量急剧减少，具体情况如下：在 1959 年开放的 47 所修道院中，到了 60 年代仅剩下 16 所。修道院里修士和神职人员的数量从 1948 年的 4632 人，减少到 1965 年的 1500 人。[2] 虽然修道院遭到了严重破坏，但这一时期的修行生活依然存在，只是情况发生变化。修道院的修士们开始独立进行自己的精神生活，其中大多数人在教区任职，有些修士隐居山林，进行苦修。在苏联时期的敖德萨的圣库克沙长老的人生经历和长老制，反映了当时的修行生活状态和特征。

## 2. 敖德萨的圣库克沙的长老制

20 世纪伟大的苦修者圣库克沙（Кукша Одесский，1875—1964 年），被称为 20 世纪萨罗夫的谢拉菲姆。1875 年 1 月 25 日，他出生于尼古拉耶夫省的一个村庄，他的母亲年轻时就想成为修女，但最终按照父母的意愿出嫁。她经常向神祷告，请求自己孩子中有人成

---

[1] 乐峰：《俄国宗教史》，北京：社会科学文献出版社，2008 年，第 353 页。
[2] 乐峰：《俄国宗教史》，北京：社会科学文献出版社，2008 年，第 353 页。

为修士,进行苦修。库克沙如母亲所愿,从小就喜欢祷告和独处,经常读福音书。1896 年,库克沙得到父母允许,去了阿封山,在那里被苦难圣徒潘杰列伊蒙修道院接收为见习修士。1897 年,库克沙得到院长恩许,实现了到圣地耶路撒冷朝圣的愿望。一年以后,他从耶路撒冷回到了阿封山。1904 年 3 月 23 日,他接受剃度为修士,名为克谢诺丰特。在潘杰列伊蒙的修道院里,在长老麦基洗德的精神引导下,修士克谢诺丰特在精神操练和所有修行方面进步很快。

1913 年,希腊政府要求许多俄罗斯修士从阿封山上离开,其中包括克谢诺丰特。临行前他来到长老面前,长老劝告他"不要怕!"俄罗斯人民需要他回去拯救。这句话支撑着克谢诺丰特度过最艰难的岁月。1913 年,阿封山的修士克谢诺丰特成为基辅洞窟圣母安息大修道院的常驻修士。1914 年第一次世界大战时,克谢诺丰特在"基辅-利沃夫"的卫生列车上当了十个月的男护士。回到修道院后,他被派到较远的洞窟任职,为圣尸点灯和换衣服。这时他的愿望是成为苦行修士,过了几年他的愿望实现了。1931 年,重病的他剃度为苦行修士,剃度时获得了库克沙这一名字,这是为了纪念苦难圣徒库克沙。1934 年 4 月 3 日,库克沙接受按手礼成为了修士辅祭。一个月以后,成为修士司祭。在基辅洞窟修道院关闭后,库克沙在基辅沃斯克列先斯克区教堂任职,一直到 1938 年。1938 年,库克沙被判有罪,在莫洛托夫斯克州的维尔姆城的集中营服刑,后来被流放三年。60 岁的长老经受着沉重的劳动和十分艰苦的生活条件,但他还是努力用精神支持他周围的人们。

1943 年春天,他刑期结束,又被流放到了索利卡姆斯克州。在那里他得到主教的允许,经常在临近村庄做祷告仪式。1947 年流放结束,修士司祭库克沙回到了基辅洞窟修道院。在这里开始了为苦难信徒服务的长老制,凭借他的引导,信徒们获得了精神上的鼓励和安慰。长老库克沙性格温顺、谦卑,具有很强的洞察力,能发现最隐秘的情感,这些情感只有本人能理解,但他却能准确地说出是什么,并可以解释这些情感的来源。为了解决痛苦,得到他的建议和引导,许多人找到他,而他不等到来访者说什么,就给出了他们所需的答案和建议。1951年,长老库克沙从基辅搬到波恰耶夫圣母安息大修道院,在波恰耶夫修道院担任忏悔神父的职分。他以父亲般的爱对待来访者,减轻他们的精神痛苦。长老禁止来访者带钱到圣樽前,禁止神父口袋里装着钱在供桌前做礼拜仪式,以防这样像"犹大"。数以千计的人排队等待他的接见,尽管他年迈多病,但还是整天不知疲倦地接待来访者,牧养修士们。①

1960年,库克沙长老搬到了敖德萨圣母安息男修道院,在这里长老受到修士们的欢迎,但受到了修道院监督司祭的排挤和迫害。这时,新一轮的宗教迫害已经开始。监督司祭派了一个隐修士监督长老的言行,长老在修行室里不断地斋戒修炼、祷告,反而以自己的高尚精神感化和引导了这位修士。1964年10月,长老跌断了大腿,在那种情况下,躺在冰冷潮湿的地上,又得了肺炎。他拒绝吃药和看医生,只是每天祷告。1964年12月24日,长老病重去世,年近90岁。苏联政府担心参加长老葬礼的人太多,影响太大,要求把长老的遗体送回家乡。修道院的院长回答说,修士的家乡就是修道院。尽管当时政府限定葬礼时间只有两个小时,但很多人还是参加了葬礼。

① Людмила Ильюнина. Золотая цепь старчества - Русское старчество XX века. Санк-Петербург. 2012. C. 191 - 193.

1995 年,根据乌克兰东正教会的圣主教公会的决定,库克沙被列为圣徒。

在那个不信神的年代,库克沙长老作为忏悔神父给人以精神安慰。在长老制衰落时期,长老库克沙是为数不多的优秀长老的代表。在那个对于俄罗斯东正教徒来说黑暗的年代,他以自己崇高的德行和长老制牧养方式给信徒带来了长老制的光明,让人们在寒冷黑暗之中依然能够依稀感受到东正教长老制带来的一丝温暖。

## (四) 1988 年后的苏联东正教修行生活

从 20 世纪 80 年代中期开始,戈尔巴乔夫以"公开性"和"民主化"为核心内容的"新思维",逐渐成为苏联党和国家推动社会改革进程的指导性思想。在这一大的背景下,宗教问题成为苏联社会持续的热点问题,1986 年 3 月,戈尔巴乔夫在苏共"二十七大"会议上宣布,"国家将致力于改善同教会的关系","使教会的合法地位得到改善"。1988 年,戈尔巴乔夫接见以皮缅牧首为代表的六位俄罗斯东正教会领导人时表示支持东正教会举办俄罗斯受洗一千年庆祝活动,并赞扬东正教在俄罗斯历史上所起到的积极作用。千年庆典隆重举行,广播电视都做了相应的报道。这次庆典的成功举办,标志着苏联政府对待东正教会的立场发生了根本性的改变。

庆典之后,俄罗斯东正教会举行了全体主教会议,制定了管理规章,宣布解除对神职人员的权利限制,教区的一切管理由教区神职人员全权负责。另外,政府还对东正教会的大量房产和地产进行了合法的登记和注册,主要包括修道院和教堂。1990 年 10 月,此时距离苏联解体还剩 14 个月的时间,新的法规《关于信仰自由和宗教组织》颁布实施。这部新的法规最显著的特点,就是取消或淡化社会主义国家对宗教组织及其活动的管理。根据西方学者的统计,"从戈尔巴乔夫执政以来,俄罗斯东正教会开始了复兴。到 1989 年下半年,俄罗斯东正教会已经拥有了 8100 位教士,2443 位领经人[①],70 个教区,19 个教育机构,3948 位神学院学生,至少拥有 9734 个开放的教堂和 35 座修道院和修女院。"[②]与十月革命前相比,这个规模尽管还有很大的差距,但是已经大大超过了戈尔巴乔夫之前苏联任何一个时期俄罗斯东正教会的规模。

在这一时期,修道院内部修行生活还处于恢复期。按照修道院的规定,申请进入修道院作见习修士的人,必须有申请人常去的教堂的神父或主持的推荐,见习期满才可以剃度修行。当时的国家法律对此没有相关的规定。一些修道院中有许多修士是缺乏精神生活经验和教会生活经验的人,包括刚刚受洗不久、血气方刚的年轻人。还有许多修道院里既没有接受忏悔的神父,也没有年长的长老或修士。在新开设的修道院里存在着两种极端现象,或是过分热衷于经济活动,或是进行不合理的、无度的精神修炼。

## 二 苏联解体后的俄罗斯修行生活

### (一)东正教会的复兴

苏联解体后的 20 多年里,社会生活中宗教因素有所增加,大部分居民表明自己信仰宗教。据一份社会调查表明,有 59.2% 的受访者喜欢到教堂去。因为只有在教堂里才有机会单独与自己的思想交

---

① 领经人是指祷告过程中,除了单独祷告外,集体祷告是必不可少的。集体祷告必须有统一的祈祷文,才能同心同声来诵读。要同心同声地诵读,必须有一个带头的人,这个人就是领经人。

② Religious Policy in the Soviet Union, Cambridge University Press, 1993, pp. 31 - 53.

流,获得内心的宁静,甚至是美感的满足,感觉灵魂纯净,而这些感觉在俗世生活中是找不到的。[1] 社会对待东正教会的态度各有不同,作为当今政权"倾向于为了感觉,自己自古以来就是俄罗斯政权传统的继承者,赋予它调节人民精神、宗教、文化生活的权利……"。[2] 虽然,当今俄罗斯人的宗教信仰是肤浅的,在大众意识里,之所以接受东正教会,仅仅是因为把它作为民族文化传统的保护者来看待。

牧首阿列克西二世在 2008 年的俄罗斯东正教会高级主教会议上的报告中提到,在俄罗斯受洗千年时,俄罗斯东正教会只有 21 所修道院开放。到了 2008 年,莫斯科牧首区修道院的数量就达到 541 所。在当今,对于大多数俄罗斯人来说,东正教修道院数量的增加是一个递进过程,在这个过程基础上,是东正教文化的复兴。俄罗斯东正教的复兴原因有以下几点:

第一,复兴俄罗斯东正教是对西方文化影响的反抗,也就是说,实质上是在捍卫俄罗斯民族文化和价值观。东正教被看作是俄罗斯自我意识的标志:如果我是俄罗斯人,我一定是东正教徒。

第二,东正教的复兴是对苏联时期遗留下来的无神论思想的对抗。实际上在今天的俄罗斯,无神论者是对宗教冷漠的人,而不是反抗上帝的人,这是信息社会的一种普遍现象。当然,东正教也可以起到促进一体化、团结民众的作用。

第三,东正教的复兴是变革中的社会需要。大规模的、快速的社会变革会衍生出许多社会问题。因为社会变革,会有一些人处于焦

---

[1] Кариаиайнян К, Фурман Д. Религиозность в России 90-е годы \ Старые Церкви, новые верующие: Религия в массовом сознании постсоветский России. СПБ, 2000. С. 11 - 16.

[2] Филатов С. Б. Новое рождение старой идей: православие как национальный символ \ Полис. 1999. No3. С. 140.

虑和恐慌当中,而东正教会宣布必须遵循不变的原则,这在变化的世界里可以给人以安全感。另外,教堂也是彷徨中的人们寻求心灵寄托之所。

第四,复兴东正教会也是政府寻求民族精神,从而促进形成"强大民族"的需要。通过媒体的宣传来影响大众,恢复东正教的宗教观和文化价值观,促进统一民族精神的形成,这是实现强大俄罗斯的民族理想的需要。

## (二) 当今俄罗斯东正教的修行生活

### 1. 民众对修道院修行生活的态度

当今社会,人们对待东正教修行生活的态度与对待东正教会是类似的,因为修行生活是东正教会的精神核心。一份对圣彼得堡居民的调查问卷显示,只有36.8%的受访者曾经去过修道院,并且有53.8%的人表示不喜欢留在修道院。问卷受访者中大多数人认为,信仰绝不是靠精神苦修来证明的。大多数的俄罗斯人如果在生活中遇到问题,会尽可能自己解决。问卷显示,在人们走投无路的情况下,首先会选择求助于心理学家的占33.2%,求助于长老的占30.2%,仅有12.8%的人认为必须求助于彼岸世界的力量。[①] 这表明有特殊天赋的长老在民众心目中的精神权威明显下降。这一现象也说明,现代人对自己的命运和生活目标更注重现实性和实用性。

尽管人们对待修士还是怀有敬意,但让人们切断地上的幸福去进行精神修炼,他们不愿去尝试。如果说在苏联时期修士被宣传成

---

① И. В. Астэр. Современное русское православное монашество: социально-философский анализ. Санкт-Петербург. 2010. С. 116.

游手好闲的人和小偷，那在当今，由于大众传媒的作用，民众表现出对修士修行生活的一定尊重，修士不再被认为是无所事事的人，但是在社会中还没有形成对**精神**修行**活动**的崇拜。例如，在对圣彼得堡市民的问卷调查中，受访者认为，修士就是修道院祭礼仪式的服务者。普通民众意识中对修道院的印象，在对圣彼得堡市民的问卷调查结果中可以说明。在受访者中，37.4％的人回答说"我不想去那里"；19.2％的人认为"修行的人比我们普通平信徒轻松"；13.6％的人认为"修行的人比较辛苦"；6.6％的人认为修道院是"可怕的学校"；9.6％的人认为修道院是"神圣、恩赐的地方"；0.8％的人认为修道院一词可以唤起"去那里"的渴望。[①]

从上述情况来看，当今俄罗斯民众对修行生活再也没有19世纪时那么狂热，正相反，更多表现出的是一种冷漠。正如现代学者、教授 Г. М. 普罗霍罗夫（Прохоров）指出的："在上几个世纪，人们千方百计地去修道院，而现在'白天打灯笼'也找不到人愿意献身修行生活，特别是男性。"[②]这句话就是当今俄罗斯民众对修道院修行生活态度的真实写照。

## 2. 东正教修行生活在当今教会体系中的处境

当今，俄罗斯东正教修行生活在教会体系中的处境十分艰难。在1988年6月7日俄罗斯东正教会主教大会上通过的东正教会规章中，仅有一章是关于修道院的。其中提到了"由修行称号的人组成的男或女宗教团体"，"通过贞洁、无贪欲、顺从的誓约"献身"祷告、劳

---

① И. В. Астэр. Современное русское православное монашество: социально-философский анализ. Санкт-Петербург. 2010. С. 117.

② Людмила Ильюнина. Золотая цепь старчества - Русское старчество XX века. Санк-Петербург. 2012. С. 36.

动和虔敬生活"等。在此条件下,修行宗教团体"根据负责管理的高级主教的许可,可以补充进成年的、希望进入修行生活方式的、有东正教信仰的人。"①从此规章中反映出誓约原则,是修行生活制度的基础。按规定,必须年满 18 岁才允许剃度,而在此规章中修行生活中的许多其他问题都没有具体规定。例如,院长和修士的权利和义务,修行生活的构成等。而关于修行生活中最主要的精神修炼的问题,直到 1997 年 2 月 18—23 日举行的俄罗斯东正教会高级主教大会上,莫斯科及全俄牧首阿列克西二世才提到:"关于指定忏悔神父的问题应该是高级主教的特有权力。"②关于修道院长老的确定问题,在正式文件和规章中都没有提到过。

像俄罗斯地域内其他任何宗教组织一样,修道院在权利框架内是非商业组织的法人。根据俄联邦民法,非商业组织的法人主要活动目的不是获取利润,而且没有分配利润的权利。开办修道院的问题由莫斯科及全俄牧首和圣主教公会管理。主教管辖区的高级主教(主教、大主教和都主教)是教会教区的代表,他们的义务包括:确立修道院规章;监督修道院的宗教和行政活动;指定修道院院长、神父;向国家政府机关申请恢复修道院的管辖范围等等。这意味着,修道院处于主教管辖区高级主教的监督和管理之下,主教管辖区的界线划分几乎与国家行政区划的界线相等。另外,还设有直属修道院,不受地方教区管辖,直属于牧首或圣主教公会机关。2008 年 6 月 24 日牧首阿列克西二世在俄罗斯东正教会高级主教会议上的报告指出,2008 年 1 月,俄罗斯东正教会有 25 所直属修道院,所有修道院实行

---

① Монастыри \ Устав об управлении Русской Православной Церкви. СПБ. 1996.

② Архиерейский Собор Русской Православной Церкви. 18 - 23 февраля 1997г. М., 1997. C. 28.

集体制修行生活方式。

在男修道院里实行院长内部管理制,院长对修士进行精神引导,对修道院进行行政管理。女修道院的院长对修道院实行行政管理,但精神牧养是由听取忏悔的神父完成。直属修道院的院长通常是由都主教担任,而管理是由副都主教负责。根据院长的提议指定修道院的主要职责人选:司财务修士、管事、听取忏悔的神父或负责精神引导的长老等等。接受引导的见习修士要到院长那里接受修行生活的剃度和祝福。从上述可以发现,现今修道院里的长老人选是由院长决定的,完全不同于十月革命前的长老制,那时候的长老是由修士推举产生。这种任命长老方式的变革,必然对俄罗斯东正教长老制牧养方式产生影响,也是导致当今修道院"小长老制"现象出现的一个重要原因。关于"小长老制"的问题会在下面做详细分析和研究。

## 三 当今俄罗斯东正教的长老制

当今俄罗斯东正教会迎来了复兴的时代,但作为东正教精神核心的修行生活却没有迎来真正的复兴和繁荣,而长老制作为修行生活的基础,自然也没有迎来像 19 世纪时的复兴和繁荣,这与当今信息时代的发展特征密不可分。因为现今的人们缺少 19 世纪时对长老精神引导的需求和渴望,所以,也没能掀起像帕伊西时代那样的精神修行热潮。但是,长老制在现今并没有消失。这是因为,在现代社会,人们面临各种矛盾冲突,既有内部个性的,也有人与人之间的以及人与自然界的。作为精神修炼基础的长老制,在一定程度上可以满足人们解决矛盾问题、寻求精神慰藉的需要。所以,长老制在当今依然有其存在的价值,只是它的作用和形式发生了变化。

## (一) 当今的修士修行生活

从修士方面来说,在当今俄罗斯社会,愿意进入修道院进行苦修的人一般有如下情况:他们在俗世社会经受了打击,失去了以往的理想,希望通过修行生活在俗世之外找到自己新的理想,他们完全没有古代修士那种单纯为了神而修行的动机;更有甚者,完全是为了生存下去,进入修道院只是为自己找一个栖身之地。在对圣彼得堡的问卷调查中,有一位名叫奥莉佳的受访者,她原来是一名护士,1996年因为医院倒闭失去了工作,由于学历低,在社会上很难找到工作,她又不想进修学习,于是为了生存她进入修道院,1999 年被接受为见习修女。当问她进入修道院的"目的是什么?"她说:"这里有饭吃,不用做别的,生活很好。"从 1999 年到 2005 年,有人不止一次劝她从见习修女过渡到修女,她说:"为什么? 我这样很好。"①

在当今的修道院里,接受剃度的当地居民,通常在俗世仍然享有不动产权,仅有特别虔诚的人才把自己的财产转交给修道院。如果是在革命前,接受修行剃度的人会停发退休金;而现在的修士不仅有退休保障权,而且可以按照个人意愿支配退休金。因此,以往的制度法令,在今天已经丧失了法律效力,但也不是完全过时,只是从法律领域转移到了道德和传统宗教价值领域。近年来,恢复设立修道院客栈和隐修士单人居室的传统得到推广。隐修士的单人居室通常离修道院不远,目的是保障更有经验的修士进行精神操练,保证祷告不受外界的干扰。委托给有经验长老的见习修士,在单人修行居室

---

① И. В. Астэр. Современное русское православное монашество: социально-философский анализ. Санкт-Петербург. 2010. С. 125.

里要承担顺从的义务。在修行居室里生活的目的是建立修炼的内部世界,操练祷告和精神警醒。一般单人修行居室(或隐修院)没有任何行政和法律的独立性,而是完全附属于修道院,由修道院指定在精神生活上有经验的、年长的修士来担任修行室(或隐修院)的领导。

　　修道院的修士和见习修士的作息时间安排得十分紧凑,这样会使刚进行修行的见习修士没有幻想和沮丧的时间,有利于清除俗世的思想,顺从长老的思想和意志。一般夏天的日常安排如下:

　　　　5:00 起床(跟着太阳初升),洗漱

　　　　6:00—9:00 晨祷,接着是礼拜仪式

　　　　9:00—9:30 早餐时间

　　　　9:30—13:00 完成职分和劳动时间

　　　　13:00—13:45 进餐时间

　　　　13:45—14:45 休息

　　　　14:45—18:00 完成职分和劳动时间

　　　　18:00—18:45 晚祷、晚课时间

　　　　18:45—19:15 晚饭时间

　　　　19:15—20:00 晚祷

　　　　20:00—23:00 空闲时间(这一时间必须执行"修士单独修行
　　　　　　　　室规章",在自己的居室内跪拜和祷告)

　　　　23:00 睡觉[1]

　　礼拜天的作息时间与平时稍有不同,起床时间推迟一个小时,内

---

① И. В. Астэр. Современное русское православное монашество: социально-философский анализ. Санкт-Петербург. 2010. С. 158.

容安排都一样。冬天的起床时间与夏天礼拜天的作息时间一样,起床时间是早上 6 点,其他都一样。从上述作息时间安排来看,修士睡眠时间很短,这也是禁绝肉欲的修炼表现。根据规章,任何见习修士如果没有长老的恩许,不能把任何东西带到修行居室,这是必须遵守的原则。"所有的东西,不经准许私自持有,那也是一种偷盗。"①在去教堂的路上,不能停留或者与别人讲话;除非对于别人的提问,需要做出必要而简短的回答。

## (二)当今的俄罗斯东正教长老制

### 1. "小长老制"的出现

从**长老方面**来说,由于现在的修道院里缺少有经验的长老,因此出现了"小长老制"(младостарчество)的现象。正如莫斯科及全俄牧首阿列克西二世在致莫斯科教区教士的讲话中指出,要关注神父精神修行实践泛滥的情况。他提到了"小长老制"现象,指出其危险性。"小长老"不是说忏悔神父的年龄小,而是指缺少足够精神经验的神父。莫斯科及全俄牧首阿列克西二世说:"我们教会的某些神父……自命为'长老',……拥有必然唯一的拯救条件……向那些寻求他引导的人宣布,要完全服从他,把这些人变成机器人,没有那位'长老'的允许就不能做任何事情,哪怕是微不足道的事情。因此,人失去了神赋予他的自由恩赐。为了证明自己正确,他们不正确地引用教父们的著作,亵渎教父们伟大的作品,曲解长老制概念……在小长老制的教区里赋予神父个性过高的意义,在修行生活中十分有害……刚入教会的人病态地依赖小长老个人,会使教区生活产生畸形……畸

---

① Устав Крестовоздвиженского монастыря. http//www. bursa. is. com. ua/rus-mon. htm

形的神父活动有着严重的后果……与此相关发生对教会认识的破坏……在教会中形成一股不好潮流。"①

当今俄罗斯东正教会出现"小长老制"现象,有以下三方面的原因:第一,真正长老的缺乏。人们渴望长老引导的心情十分迫切,自然饥不择食,去轻信一些自以为经验丰富的"小长老"的引导。第二,教会自身的原因。有时候高级主教给年轻的修士举行按手礼,而这些修士经验还不足,剃度不久就立刻成为接受忏悔的神父。第三,现今修道院长老不是由修士们推举产生,而是由院长任命,这必然有院长主观判断的因素,而判断难免有失误的时候。

"小长老制"现象的出现,也说明当今俄罗斯修道院的精神牧养水平,相对于修道院的外部建设来说,明显滞后,但这也是客观发展的必然结果。正如阿封山一位现代长老所说:"当今俄罗斯东正教会面临着,无神论的浪潮刚刚消失,首先要求的是教会物质的复兴,为产生精神的复兴做准备。"②在当今俄罗斯,虽然缺少真正的长老,但缺少并不等于没有,修士大司祭约翰(克列斯基扬金)就是为数不多的真正长老。

## 2. 修士大司祭约翰(克列斯基扬金)的长老制

约翰(克列斯基扬金)Иоанн(Крестьянкин, 1910—2006 年)是普斯科夫-洞窟修道院的忏悔神父。1910 年 4 月 11 日,他出生于一个虔诚的东正教信徒家庭。童年时他就在教堂侍奉神,后来成为大主教谢拉菲姆(奥斯特罗乌莫夫)的见习修士,在 1920 年,他幸运地留

---

① Духовничество и старчество\"Незнакомое православие". http://www. missionary. su/mistakes/7. htm

② И. В. Астэр. Современное русское православное монашество: социально-философский анализ. Санкт-Петербург. 2010. С. 163.

在有洞察力的长老格奥尔吉·科索夫身边。中学毕业后,约翰完成会计培训班的课程,后来按专业分配了工作。年轻时,他的精神导师是大司祭尼古拉·阿兹布金和大司祭弗谢沃洛德·科夫里金。1945年1月14日,在复活大教堂,都主教尼古拉(雅鲁舍维奇)授予他助祭神职。10月25日,他在莫斯科伊兹梅洛夫圣诞大教堂接受牧首阿列克西一世的按手礼,成为神父,约翰在这里一直服侍神到1950年。

1950年,约翰神父结束了莫斯科神学院二年级的课程。1950年4月被捕,有人强迫他提供假证,他遭到了刑讯逼供,但他没有屈服。根据内务人民委员部的判决书,约翰应该在劳改营服刑七年,但在1955年2月被提前释放。此后,约翰神父被委派到普斯科夫教区,1957年转到梁赞教区。1961年教父约翰被授予大司祭神职。1966年6月10日,约翰在苏呼米进行修行,格林斯基的长老谢拉菲姆(罗曼措夫)为其剃度。1967年3月5日,修士司祭约翰进入普斯科夫-洞窟修道院。1970年4月13日,他被牧首任命为院长,1973年4月7日,由莫斯科及全俄牧首皮缅授予他修士大司祭神职。

约翰神父在普斯科夫-洞窟修道院苦修了近40年,他高尚的美德闻名全俄罗斯,人们从全俄各地来到他这里寻求精神安慰和建议。据约翰长老的门徒——修士大司祭吉洪(舍夫库诺夫)回忆:"我所有的修行生活与他密不可分……约翰长老最主要的精神品质对于我来说,不仅是他推理的天赋,而且也是他对上帝旨意的坚定信仰,引领基督徒走向拯救……长老约翰从来不强迫人接受或听从自己的精神建议,而是让经验和时间来证明自己建议的正确,从而人们自愿、信服地听从他……"[1]但如果是对来访者十分必要的建议,他会努力规

---

[1] Великие старцы двадцатого столетия. Москва. 2008. С. 533.

劝、说服,甚至请求或恳求来访者去实现这些必要的建议。如果那个人执意坚持自己的意见,长老通常会叹息着说:"好吧,试试吧,做吧,按你知道的……"①在生命的最后几年,长老约翰由于疾病不能再接待那些受苦受难的人,但他为了安慰那些精神痛苦的人,坚定教徒们的信心,找机会尽可能回复大量的信件。

2005 年 4 月,莫斯科及全俄牧首阿列克西二世授予修士大司祭约翰以萨罗夫的谢拉菲姆勋章(一级),2006 年 2 月 5 日,长老约翰去世。

长老约翰身为现代社会的东正教长老,他的修行思想具有鲜明的时代特色,具体表现为:

第一,关于拯救的修行思想

关于拯救,长老约翰指出,拯救之路在任何时候只有一条,它在福音中为我们描画。对于渴望拯救的人来说,任何时候都没有障碍,因为救主会引领他走上拯救之路,人只要真诚地跟随基督行走就可以得到拯救。人类伟大的拯救还在于,通过最细小的插条(即善行)嫁接到永恒生命之树的树干上。人的拯救事业要从摒弃自己和自己的罪开始,应该摒弃所有构成堕落本质的东西,把自己交托给神的意志。自我摒弃是人救赎十字架的一部分,而自我摒弃开始的方式是与自己斗争,战胜自己,这是最难的,要知道自我是自己最大的敌人。这一斗争也最漫长,因为它要持续到生命的结束。②

第二,十字架苦修观

长老约翰认为,与自我斗争,最终实现拯救,就是要同罪斗争,同

---

① Великие старцы двадцатого столетия. Москва. 2008. C. 534.
② Великие старцы двадцатого столетия. Москва. 2008. C. 536.

罪斗争就要永远苦修,这意味着会永远承受痛苦。要知道,人处在恶和罪的世界里,虔敬神的人,在俗世生活中他总会是另类,每一步都会遇到仇视。每天苦修者都会感觉到自己与周围人的不同,但必须痛苦地经历这种不同。要自觉和毫无怨言地接受和屈从所有的痛苦,包括所有肉体和精神的痛苦;要接受神降下的灾祸,这是为了拯救我们的灵魂。

见习修士要背起十字架,这意味着要毫无怨言地忍受,不要让任何人感觉到你为此付出的辛苦,精神无形的痛苦和折磨,是为了实现福音的真理,这也是与恶灵的斗争。背起十字架也是一种自愿的苦修,以此来抑制肉体,人应该学会为精神而生活。而自我意志是自制的十字架,背负那样的十字架,人永远是更大的堕落。不要为了苦修而去寻找更多的痛苦,这是人的一种骄傲,会使人迷失正确的方向;这是一种过度修炼,要量力而行。每个人都有自己的十字架,每个基督徒都要自我摒弃地去接受,跟随基督。跟随基督,就要研究神的福音,为了使它成为自己背负十字架的行动指南。十字架是通往天国最短的路,是基督徒自己走的路,也完全是一条经验之路,因为所有圣徒走过它。十字架也是最诚信的路,因为十字架和忧伤是被选择的命运,是那扇窄门,只有通过它人们才能进入天国。①

第三,关于现今的精神引导

长老约翰认为,由于精神引导的衰落,现在信徒的信仰变弱。主赐给人们一个公正的引导者,他可以医治、教训、说服人们,这就是生活的重负,即悲痛和疾病。人的理智错综复杂,内心变得奸诈,所以

---

① Великие старцы двадцатого столетия. Москва. 2008. С. 539 - 544.

很难监督自己的行为活动,主了解这些,赐给了我们医治精神疾病的医生,即身体的疾病。于是应该祷告,不要绝望。在现今,科技进步不会妨碍人们把自己全部献身给神,例如,随着计算机的广泛应用,一部分人在电脑上书写宗教文学;而另一部分人在电脑上作恶。利用同样的现代技术,有的人得救,同时也有人走向毁灭。所以,不要怕,按照神的律生活,凯撒的归凯撒,神的归神,我们就能得救。我们所有的人都不应该逃避计算机,这是技术,而应避免自己犯罪。圣经警示人们,艰难的日子到来,是因为人们骄傲,爱钱胜过爱神。技术的危险无处不在,人们也无处可逃,但神也是无处不在,他会在各处帮助自己的儿女。①

从长老约翰的修行思想中可以发现,当今社会,随着时代的发展,人们对于精神修行的概念已经淡化。但是,对于现代人来说,精神引导依然存在,只不过,更多的不是长老在引导,而是上帝用疾病和痛苦来引导人的精神走向完善。在当今,只有痛苦和疾病才能使人感受到自己的无力和软弱,才会依靠和求助神。另外,疾病和痛苦能够使人时刻保持对神的恐惧,正如长老谢拉菲姆所说的,因为惧怕神而去做善事,因为惧怕神而不去做坏事。所以,对于人来说,疾病和痛苦是上帝善意的惩罚和指引。在长老约翰的修行思想中,就当今信息时代出现的一些社会现象,例如,计算机的应用问题,提出自己的观点,那就是要按照神的律生活,凯撒的归凯撒,神的归神,我们依然能够得救。由此可见,长老约翰的这些修行观,已经不再单纯强调苦修的重要性,而是随着时代的发展,更具有当今的时代特色。这充分体现出俄罗斯东正教长老制适应时代发展、与时俱进的特点。

---

① Великие русские старцы. «Ковчег». Москва. 2011. С. 870 - 871.

　　总之,随着俄罗斯东正教会命运的变化,19 世纪末至今的俄罗斯东正教长老制也经历了一个跌宕起伏的过程:从 19 世纪末到 20 世纪初的平稳发展开始,紧接着经历了十月革命后的压制和摧残;虽然在苏联时期有过复兴,但很快又经历了新一轮的迫害和压制,直到苏联解体,俄罗斯东正教才迎来了自己新的复兴。但是长老制在这次新的复兴中并没有实现自己的繁荣和辉煌,这是当今时代发展所决定的。当今的俄罗斯东正教长老制由 19 世纪的人民性特质(即服务社会),进一步发展,如今,对于民众而言,长老的作用已经转变成为心理医生。

　　长老制的修行方式也历经时代变迁,修行手段也有些变化:以往强调通过苦修获得经验,达到神化,实现拯救;到了 19 世纪末至 20 世纪初,白神品长老喀琅施塔德的约翰,通过圣餐仪式和精神交流等手段同样获得了修行经验;而现代,在长老约翰(克列斯基扬金)的长老制引导中,精神引导已经变弱,疾病和痛苦成为上帝教导现代人的最好手段,按照神的律生活,凯撒的归凯撒,神的归神,同样能够得救。所以说,俄罗斯东正教长老制虽然历尽沧桑,无论手段和形式如何变化,但最终实现现世的拯救这一目标没有变。

# 第六章

## 俄罗斯东正教长老制对俄罗斯文学的影响

　　东正教修行生活在基辅罗斯时期,也就是俄罗斯古代文学早期,对俄罗斯文学和文化有着巨大影响。在文学上,形成了当时以宗教文学为主的时期,这与东正教修道院在当时俄罗斯社会占有重要地位和作用有关。俄罗斯东正教长老制是东正教的一种修行方式,这种修行方式开始是修道院内长老带领见习修士进行修行,以见习修士绝对服从长老引导为原则,运用耶稣祷告等修行手段进行修行,目标是达到神化,实现现世的拯救。长老制特征在基辅罗斯的圣安东尼和圣费奥多西时期就已经显现,有记载的萌芽时期大约是在公元14世纪的圣谢尔基时期,发展到18世纪末及整个19世纪时,出现复兴和繁荣并开始走出修道院的围墙,进入俗世,影响着俄罗斯社会的精神和文化,同时也对俄罗斯19世纪的文学产生影响。长老制对俄罗斯文学究竟产生怎样的影响,本章先从俄罗斯东正教修行生活对俄罗斯文学的影响入手,进而研究长老制对俄罗斯文学的影响。

# 第一节　俄罗斯东正教修行生活
# 对俄罗斯文学影响概观

## 一 俄罗斯东正教修行生活对俄罗斯早期古代文学的影响

俄罗斯文字的产生不晚于 10 世纪初,但文学的产生应该与基督教的传入同时。公元 988 年,基辅大公弗拉基米尔宣布基督教为国教,这也为基督教修行生活影响文学提供了机遇。因为一神教的基督教有利于基辅罗斯在思想和政治上的统一。基辅罗斯为了宣传和巩固基督教教义,从拜占庭和保加利亚引入大量宗教书籍,这些书籍对俄罗斯古代文学的发展有极大影响。当时的修道院不仅是基督教的传播中心,也是社会文化的传播中心。

### (一) 俄罗斯早期古代文学服务于基督教修行生活

"基辅罗斯时期宗教文学盛行,除了保加利亚人用古斯拉夫语翻译的大量拜占庭宗教书籍(圣经、圣徒传、布道讲话等)外,还有俄罗斯僧侣直接由希腊文翻译过来的宗教著作。不仅如此,基辅罗斯的僧侣们还在大量涌入的拜占庭文学基础上创作了自己的宗教文学,如《基辅山洞修道院圣徒传》、大主教伊拉利昂的《法律与神恩讲话》等。"①在俄罗斯古代文学时期,特别是在 11 世纪上半叶到 12 世纪初,文学几乎就是为基督教的传播和信徒的修行服务:"文学是宗教仪式,它为宗教主题穿上相应的文学外衣。在构成文学内容时,作者仿佛在实现某种仪式,参与宗教仪式。他讲述的内容都符合应有的

---

① 曹靖华:《俄苏文学史》(第一卷),郑州:河南教育出版社,1992 年,第 6 页。

规范形式,他赞扬和谴责那些普遍公认的价值观,这些都赋予事件合乎规范的形式。"[1]不仅用于礼拜仪式的书籍是必须的,而且在罗斯传教时特别需要文学,文学可以帮助陈述基督教的世界观,解释一些现象和问题。所以,这一时期的文学具有了宏大风格和公民意识。在11世纪,俄罗斯作家已经认为自己的创作是为祖国服务,俄罗斯文学总是具有特殊的严肃性,试图回答生命的基本问题。号召去改造生活,怀有崇高理想。在现实中,俄罗斯作家经常走一条苦行修士走过的路。对于11世纪的编年史作家吉洪(Никон)来说,文学活动就是一种苦修。因为文学创作涉及当时社会问题,吉洪遭到伊贾斯拉夫大公的迫害,他历尽苦难,远走特穆塔拉坎(Тмуторокань)。

文学为基督教修行服务还主要体现在教父文学、圣徒传、教父传等文学体裁方面。在当时的罗斯,教父文学还属于拜占庭的教父文学,拜占庭的"教父"作品享有很高的威望。一些神学家和传教士,例如兹拉托乌斯特的约翰(Иоанн Златоуст)、大瓦西里(Василий Великий)、格里高利·尼斯基(Григорий Нисский)等,他们的作品不仅帮助信徒形成基督教的道德理念,而且引发人的思考,思考人性的实质等问题,提升信徒的灵命,达到修行的目的。圣徒传是仿效《使徒行传》的体裁风格,不仅用语言作为说服的手段,而且运用生动的形象,如天使或魔鬼的形象,文字描写十分详细生动,这样能够帮助读者仿佛看到或想象发生的故事。教父传的主题十分传统,大多是修士文集,最常见的内容是讲述著名修士如何苦修或如何顺服的经历。例如在一个教父传中讲述长老是如何与一位修士交谈,训导修

---

① Н. И. Пруцков: История русской литературы (том первый), Из: Академия Наук СССР. Институт русской литературы. 1980г. С. 4.

士。"作为一位隐修士,日夜祷告并见到十字架上的耶稣形象。长老感叹说,这是对我们最好的训导"。①

## (二) 俄罗斯东正教修行生活影响着早期古代文学

俄罗斯早期古代文学,教父文学,都还属于拜占庭的文学,而传记这一体裁风格则逐渐具有了俄罗斯自己的特色。它不仅具有了艺术性,而且在阐述个别形象上完全独立。虽然在结构和主要情节以及主题上几乎完全符合拜占庭《使徒行传》的标准要求,但是在传记里的许多事件、故事中具有了艺术雄辩性。例如《洞窟修道院费奥多西传》是基辅洞窟修道院修士涅斯托耳(Нестор)所写,大部分研究者把他与《古史纪年》的作者齐名。因为圣徒的修行生活主要在俄罗斯,所以具有俄罗斯的特点,俄罗斯东正教长老制的入世性特征开始显现。"长老制特征在费奥多西那里是具备的:他接受思想告白,引导教子们……在自己生命中,院长费奥多西不仅管理修士们,而且俗世人的灵魂,他也要拯救。他不仅是俄罗斯修行生活的教父,也是全俄罗斯人的教父。"②所以,这部传记具有了鲜明的俄罗斯传记文学的特点。不仅树立起俄罗斯圣徒的典范,而且为俄罗斯教会摆脱拜占庭教会,树立自己教会的权利和意识起到了重要作用。

从上述论述可以发现,在俄罗斯古代文学早期,俄罗斯东正教修道院修行生活对俄罗斯文学的发展起了重要作用。可以说,没有修道院修士们的宗教文化传播,也就没有俄罗斯早期古代文学。虽然长老制修行方式在当时的俄罗斯还没有真正出现和盛行,但从教父

---

① Н. И. Пруцков: История русской литературы (том первый), Из: Академия Наук СССР. Институт русской литературы. 1980г. С. 16 – 17.

② И. М. Концевич. Старчество: Стяжание духа святого в путях древней Руси. Глава 4. 1. http://www. lib. eparhia-saratov. ru/books/. . . /contents. html

的文学作品中已经发现了长老制特征,长老已经对修士和平信徒发挥着引领作用。而长老制对俄罗斯文学产生重要影响的时期,应该是在俄罗斯文学的黄金时代。

## 二 俄罗斯东正教长老制对俄罗斯黄金时代文学的影响

帕伊西的时代是俄罗斯东正教长老制最为辉煌的时期,也是俄罗斯东正教长老制形成自己发展特点的时期,奥普塔的长老列昂尼德开启了俄罗斯东正教长老制发展的新纪元,他把长老制从封闭状态带到了俗世,以往俄罗斯的长老制是沿袭古代东方的长老制传统,只限于对修道院内修士的精神牧养。而从 18 世纪末开始,俄罗斯东正教长老制开始复兴,在这一复兴繁荣时期,长老制从修道院的围墙走出,"实现了有经验的静修主义者(长老)为普通大众百姓的服务,前者是后者的精神顾问和导师"[1],"'静修主义生活'在当时构成俄罗斯社会生活中巨大的精神和文化因素"。[2] 这为长老制修行理念进入俗世社会、更广泛地影响俄罗斯社会精神和文化奠定了基础。

19 世纪是俄罗斯文学的黄金时期,在这一时期俄罗斯文坛涌现出了一批世界级的文豪:普希金、果戈理、列夫·托尔斯泰、陀思妥耶夫斯基等著名作家、思想家。他们的思想和作品不仅反映了当时的时代,而且引领了俄罗斯民族。在这一时期,俄罗斯东正教长老制开始复兴繁荣并影响俗世,从普通百姓到王公贵族,甚至沙皇都对长老怀有虔敬之心,一些修道院因为有著名的长老,信徒们趋之若鹜,奥普塔修道院就是这样的代表。当时社会的一些名流,一些著名的

---

① 张变革:《当代国际学者论陀思妥耶夫斯基》,北京:北京大学出版社,2014 年,第 258 页。
② 张变革:《当代国际学者论陀思妥耶夫斯基》,北京:北京大学出版社,2014 年,第 264 页。

作家和思想家都曾到那里拜访过他,如果戈理、陀思妥耶夫斯基、列夫·托尔斯泰、霍米雅科夫、基列耶夫斯基等,基列耶夫斯基还同奥普塔修道院的长老一起翻译过教父文集。在这一时期,俄罗斯东正教长老制对俄罗斯文学的影响最为明显,俄罗斯文坛出现了许多关于修士、长老为主要人物的小说,比如果戈理的小说《肖像》(1835年)、陀思妥耶夫斯基的小说《卡拉马佐夫兄弟》(1879—1880年)、列斯科夫的《大堂神父》(1872年)、列夫·托尔斯泰的《谢尔盖神父》(1910年)等。以基列耶夫斯基和霍米雅科夫为代表的"斯拉夫派",似乎在俄罗斯东正教长老制中也找到了自己"聚和性"思想的表达,这在本书第七章会有论述。

正如梅列日科夫斯基所说,从果戈理晚期创作思想的转变,即从现实主义转向宗教神秘主义开始,俄罗斯文学和俄罗斯精神也翻开了新的一页:"整个俄罗斯文学、整个俄罗斯精神正从艺术转向宗教……"[1]这种转向与长老制对当时社会精神和文化的影响密不可分。所以,本章从俄罗斯东正教长老制对这一时期著名作家的思想影响入手,揭示长老制对俄罗斯文学的影响。

## 第二节　俄罗斯东正教长老制对果戈理的影响

尼古拉·瓦西里耶维奇·果戈理(1809—1852年)是俄国19世纪上半期最有影响的作家、思想家,他开创了俄罗斯文学的一个新时代。他生活的时代也是长老制在俄国空前繁荣的时期,他的思想必然受到当时社会生活的影响,留下长老制修行思想的印记。而果戈

---

[1] 【俄】梅列日科夫斯基:《果戈理与鬼》,耿海英译,北京:华夏出版社,2003年,第54页。

理的创作思想与其本人的精神思想紧密相连，他的文学作品就是他精神思想的直接反映。他本人也曾有过这样的表述。"果戈理不止一次地承认，他的作品以最直接的形式与他的精神联系在一起"。① 所以，从文学创作思想的角度入手，是研究长老制对果戈理思想影响的最好切入点。虽然传统文学评价的观点普遍认为，果戈理经历了早期现实主义到晚期宗教神秘主义创作思想的变化，特别是他的《与友人书简选》的发表，是他创作思想转变的标志。但是他本人对此持否认态度，他一直认为"我没有误入歧途，我走的还是那条路……我向生命的本源者前行"。② 这里的生命本源者，显然是指基督教的神，是神创造了生命。虽然在他早期创作的作品中，读者和观众没有清晰明确地感受到他的宗教观点，但是他本人正如上述表述的那样，一生都没有离开过基督教。而且他的创作思想都与长老制的修行思想的影响有关，因为他一直希望通过自己的文学作品为国家和民族做出自己的贡献，他在早期作品中以揭露社会现实中的"恶"去警醒人们追求"善"和美好，如同长老引导见习修士一样，通过改造人，使人接近崇高的神。

## 一 果戈理早期现实主义创作思想——以揭示社会现实中的"恶"来间接引领世人

在果戈理早期作品中，表面是讽刺和笑，实质是善与恶的斗争，最后得胜的都是善。"果戈理早期创作的道德教化方面，只有一个特

---

① В. А. Воропаев И. А. Виноградов: Духовный путь Н. В. Гоголя，Часть 1. Москва：《Русское слово》，2009. С. 6.

② В. А. Воропаев И. А. Виноградов: Духовный путь Н. В. Гоголя，Часть 1. Москва：《Русское слово》，2009. С. 16.

征——引领人们通过改正自己的不足和社会的丑恶，最终走向神"。①
在果戈理早期创作思想中体现的民族性和现实性，都与宗教有关，无
论是多神教，还是东正教。

## （一）早期作品中的多神教因素体现了果戈理民族性创作思想

在俄国19世纪二三十年代出现了关于文学民族性的争论，
普希金第一次明确提出了什么是文学的民族性："民族性不在于
再现民族生活的某些外部特征，而在于反映民族性格和民族精神
面貌的内在实质，其关键在于作家正确体现民族思想感情的方
式。"②"果戈理在文艺批评方面的一个重要功绩，在于深刻阐明了
俄国文学的民族性，确立了普希金作为俄罗斯民族文学和文学语
言奠基人的地位和作用"。③ 在果戈理早期作品中，民族性这一创
作思想体现的最为充分，"果戈理的创作从一开始，就实践了他所
提出的以民间文学为源泉的文学民族化原则。他的《狄康卡近乡
夜话》等早期作品大量吸取和运用了乌克兰民间歌谣和传说中的
素材和表现手法，洋溢着浓郁的乡土气息，闪耀着夺目的民族色
彩"。④ 而在这些民间传说中有许多关于"鬼"的故事，这些故事里体
现了多神教对民族精神和文化的影响。

多神教在俄国大地由来已久，"公元862年瓦良格首领留里克在
诺夫哥罗德掌握大权，创立了俄国历史上第一个王朝。其继承人奥

---

① В. А. Воропаев И. А. Виноградов: Духовный путь Н. В. Гоголя, Часть 1. Москва: «Русское
слово», 2009. С. 15.
② 刘宁：《俄国文学批评史》，上海：上海译文出版社，1999年，第114页。
③ 刘宁：《俄国文学批评史》，上海：上海译文出版社，1999年，第114页。
④ 刘宁：《俄国文学批评史》，上海：上海译文出版社，1999年，第116页。

列格于 882 年南下征服了基辅,并在此定都,建立了基辅罗斯国家。瓦良格人与东斯拉夫人同处于一个社会文化发展阶段,也信奉多神教,基辅罗斯成为多神教统治下的东斯拉夫大国"。① "多神教信仰中有'恶神'(鬼魂)和'善神'(保护神)的区分"。② 多神教是俄国民众"听天由命"的宿命论心理的根源。而且多神教在俄国民间文化中有着不同程度的保留。虽然从 988 年开始,东正教引入俄国,成为国教。但"双重信仰"的长期存在使多神教也多少影响了东正教的信仰,俄国东正教中多少也融入了多神教的成分。果戈理从小就在这种环境下长大,他对东正教的信仰中也同样掺杂着多神教的东西。

果戈理出生在乌克兰一个虔敬的东正教家庭,他的曾祖父是一个神父,祖父毕业于基辅神学院,父亲毕业于波尔塔瓦中等宗教学校,母亲玛利亚·伊万诺夫娜以笃信宗教著称。玛利亚的生活习惯也是虔敬的,还经常去阿赫特尔卡(Ахтырка)和狄康卡(Диканька)的圣地朝圣。但是,"玛利亚虔信上帝带有灾难和死亡恐惧的色彩,她相信天意,在恶灵面前发抖。这一点深深影响了果戈理,仿佛从童年起,他就担惊受怕了一生。"③这在果戈理早期作品《旧式地主》里有过这样的描写:"老百姓把这叫做:鬼魂在惦记一个人,要招他去。这样,这个人注定要死。我承认,我向来害怕这神秘的呼唤。我记得小时候常听见这种声音,有时候,有人突然从背后清楚地叫我的名字。……那时,我总是惊恐万状,上气不接下气地从花园逃出来,直到遇上一个人,他的安详的神态驱除了我心中可怕的荒凉,我才镇定下来。"④

① 乐峰:《俄国宗教史》,北京:社会科学文献出版社,2008 年,第 22 页。

② 乐峰:《俄国宗教史》,北京:社会科学文献出版社,2008 年,第 19 页。

③ В. А. Воропаев И. А. Виноградов: Духовный путь Н. В. Гоголя, Часть 2. Москва: «Русское слово», 2009. С. 19 - 20.

④ 沈念驹:《果戈理全集》(第二卷),石家庄:河北教育出版社,2002 年,第 24 页。

这种关于鬼魂、恶灵的传说,在果戈理早期的作品里比比皆是,这些传说是构成俄国民间文学的一部分,也是他文学民族性创作思想的一个反映,因为在这些鬼魂的故事里反映了影响民族精神和文化的一个根源——多神教。

## (二) 早期作品中对俄国社会"恶"的揭露是现实性创作思想的体现

正如别尔嘉耶夫所说:"果戈理身上有一种独特有力的对'恶'的敏感。"[①]果戈理的这种敏感来自于他对上帝惩罚的恐惧。俄国学者 K. B. 莫丘里斯基(Мочульский)在《果戈理宗教之路》一文中记述:"有一次,他的母亲给他讲最后的审判,有罪的人被定罪,受到永恒的痛苦和折磨。关于被定罪扔到火湖地狱里的情景,让小果戈理感到非常恐惧,他害怕死亡和死后的审判,这就是小果戈理内心深处的惧怕,潜意识里信仰是来自严厉惩罚的印象。他不是属于带着对神的爱的信徒,宗法制信仰包围着他的童年,信仰对于他来说,不是出于爱,而是恐惧。"[②]果戈理这种对神恐惧的信仰,显然并不完全符合基督教精神,因为神是"爱",除了对神的敬畏,更多的是对神的爱。这种善有善报、恶有恶报的思想,显然更加符合民间朴素的信仰——因果报应。在基督教里虽然也有惩罚,但上帝是公义的神,他更喜欢人的悔改。正如圣经上所说:"神赐给我们不是胆怯的心,乃是刚强、仁爱、谨守的心。"(《提摩太后书》1:7)上帝如何惩罚恶人,这在果戈理早期作品《可怕的复仇》里得到了充分体现:"'你想出的刑罚真是可

---

① 【俄】梅列日科夫斯基:《果戈理与鬼》,耿海英译,北京:华夏出版社,2003年,第190页。

② B. A. Воропаев И. A. Виноградов: Духовный путь H. B. Гоголя, Часть 2. Москва: «Русское слово», 2009. С. 20.

怕,你这人啊!'上帝说,'一切都按照你所说的去做吧,可是你也将永远骑在马上,进不了天国!'于是一切愿望都按他所说的实现了:奇怪的骑士直到现在还骑着马站在喀尔巴阡山上,俯瞰着死人们在无底的绝壁下咬着这具死尸,躺在地上的这具死尸越长越大,在可怕的折磨中啃自己的骨头,可怕地震撼着大地……"①从上述描写中,可以看出果戈理是受到童年听到的最后审判的影响。正如梅列日科夫斯基所说:"畏惧一切"——果戈理是这样定义基督教根基的。② 正是对基督教的这一理解,影响了果戈理的一生,也造就了他对社会中"恶"的敏感。

## 1. 对俄国社会中"恶"的揭露

在果戈理的早期作品中,无论是《狄康卡近乡夜话》,还是《密尔格拉得》《小品集》以及后来的长篇小说《死魂灵》、喜剧《钦差大臣》等等,几乎每一部作品中,都有"恶"势力的存在。《狄康卡近乡夜话》中《可怕的复仇》里的彼特罗;《密尔格拉得》中《塔拉斯·布尔巴》里的主人公的死亡;《小品集》中《肖像》里的魔鬼;《钦差大臣》和《死魂灵》中的两个主要人物"赫列斯塔科夫和乞乞科夫——是现代俄罗斯两种面孔的本质,是永恒的、全世界的恶——'人的永恒的鄙俗'的两种位格。按普希金的话说,就是两个魔鬼的形象"。③ 虽然,在《狄康卡近乡夜话》《密尔格拉得》以及《小品集》中,有些故事"善"最终战胜了"恶",但是过程十分艰难。不过在其中一些故事里已经显现出果戈理对修士和苦修长老肯定的态度,觉得

① 沈念驹:《果戈理全集》(第一卷),石家庄:河北教育出版社,2002年,第219页。
② 【俄】梅列日科夫斯基:《果戈理与鬼》,耿海英译,北京:华夏出版社,2003年,第104页。
③ 【俄】梅列日科夫斯基:《果戈理与鬼》,耿海英译,北京:华夏出版社,2003年,第5页。

东正教的修行是战胜魔鬼的法宝。如《可怕的复仇》里的苦行修士和《肖像》里画家成为修士,最后通过修行战胜魔鬼获得救赎,这些情节的描写表明了果戈理对修行肯定的态度,也为他后来想要成为修士埋下了种子。

在果戈理的另两部作品《钦差大臣》和《死魂灵》里,对"恶"的发现达到了极致。在这两部作品中,没有一个正面人物,对人性的丑恶揭露得淋漓尽致。以至于果戈理把《死魂灵》第一章第一稿读给普希金时,普希金听后感叹道:"上帝,俄国多么悲惨哪!"①果戈理在戏剧和小说中所揭示的各种人物身上的"恶",不但属于俄罗斯,而且是人类身上共同的"恶",是对人性中鄙俗的拷问。所以,别尔嘉耶夫说:"果戈理——是地狱作家,果戈理的人物形象——是人的碎片,而不是人,是人的丑态。……他对鄙俗的精神的洞察天赋是不幸的天赋,他成了这一天赋的牺牲品。他揭示了无可忍受的鄙俗的恶,这压垮了他。"②别尔嘉耶夫的这一论断也是对果戈理人生痛苦根源的深层揭示。

## 2. 用"笑"做武器,引领人们走向"美"和"善"

果戈理的一些早期作品让人们读后感到快乐,特别是《狄康卡近乡夜话》,普希金的评价是这样的:"它使我们开怀大笑,从冯维辛那个时候以来,我们还未曾这样笑过。"③而喜剧《钦差大臣》更是让观众笑声不断,在这部喜剧里,没有一个正面形象,唯有这些鄙俗丑恶的形象引起观众的"笑"声是正义的。果戈理的理想是借助"笑"这一武

---

① 【俄】弗拉基米尔·纳博科夫:《尼古拉·果戈理》,金绍禹译,上海:上海译文出版社,2013年,第33页。
② 【俄】梅列日科夫斯基:《果戈理与鬼》,耿海英译,北京:华夏出版社,2003年,第193页。
③ 【苏联】伊·佐洛图斯基:《果戈理传》,刘伦振等译,天津:天津人民出版社,1982年,第172页。

器与鄙俗和"恶"做斗争。但观众带着观赏小丑时的心情哈哈大笑时，果戈理的内心是痛苦的，他要观众的笑声不是"有昧天良的，兽性的笑声，粗野的笑声"①，而是对丑恶鞭挞的"笑"。为此，他写了文章《散戏以后》来表达自己为什么写喜剧，为什么发笑。他向读者和观众解释自己笑的本质："笑，发自人的乐观的本质……笑，可以加深对事物的理解，笑，可以明朗地表达微微透出来的东西。没有笑的穿透力量，生活中一切细节和空虚无聊的东西不会使人感到吃惊。"②他希望引导大众，嘲笑那些可笑的鄙俗和"恶"。

果戈理希望借助戏剧这一形式，引领民众走向崇高的理想，在他给亚历山大·彼得洛维奇·托尔斯泰的信里有过明确的表述："经常上演具有高度戏剧性的作品，即那些关注大自然和人类灵魂的真正的经典性剧本，对于稳定社会、维护公德、潜移默化地陶冶性情是必不可少的……对所有远离基督教的人来说，人世间有许多东西都可以充当通向基督教的无形的阶梯。其中就包括戏剧，如果它是用来完成自己崇高使命的话。"③但是现实中，果戈理希望借助"笑"的力量净化人心灵的理想被大众轻松的哈哈大笑所淹没。作品的这种社会效果令他大失所望，带着这种失望之情，果戈理离开了俄罗斯，到了国外。在国外他依然心系祖国，在国外期间他完成了《死魂灵》第一部的大部分写作，并于1842年在俄国出版，这时他已回到了俄罗斯。但是，这部史诗般的巨著也没有达到果戈理预期的效果，与《钦差大臣》的结局一样，果戈理又一次选择了逃离。这次出国，也开启了他思想的转变。在国外，他的苦修情结越来越强烈，虽然果戈理本人一

① 【苏】伊·佐洛图斯基：《果戈理传》，刘伦振等译，天津：天津人民出版社，1982年，第258页。
② 【苏】伊·佐洛图斯基：《果戈理传》，刘伦振等译，天津：天津人民出版社，1982年，第400页。
③ 沈念驹：《果戈理全集》（第六卷），石家庄：河北教育出版社，2002年，第135页。

再强调他自己道路和内心世界的完整性和不变性。[①] 但其晚期创作更多地表现出宗教神秘主义思想。

## 二 果戈理晚期宗教神秘主义创作思想——对社会直接进行"善"的引领

神秘主义是宗教的重要内容之一,宗教神秘主义是强调个人与神直接交流的宗教经历。[②] 美国的心理学家威廉·詹姆斯认为,它是基于个人长期的苦修生活后得出的宗教经验,是一种感觉和信念的心理。[③] 东正教长老制显然也符合宗教神秘主义的定义,其修行的最终目标就是通过苦修达到与神结合,获得"见神"的无上幸福感。

果戈理晚期的作品反映出这种宗教神秘主义思想,以其作品《与友人书简选》为代表。这部作品一改早期文学作品中缺少正面人物形象,以揭露现实丑恶间接引领人向"善"的风格。在《与友人书简选》中,果戈理借鉴教父文学的书信体形式,向世人直接发出了向"善"的号召,自己充当长老的角色,借助于这部文学作品直接引领世人。目的是通过宗教信仰的力量来改造人,从而实现整个人类的幸福和谐。

### (一) 果戈理晚期宗教神秘主义创作思想形成的原因

### 1. 长老制修行思想复兴繁荣社会环境的影响

果戈理从小就生活在长老制修行方式在俄国复兴繁荣的时代,

---

① В. А. Воропаев И. А. Виноградов: Духовный путь Н. В. Гоголя, Часть 1. Москва: «Русское слово», 2009. С. 16.
② 王亚平:《基督教的神秘主义》,北京:东方出版社,2001年,第31页。
③ William James, *The Varieties of Religious Experience*, p. 366.

整个社会都崇尚静修主义生活。这种影响其实在其早期作品中就有所表现，如在 1835 年发表的《小品集》里，《肖像》这部小说可以说是果戈理本人内心生活的写照，也是他对自己未来理想生活的预言。《肖像》中的画家放弃了自己以前被认为是罪恶的绘画艺术，离开俗世，走进修道院，成为了一名修士。在经历了种种苦修之后，最终得到救赎，获得新生，他以全新的自己拿起画笔为神作画。在这篇小说中，作家对苦修生活的推崇，正是长老制修行思想对果戈理思想影响的表现。

## 2. 潜心阅读宗教书籍以及教父文献的结果

果戈理在 1840 年上半年的书信里，多次提出给他邮寄神学、教会史等与宗教有关书籍的要求。[①] 1842 年《死魂灵》第一部出版后，他又出国游历，在此期间他的苦修情结越来越强烈，大量阅读宗教书籍和教父文献。在尼斯，1843—1844 年冬天，他住在朋友维耶里格尔斯基（Виельгорский）家里，果戈理从教父和长老的作品中做了大量摘抄。这些手稿现在保存在乌克兰维尔纳茨基（В. И. Вернадский）民族图书馆。在这些摘抄当中有教父乌拉托乌斯特的约翰、大瓦西里、叙利亚的叶夫列姆、大阿法纳西、格里高利·尼斯基等圣徒的著作。另外还有一些现代宗教作家的作品。在《作者的忏悔》中，果戈理写了这一时期自己的生活状态："我暂时放下所有现代的，关注那些人与人类行动的永恒律法的立法者、灵魂的引领者和人性观察者的书，这些书是我关注的对象。……从俗世之人的忏悔到苦行修士和隐修者的忏悔占据了我，在这条路上，我不知不觉走向了基督，在他身上我

---

① В. А. Воропаев И. А. Виноградов: Духовный путь Н. В. Гоголя, Часть 1. Москва: «Русское слово», 2009. С. 17.

发现了打开人灵魂的钥匙。"①

果戈理阅读摘抄的这一方式是许多修士传统的修行方式之一。它为果戈理提升了宗教修养,也为他的文学创作做了准备。在《与友人书简选》之前,果戈理写了两篇宗教-道德文章(《俗世生活规章》和《关于那些我们灵魂的缺陷,它会让我们不安,妨碍我们内心的平静》)给朋友,这两篇文章的写作风格和创作思想接近宗教作家,目的是在日常生活中对人起引领指导作用。

## (二) 效法长老——以文学作品引领世人

### 1.《与友人书简选》——开创了俄罗斯文学的一个新时代

1847 年果戈理的《与友人书简选》出版,这是一部社会争议不断的著作,也是体现果戈理创作风格和思想发生转折的书。梅列日科夫斯基赋予了果戈理的这一转向以划时代的重大意义:"在这里,在果戈理身上体现了俄罗斯文学、整个俄罗斯精神不可避免的转向,这一转向当今在我们身上正彻底实现着。"②

我们抛开对《与友人书简选》的各种争议,单纯从果戈理本人的意愿出发来论述它。这是一部实现果戈理晚期创作理想的著作——通过改造人来改造社会。果戈理晚期创作的理想是希望借助于文学作品引领世人向"善",为神做事,这是作为作家的责任。对于这一责任,果戈理在《遗嘱》里有所表述,那就是作家的文学作品要对心灵有益,对人有教益。"观众并不任性;往哪儿引导他们,他们就往那儿跑"。③

---

① В. А. Воропаев И. А. Виноградов: Духовный путь Н. В. Гоголя, Часть 1. Москва: «Русское слово», 2009. С. 17.

② 【俄】梅列日科夫斯基:《果戈理与鬼》,耿海英译,北京:华夏出版社,2003 年,第 54 页。

③ 沈念驹:《果戈理全集》(第七卷),石家庄:河北教育出版社,2002 年,第 69 页。

作家要"以强烈的抒情呼吁的形式向卓越的、但正在打盹的人大声疾呼。请从岸上扔一块木板给他，并大声疾呼让他拯救自己可怜的灵魂"。① 他认为这本书是他推荐给俄罗斯的一条拯救之路，也是自己个人的救赎。"宗教的目的被赋予了艺术"。② "此生之中，我们的工作应当不是为了自己，而是为了上帝"。③ 这一理想在 1847 年 10 月他给彼·阿·普列特尼奥夫的信中表露无遗："当我撰写我的这本书时，我是坚定地为了上帝工作，为了颂扬上帝神圣的名字我拿起了笔，因此所有的障碍在我面前都闪到了一旁……"④果戈理信中的这段话，正像他在早期作品《肖像》中所描写的，画家经过苦修后获得新生，重新拿起画笔为神作画一样，有重获新生的喜悦。

果戈理赋予了《与友人书简选》这本书以拯救的意义和作用，即使此书遭到了来自社会各方面的批评和否定，但也不乏支持者的声音。1847 年 4 月底在《圣彼得堡报》上发表了彼·安·维亚泽姆斯基的文章《亚济科夫——果戈理》，在这篇文章中谈到果戈理的《与友人书简选》："无论你怎样评价这本书，无论你以什么样的观点看待这本书，你都会得出这个结论，这是一本极其出色的书。它是文学上和心理学上的一件大事。"⑤在宗教界人士中持赞同态度的是修士大司祭费奥多尔："我把他看成是一个道德上孤独的受难者。"⑥

《与友人书简选》引起争议，不被大多数人接受，也许有如下原

① 沈念驹：《果戈理全集》(第七卷)，石家庄：河北教育出版社，2002 年，第 81 页。
② 【苏联】伊·佐洛图斯基：《果戈理传》，刘伦振等译，天津：天津人民出版社，1982 年，第 570 页。
③ 【苏联】伊·佐洛图斯基：《果戈理传》，刘伦振等译，天津：天津人民出版社，1982 年，第 597 页。
④ 沈念驹：《果戈理全集》(第七卷)，石家庄：河北教育出版社，2002 年，第 10 页。
⑤ 沈念驹：《果戈理全集》(第七卷)，石家庄：河北教育出版社，2002 年，第 14 页。
⑥ 【俄】布哈列夫·亚·马：《写于 1848 年的致尼·瓦·果戈理的三封信》，圣彼得堡，1860 年，第138—139 页。

因：第一，俗世各界读者不仅不喜欢这种公开说教的形式，而且无法接受果戈理在书中的自我批评，自毁在读者心目中的美好，把自己变成一个令人鄙视的形象，哪怕果戈理是以一种忏悔的心态来剖析自己。第二，书中有一些规劝人们禁欲修行的思想，这些对于有宗教信仰的人还可以接受，但对于没有宗教信仰的人来说是无法理解的。第三，一些宗教界人士反对的原因是认为果戈理以圣人的身份来教训人，是缺少谦卑、傲慢的表现。另外，书中的一些观点也不符合一些东正教传统的理解。例如，马特维神父认为，果戈理把戏剧的作用抬高到可以引领人走向神圣的作用，这似乎有与宗教经典齐名之嫌，这是他所不能接受的。

虽然《与友人书简选》这本书没有实现果戈理本人所期望的，被社会广泛接受，成为人们改造自我精神的良药。但是它对俄国文学的价值和意义是不可磨灭的，那就是《与友人书简选》"把整个俄罗斯文学从美学转到宗教，从普希金之路转向陀思妥耶夫斯之路"。[①]

## 2.《死魂灵》第二部——果戈理未实现的引领世人的心愿

果戈理《死魂灵》第二部虽然没能问世，但果戈理依然延续了《与友人书简选》的创作思想。小说第一部中没有正面形象，以揭露丑陋和"恶"为主，他希望在第二部中塑造一个光明的形象去引领人们向"善"。"在《死魂灵》第二部中予以表现的那种'美好的人物'，以便包罗整个俄国，以便在其中'把俄国人身上一切美好的和丑恶的东西统统揭示出来，使俄罗斯气质的特性更鲜明地呈现在我们面前'"。[②]

---

① В. А. Воропаев И. А. Виноградов: Духовный путь Н. В. Гоголя, Часть 2. Москва: «Русское слово», 2009. С. 41.
② 【苏联】伊·佐洛图斯基:《果戈理传》,刘伦振等译,天津：天津人民出版社,1982年,第569页。

1848 年 2 月 5 日果戈理前往耶路撒冷朝圣,4 月底回到俄国。从圣地回来后,他振作起来,继续《死魂灵》第二部的写作。第二部于 1840 年开始,持续了 11 年,当几乎完稿时,他自己在临终前 10 天把它烧掉了。"从所剩的残迹中可以看到,在第二部里所有人物都有了新的面貌和新的思想。他希望以自己的第二部给一切领域——俄国的政治生活、家庭生活、经济生活、宗教生活——都带来安宁"。① "在残留的篇章中,可以自然而然地、毫无先入之见地猜想出来,这部在俄国的土壤里生长起来的作品上升到了'全世界的改造'的高度,在寓意的形象中表现出了善与恶的对抗和它们之间的不断搏斗"。② 十分可惜的是,这部具有揭示人类灵魂本质的书没能与读者见面,没能实现果戈理利用文学作品这一工具引领世人向"善",走向美好世界的理想。

## 三 果戈理的悲剧——在"阿廖沙"与隐修士之间的挣扎

《死魂灵》第二部被烧毁的悲剧,与其说是这部人们期待已久的小说的悲剧,不如说是果戈理个人的悲剧。这一悲剧形成的主要原因也许就在于,果戈理希望通过自己的写作在俗世为神做事,实现改造人灵魂的使命,与放弃俗世的一切去隐修之间的矛盾。果戈理隐修的想法由来已久,1840 年 4 月,在他写信给尼古拉·别拉杰尔斯基(Николай Белозерский)的信中就提到:"与上流社会的生活相比,我现在更适合修道院的生活。"③1842 年 2 月他又向诗人尼古拉·亚济

① 【苏联】伊·佐洛图斯基:《果戈理传》,刘伦振等译,天津:天津人民出版社,1982 年,第 646 页。
② 【苏联】伊·佐洛图斯基:《果戈理传》,刘伦振等译,天津:天津人民出版社,1982 年,第 648 页。
③ В. А. Воропаев И. А. Виноградов: Духовный путь Н. В. Гоголя, Часть 1. Москва: «Русское слово», 2009. С. 16.

科夫(Николай Языков)说过隐修的想法:"我感觉与俗世联系的最后一点也被撕开,我需要隐居,坚决隐居。我不是为了无时无刻而感到的不安而生,在俗世没有比修士更好的归宿了。"①而文学写作又是他认为在俗世最好的为神服务的工具,如何选择,哪个更合神的意,让他无所适从,经常处于不安之中。

为了寻找精神的指引,果戈理把神父马特维当作自己的精神导师。与神父马特维的相识源于好友亚历山大·彼得洛维奇·托尔斯泰伯爵的推荐,托尔斯泰是一个虔敬的基督徒,也是一个严格的禁欲苦修者。从1847年起果戈理才与马特维神父有书信的交流。所以,去修道院苦修的想法,果戈理在认识马特维神父之前就有。不过,神父马特维的确对果戈理的思想产生一定影响。1847年8月中旬,果戈理给托尔斯泰伯爵的信中写道:马特维神父建议果戈理"听从我们内心圣灵的话,而不是我们肉体的话;放弃俗世所有的烦恼,返回内心的精神生活",去读福音书和圣徒的著作。② 许多人认为是神父马特维的影响让果戈理放弃文学写作,烧掉《死魂灵》第二部的手稿,而且在果戈理病重的情况下,依然让他斋戒。对于类似的指责,马特维神父曾经回应:"这不对,艺术天赋是上帝的恩赐,不能禁止上帝的恩赐,尽管让它表现出来。"③在果戈理去世前两周,马特维神父与他见面时两人不欢而散。马特维神父走后不久,果戈理就给他写信祈求宽恕:"昨天已经给您写了封信,请求您原谅侮辱了您……我整个

---

① В. А. Воропаев И. А. Виноградов: Духовный путь Н. В. Гоголя, Часть 1. Москва:《Русское слово》, 2009. С. 16.

② В. А. Воропаев И. А. Виноградов: Духовный путь Н. В. Гоголя, Часть 2. Москва:《Русское слово》, 2009. С. 174.

③ В. А. Воропаев И. А. Виноградов: Духовный путь Н. В. Гоголя, Часть 1. Москва:《Русское слово》, 2009. С. 180.

心深深地感谢您,深深地"。① 从上面文字可以看出,果戈理十分在意和尊敬这位精神导师。在 1848 年写给托尔斯泰伯爵的信中也可以看出果戈理对马特维的态度:"他是我至今知道的最智慧的人,如果我能够得救,大概就是源于他的引领……"②而且他确信马特维神父"比我自己更了解我的灵魂"。③ 但遗憾的是,神父马特维并没能让果戈理走出矛盾和痛苦,可以说反而加剧了他这种选择的痛苦。在烧掉自己手稿后,果戈理突然大哭起来:"这就是我干的事! 本想只烧掉一些早准备烧掉的东西,结果却把所有的东西都烧掉了。魔鬼是多么强大呀! 这就是他让我干的事……"④

正如 1902 年教授 A. 斯米尔诺夫(Смирнов)在果戈理去世 50 周年时说的:"假设在果戈理最后几年他的精神导师不是马特维,类似于陀思妥耶夫斯基小说《卡拉马佐夫兄弟》中的菲拉庞特神父的苦修者,假设在他面前的是奥普塔修道院的长老阿姆夫罗西,这个陀氏笔下的佐西马长老,对人的软弱宽容——《死魂灵》第二卷或许也不会被烧毁。"⑤斯米尔诺夫这样说,也有一定道理。虽然神父马特维之后为自己辩解,自己没有劝告果戈理放弃文学写作。但从他给果戈理的书信中,却找不到鼓励果戈理写作的词句。反而在果戈理第二次去奥普塔修道院拜访长老马卡里后,收到了马卡里的祝福:祝福他为青少年写一部俄国地理的书。而且长老马卡里也没有让果戈理进入修

① 【俄】梅列日科夫斯基:《果戈理与鬼》,耿海英译,北京:华夏出版社,2003 年,第 133—134 页。
② В. А. Воропаев И. А. Виноградов: Духовный путь Н. В. Гоголя, Часть 2. Москва: «Русское слово», 2009. С. 179.
③ В. А. Воропаев И. А. Виноградов: Духовный путь Н. В. Гоголя, Часть 2. Москва: «Русское слово», 2009. С. 179.
④ 【俄】梅列日科夫斯基:《果戈理与鬼》,耿海英译,北京:华夏出版社,2003 年,第 135 页。
⑤ В. А. Воропаев И. А. Виноградов: Духовный путь Н. В. Гоголя, Часть 2. Москва: «Русское слово», 2009. С. 180.

道院修行,他是担心果戈理的身体无法承受修道院的艰苦生活。① 果戈理一共去了奥普塔修道院三次,分别是在 1850 年 6 月以及 1851年 6 月和 9 月。果戈理若不是在 1852 年 3 月 4 日去世的话,他或许还会去奥普塔修道院,那他个人命运也许会有所不同。因为在果戈理的遗训中,嘱托亚历山大 · 彼得洛维奇 · 托尔斯泰要一直与奥普塔修道院保持联系。后来,托尔斯泰还写信给奥普塔的长老阿姆夫罗西,而且去世前一直等到奥普塔的教父到了日内瓦为他祝福后才去世。果戈理的家人和其他朋友也一直与奥普塔修道院有来往。② 其实,从他论述作家的责任以及烧毁手稿后的懊悔中可以发现,果戈理的理想正像陀思妥耶夫斯基小说《卡拉马佐夫兄弟》中的主人公阿廖沙一样,实现佐西马长老的嘱托,在世间修行,用自己写作的天赋,利用文学作品,如长老一样引领世人,净化灵魂,通过改造人来实现改造社会,建立地上的美好天国。

## 第三节 俄罗斯东正教长老制对陀思妥耶夫斯基的影响

费奥多尔 · 米哈伊洛维奇 · 陀思妥耶夫斯基(1821—1881 年)是19 世纪俄国著名的作家、思想家,在世界文学史上,他的思想和作品都具有划时代的意义。陀思妥耶夫斯基所处的时代,也是长老制复兴繁荣并走向俗世的时代,因为"任何一种伟大思想的形成都离不开孕育

---

① В. А. Воропаев И. А. Виноградов: Духовный путь Н. В. Гоголя, Часть 1. Москва: «Русское слово», 2009. С. 51 – 52.

② В. А. Воропаев И. А. Виноградов: Духовный путь Н. В. Гоголя, Часть 1. Москва: «Русское слово», 2009. С. 80.

它的时代。时代背景、社会环境、文化语境等一些外部要素会在一个人的成长中留下烙印，并影响着他的思想观念、审美情趣以及价值取向，同时对其世界观的形成和发展也发挥着深层的作用"。① 所以，长老制修行思想同样影响着陀思妥耶夫斯基，并在其思想和文学作品中得到反映。

按照巴赫金的观点，陀思妥耶夫斯基的长篇小说具有复调性，即小说中的人物都代表着不同的思想观点，这些思想观点之间存在着相互交锋和对话。这一对话是开放性的，没有最终的结局。但是，这种复调性并不能否定小说中作家思想观点的存在，正如巴赫金所说："陀思妥耶夫斯基的个人观点（当然，它们是存在的，他把它们注入自己的政论作品、刊物上的文章、书信与演讲）受到自己**时代**、自己集团利益、自己趋向的局限，它们进入了他的小说。当然，我们可以在小说里找到相应的地方，那些小说好像是在重复、但以主人公的面目在重复着陀思妥耶夫斯基的某些思想与表述。"②因此，完全可以通过其小说中人物的思想观点，结合陀思妥耶夫斯基的政论文章、书信以及自传来发现他的思想发展和变化。下面就从陀思妥耶夫斯基早期空想社会主义思想入手，逐步分析长老制修行思想对其思想的影响。

## 一 长老制理念是陀氏接受空想社会主义思想的原动力

在俄国东正教长老制复兴繁荣的时代背景下，青年时期的陀思妥耶夫斯基却对空想社会主义产生兴趣，参加了排斥基督教的彼得堡拉舍夫斯基小组的革命活动。这看似矛盾的结果，其实有着某种内在的联系。

---

① 王希悦：《西方文论关键词：欧亚主义》，《外国文学》2017 年第 3 期。
② 【苏联】巴赫金：《巴赫金全集》（第四卷），白春仁等译，郑州：河北教育出版社，2009 年，第 417 页。

## （一）陀思妥耶夫斯基的基督教自然主义思想与长老制修行方式的目标相似

俄国哲学家、神学家瓦·瓦·津科夫斯基（1881—1962 年）在其《俄国哲学史》一书中，对陀思妥耶夫斯基的"基督教自然主义"是这样论述的："在陀思妥耶夫斯基的精神探索方面，所有这一思维机制都应该被称作'基督教自然主义'，它把全部希望寄托在基督教通过基督现身而**进入世界**的对人的启示上，并且在救世主的**变容**中找到了其最高表现。这就是不要各各他的基督教，这就是只要伯利恒和法沃尔（原译文为"法老"，有误）的基督教。……是对'人类灵魂的完美性'的认可。"①这里的各各他是圣经记载的基督受难之地，也是耶稣基督对人类的救恩之地。而伯利恒和法沃尔分别是耶稣降生之地和主显易容之地，而主易容时的光，称为"法沃尔之光"。津科夫斯基这段话的意思是，陀思妥耶夫斯基追求的是基督耶稣在人世间对人的**引领和启示**，也不否定人自身通过努力能够达到**"灵魂的完美"**。

"光"是灵性的象征。②"光"在静修主义中是一个重要概念，静修主义的核心是发挥人的积极作用，通过修炼达到与神结合，达到见神的目标。"见神"时所感知的光，就是类似于法沃尔之光的光。俄国东正教长制是静修主义的一种实践方式，甚至有人说，静修主义在俄国就是长老制。长老制修行的最高目标也是使人灵魂纯净完美，最后与神结合，达到"见神"。只是长老制更突出长老在修行实践中的**引领**作用，如同基督一样。在修道院，院长把新修行的人带到长老跟前时，会对新修行的人说："孩子，尊敬长老就像自己的父亲和老

---

① 【俄】瓦·瓦·津科夫斯基：《俄国哲学史》（上），张冰译，北京：人民出版社，2013 年，第 461 页。
② 王希悦：《多棱镜下的什梅廖夫小说宗教意蕴研究》（13B008），研究报告，2015 年，第 14 页。

师,让自己成为顺从的人,服从他,就像服从**基督**本人一样。把一切交给他,用神的话作宝剑斩断自己个人的意志。"①所以,按照津科夫斯基对陀思妥耶夫斯基的"基督教自然主义"论述,无论是在引领作用,还是在追求人灵魂完美上,都与俄国东正教长老制有异曲同工之处。

体现陀思妥耶夫斯基这种"基督教自然主义"思想最为典型的文学作品是他的小说《白痴》。在这部小说中,梅什金公爵,即人间"基督",作家曾多次在为长篇小说写的笔记中提醒:"公爵"就是"基督"。在小说中,也多次提到主人公谈对自己使命的认识。"现在我要走向众生"。② 基督的这种入世,恰是作家"基督教自然主义"思想的表达。1868 年 1 月 13 日,作家在日内瓦的一封书信中提到《白痴》中的人物时写道:"……长篇小说的主要思想是描绘一个绝对美好的人物。……在世界上只有一个绝对美好的人物——基督。"③

正如瓦·瓦·津科夫斯基所说,陀思妥耶夫斯基一生都未曾离开"基督教自然主义"立场,也未曾抛弃对人类天性的、从未显现的、但却是真正"完善"的信仰,这是他精神世界的两大中心。④ 维·伊·伊万诺夫(1866—1949 年)的陀思妥耶夫斯基研究亦有同样的关注。⑤ 基督的启示和引领使人灵魂完美,这既是陀思妥耶夫斯基"基督教自然主义"的理想,也是俄国东正教长老制修行的目标所在,发

① И. К. Смолич: Русское монашество 988 - 1917—жизнь и учение старцев. Москва: Церковно-научный центр «православная энциклопедия», 1999. С. 39.
② 【俄】尤·谢列兹涅夫:《陀思妥耶夫斯基传》,徐昌翰译,北京:人民文学出版社,2011 年,第348 页。
③ 【俄】费·米·陀思妥耶夫斯基:《人不单靠面包活着——陀思妥耶夫斯基书信选》,冯增义、徐振亚译,上海:上海译文出版社,2013 年,第 232 页。
④ 【俄】瓦·瓦·津科夫斯基:《俄国哲学史》(上),张冰译,北京:人民出版社,2013 年,第462 页。
⑤ 王希悦:《维·伊万诺夫诗学的文化阐释与研究》(15BWW033),研究报告,2017 年。

挥人自身的主动性进行苦修,最终灵魂达到接近完美的状态,获得地上天堂的幸福美好。而空想社会主义者的理想也是建立一个地上人人幸福美好的社会。只不过"基督教自然主义"和长老制把神人基督作为中心,而空想社会主义否定神,把人抬到最高。但它们的目标是共同的,那就是实现人人幸福美好的愿景。与其说是"基督教自然主义"使陀思妥耶夫斯基早年的思想探索走向了空想社会主义,不如说是长老制的影响使他走进了空想社会主义。因为在陀思妥耶夫斯基还只有 18 岁时,就受到宗教思想家施德洛夫斯基的影响,而施德洛夫斯基也深受长老制修行思想的影响。

## (二) 陀思妥耶夫斯基最先受到类似长老的浪漫主义宗教思想家施德洛夫斯基的影响

施德洛夫斯基是陀思妥耶夫斯基生活道路上遇到的第一个浪漫主义宗教思想家,也是他见到的第一个活着的传教士,施德洛夫斯基对他精神道德和思想意识影响极大。说到这一影响,在陀思妥耶夫斯基传记中有这样记述:"年轻的陀思妥耶夫斯基相信必须用传道的语言去促成世人的精神转变,在这一点上,施德洛夫斯基也许是对他在思想上灌输得最多的一个。"[①]

施德洛夫斯基渴求光明,渴求艰巨的功勋;为了实现自己在世间建立神圣王国的梦想,他决心贡献自己的一切。他的信仰曾出现过危机,甚至被否定;他也引导陀思妥耶夫斯基关注有别林斯基合作的克拉耶夫斯基的《祖国纪事》杂志。后来,他还是对自己不满足。最终走向瓦卢伊修道院,修道院也没能满足他内心的需求,他又去基辅

---

① 【俄】尤·谢列兹涅夫:《陀思妥耶夫斯基传》,徐昌翰译,北京:人民文学出版社,2011 年,第 35 页。

拜见一位"神圣的长老",请他指点迷津。可是不管别人怎么指点,他还是要走自己的路。长老就建议他到尘世去生活——那里有你的功业。于是,施德洛夫斯基回到家,到了村里——他父母的庄园,在那里住下了,与农民一起生活,向他们传道。但身上始终穿着修道院杂役的修士服。关于施德洛夫斯基对陀思妥耶夫斯基精神和思想的影响,作家在自己晚年时曾要求自己的传记作家一定要谈施德洛夫斯基:"对于我来说这是一个重要人物,他的名字值得一提。"①

可以说,陀思妥耶夫斯基早期的空想社会主义思想的形成,虽然直接受到别林斯基等人的影响,但施德洛夫斯基是他进入革命小组的建议者,也是他后来脱离空想社会主义思想、形成自己根基论思想的最初影响者。

对陀思妥耶夫斯基空想社会主义思想形成起着关键作用的是别林斯基。1846年,陀思妥耶夫斯基发表了第一部长篇小说《穷人》,这部小说成为了他的成名作,也因此受到别林斯基的赞赏,别林斯基称它为社会小说。别林斯基几乎从与陀思妥耶夫斯基相识的第一天起,"他就开始着手对这位文学新兵进行教育,或者,一如陀思妥耶夫斯基本人所说'以一种毫无戒心的匆忙,想要让我接受他的信念……我发现他是个狂热的社会主义者,当时我也以狂热的态度接受了他的全部教诲'"。② 关于对待别林斯基的社会主义观点,陀思妥耶夫斯基曾这样写道:"作为一个社会主义者,他必须摧毁基督的学说,把它说成是一种虚伪的、无知的仁爱,是为现代科学和经济法则所

① 【俄】尤·谢列兹涅夫:《陀思妥耶夫斯基传》,徐昌翰译,北京:人民文学出版社,2011年,第36—37页。
② 【俄】尤·谢列兹涅夫:《陀思妥耶夫斯基传》,徐昌翰译,北京:人民文学出版社,2011年,第75页。

谴责的。"①从这句话中可以看出,虽然陀思妥耶夫斯基是以一种崇拜的心态跟随别林斯基,但别林斯基没有彻底消除陀思妥耶夫斯基对宗教信仰的需求,只是在他的意识里永远播下了怀疑的种子,而这种怀疑的种子也是造成他以后思想多面性的一个原因。

1847 年陀思妥耶夫斯基逐渐对空想社会主义产生兴趣,并参加了彼得堡拉舍夫斯基小组的革命活动。1849 年 4 月 23 日他因牵涉反对沙皇的革命活动而被捕,并于 11 月 16 日执行死刑。在行刑之前的一刻才改判成了流放西伯利亚。在流放期间,陀思妥耶夫斯基的思想发生了巨大变化,他放弃了空想社会主义思想,重新回归到基督教信仰。陀思妥耶夫斯基在流放期间思想发生转变,看似突然。其实,早在他与别林斯基相处时期,他对基督的信仰就没有消失过。他与别林斯基两个人经常发生争论。"一方热烈地捍卫自己的信仰,另一方则攻击它,说服对方改变信仰。……陀思妥耶夫斯基在接受别林斯基说服的过程中,跨越了许多他过去曾无条件认为是神圣的东西,甚至跨越了他天真的儿童时代所接受的上帝。但他却始终未能跨越基督,他说'光辉的基督形象始终还是留存下来了,我越来越难于同他抗衡……'"②

对于空想社会主义的信仰,与其说是空想社会主义理想中美好的新世界打动了陀思妥耶夫斯基,不如说是他内心基督教信仰中神圣美好的天国思想,以及对人类灵魂的完美性的信心,让他接受了空想社会主义。正如自传中所述:"陀思妥耶夫斯基认为,基督教与社

---

① 【俄】尤・谢列兹涅夫:《陀思妥耶夫斯基传》,徐昌翰译,北京:人民文学出版社,2011 年,第 96 页。
② 【俄】尤・谢列兹涅夫:《陀思妥耶夫斯基传》,徐昌翰译,北京:人民文学出版社,2011 年,第 96 页。

会主义(空想社会主义)同出一源,它们都来自于一个强烈的信念:人类建筑在兄弟般团结一致的基础上,建立在'黄金时代'地上'天堂'基础上的共同和谐生活是可能的,也是必要的。"①

虽然在他信仰空想社会主义的思想阶段,最能反映他空想社会主义思想的书信和文章很少,书信也许是因为在被捕之后都被收信人销毁了,所以没有保留下来。但是,从他的自传中可以发现,陀思妥耶夫斯基接受空想社会主义思想的基础是实现地上"天堂",这与施德洛夫斯基实现自己在世间建立神圣王国的梦想一样。也与长老制修行方式的目标是一致的,实现人的现世拯救,获得地上天堂的幸福美好。

## 二 俄罗斯东正教长老制是陀氏根基派思想实践的推动力

据维基百科词典对"根基派"的定义:根基派——源于斯拉夫派,反对西欧派的俄国社会思潮,产生于 1860 年。其拥护追随者被称为根基派者。根基派者们认为拯救全人类是俄国人民的使命,宣扬在宗教-伦理基础上"知识阶层"与人民亲近的思想。"根基派"这一术语产生于费·米·陀思妥耶夫斯基的政论作品,号召回归"自己的根",人民的、民族的本源。

为了宣传自己的观点,陀思妥耶夫斯基和自己的哥哥米哈伊尔一起创办了两本杂志:《当代》(1861—1863 年)和《时代》(1864—1865 年)。这两份杂志成为"根基派"的思想阵地和组织中心。陀思妥耶夫斯基称,该刊物的宗旨是"为自己建立一种新的生活方式,我们自己的、本民族的、来自我国根基的、来自人民精神和人民基础的

---

① 【俄】尤·谢列兹涅夫:《陀思妥耶夫斯基传》,徐昌翰译,北京:人民文学出版社,2011 年,第 460 页。

新方式"。① 根基派认为,俄国社会的动荡不安和道德信念的沦丧都源于俄国有教养的知识阶层长期脱离"人民的根基",因而出路在于知识分子必须"顺从人民",吸取俄罗斯民族性格的根本因素——虔诚的基督教博爱精神……②根基派反对农奴贵族和官僚,号召"有教养的阶层与人民融合",并视其为俄国进步的保障。1870 年根基派的特征出现在尼古拉·雅科夫列维奇·丹尼列夫斯基(Николай Яколевич Данилевский)的哲学作品和陀思妥耶夫斯基的《作家日记》里。在他的 1876 年 2 月的《作家日记》中有过这样的表述:"不,不要根据我们的人民现在是什么样子来批判他,而要根据他希望成为什么样子来批判他。他的理想是强有力和神圣的,正是这种理想在受苦受难的时代拯救了他……他相信,黑暗必将消失,永恒的光明有朝一日必将永放光芒。我不准备去谈他那些历史上的理想,他的谢尔吉、费奥多西·别切尔斯基,也不谈吉洪·扎顿斯基。"③这里的谢尔吉和费奥多西·别切尔斯基、吉洪·扎顿斯基都是俄国著名的修道院院长和著名苦修士,同时也是俄国人民崇敬和仰慕的长老,民众的理想楷模,是他们的引领和榜样作用让俄国人民战胜了黑暗和苦难。

从上述根基派定义和陀思妥耶夫斯基的观点来看,核心思想有两个:一是俄国人民肩负拯救全人类的使命;二是宗教民粹主义。陀思妥耶夫斯基生活的时代正是长老制修行传统空前发展和繁荣的时代,长老制入世性加强,在这一时代背景下,陀思妥耶夫斯基在俄国东正教长老制中找到了根基派这些核心思想的表达和实践的

① 刘宁:《俄国文学批评史》,上海:上海译文出版社,1999 年,第 424 页。
② 刘宁:《俄国文学批评史》,上海:上海译文出版社,1999 年,第 424 页。
③ 【俄】费·陀思妥耶夫斯基:《作家日记》(上),张羽译,石家庄:河北教育出版社,2012 年,第 207—208 页。

方法。

## （一）俄国人民肩负拯救全人类的使命，在俄国东正教长老制中找到表达

1878 年 6 月，陀思妥耶夫斯基为了减轻丧子之痛，在弗拉基米尔·索洛维约夫的陪同下来到奥普塔修道院，在那里他见到了长老阿姆夫罗西，并且连续两天与长老在修行室里长谈。"在归途中，陀思妥耶夫斯基变得沉默不语了。他在深思。他看上去柔和了，心情也开朗了"。[1] 他从奥普塔修道院回来途中的深思和开朗，不仅是由于在长老那里得到了丧子之痛的安慰，更是因为他发现了实现自己地上天国理想的途径——那就是长老对民众的引领。因为他在奥普塔修道院，亲眼见到了普通民众对长老的崇拜，也看到了长老对民众精神的引领。这正是长老制入世性对民众的作用。这次对奥普塔修道院长老的拜访，让陀思妥耶夫斯基决定在其小说《卡拉马佐夫兄弟》中"应该有一个智僧之类的人物作为精神上的向导。他已经决定把这个人物叫做佐西马长老"。[2] 这个佐西马长老的原型是长老阿姆夫罗西，也是陀思妥耶夫斯基思想的表达者。这在 1879 年 8 月 19 日陀思妥耶夫斯基写给尼·阿·柳比莫夫的信中得到印证，他提到小说《卡拉马佐夫兄弟》时写道："当然，我那位佐西马长老的许多训言(或者说是这些训言的表述方式)属于他这个人物，亦即他的艺术形象。**尽管我的思想与他所表达的思想完全一致**，但假如要我自己

---

① 【俄】尤·谢列兹涅夫：《陀思妥耶夫斯基传》，徐昌翰译，北京：人民文学出版社，2011 年，第 438 页。
② 【俄】尤·谢列兹涅夫：《陀思妥耶夫斯基传》，徐昌翰译，北京：人民文学出版社，2011 年，第 439 页。

表达这些思想,那我会用另一种形式,另一种语言。"①

陀思妥耶夫斯基从奥普塔修道院归来后,立刻投入小说《卡拉马佐夫兄弟》的写作。在这部长篇小说中,陀思妥耶夫斯基想要表达的,正是根基派的俄国拯救全人类的思想:"谁又知道呢? 也许正是俄国注定要在这革新世界的未来斗争中起到它主要的作用? 也许这为了整个人类的新生而赎罪牺牲的角色正是要由它来承担? 俄国应该为这一伟大的自我牺牲,为这世界的骷髅地上十字架的行动做好准备……也许这还是一次史无前例的新生?"②俄国如何完成拯救,陀思妥耶夫斯基在俄国修士身上看到了希望和动力,他在小说《卡拉马佐夫兄弟》中写道:"修士,只有当他意识到自己不但比俗世的人坏,还应该为这个世上所有人的罪恶承担责任,他才算是达到修行目的。你们要知道,我们每个人都应该为世上一切人和事承担责任,这不仅是因为世上所有的罪恶是人人有份的,还因为每个人本来就应该为世上的任何人承担责任。不仅是修士应该有这种认识,它也是世上所有人生活的最终目的……我们才能用爱的力量来拯救这个世界。"③

小说《卡拉马佐夫兄弟》中佐西马长老临终前对阿廖沙的嘱咐:"因为你作为唯一无罪的人本来可以给黑暗中的恶人带来光明,你却没有发光。如果你这样做了,你的光还能为别人照亮道路,作恶的人有你指点迷津,也许就不会作恶。也可能你发了光,却发现人们仍不

① 【俄】费·米·陀思妥耶夫斯基:《人不单靠面包活着——陀思妥耶夫斯基书信选》,冯增义、徐振亚译,上海:上海译文出版社,2013 年,第 456—457 页。
② 【俄】尤·谢列兹涅夫:《陀思妥耶夫斯基传》,徐昌翰译,北京:人民文学出版社,2011 年,第444 页。
③ 【俄】陀思妥耶夫斯基:《陀思妥耶夫斯基自述》,黄忠晶、阮媛媛编译,天津:天津人民出版社,2015 年,第 153 页。

能靠你的光明获救,那时你必须坚定信念,不要怀疑天国之光的威力;要相信,他们即使现在没有获救,以后总能获救的。……你是**为全人类工作**的,你是为未来效力的。"①这段话正是陀思妥耶夫斯基实现拯救人类方式的**表达**,那就是寄希望于长老制在俗世发挥作用。小说中的人物阿廖沙就是具有基督般灵魂纯净的修士,他的使命就是到世间,做人民的长老,引领民众,共同进入神的天国。

## (二)长老制是陀思妥耶夫斯基宗教民粹主义实现救国理想的推动力

根基派中的民粹主义,是一种宗教民粹主义。正如别尔嘉耶夫所说:"陀思妥耶夫斯基是一个特殊的民粹主义者,他美化'人民'达到了崇拜的地步,在'人民'中寻找神和真理。"②"他认为俄国人民是世界上最顺从的人……俄国人民是唯一'具有神性的人民'(народ-богоносец)。③"俄国和人类的"得救之道将来自民众,来自民众的信仰和顺从"。④ 虽然陀思妥耶夫斯基这种特殊的民粹主义核心是人民,但这一核心的原动力是人民对基督的信仰和顺从。在世间人民需要像基督一样的人的引领,而长老制正符合这一要求。基督般灵魂纯净的修士-长老可以引领民众,净化人心,建立一个兄弟般团结的地上天国。

在小说《卡拉马佐夫兄弟》中,陀思妥耶夫斯基借着佐西马长老之口把修士-长老在世间的引领作用说了出来:"如果我说俄罗斯大地能否再次得救,或许就取决于这些安分守己、酷爱默祷的修士……

---

① 【俄】陀思妥耶夫斯基:《卡拉马佐夫兄弟》,荣如德译,上海:上海译文出版社,2006年,第389页。
② Н. А. Бердяев, Миросозерцание Достоевского, Париж: 1968 г, С162.
③ Н. А. Бердяев, Миросозерцание Достоевского, Париж: 1968 г, С148.
④ 【俄】陀思妥耶夫斯基:《卡拉马佐夫兄弟》,荣如德译,上海:上海译文出版社,2006年,第380页。

眼下他们在孤寂中保持着基督形象的壮美本色,依然不失上帝真理的纯洁性……必要时他们会把未被歪曲的基督形象展现出来,与世间走了样的真理加以对照。……那些安分守己、持斋苦修的隐修士,有朝一日会起来干一番大事业。俄国能否得救取决于民众。俄国修道院向来与民众站在一起。……民众将迎击无神论者并且战而胜之,彼时将出现一个统一的、正教的俄罗斯。要保护民众,爱护民心。对他们要潜移默化。这是我们修士的天职,因为俄国民众心里装着上帝。"①小说中佐西马长老的这段表述,恰好说明了陀思妥耶夫斯基在俄国东正教修士身上找到了实现人民救国使命的推动力,那就是——纯洁、品德高尚的修士们在民众中起着长老的作用,引领类似见习修士一样顺从的人民走向神圣的地上"天国"。

总之,陀思妥耶夫斯基的一生都是围绕着东正教在思考。当然,空想社会主义给他埋下的怀疑的种子,有时也会让他产生质疑。但是,他的质疑往往都是为自己的信仰更加纯净。虽然这种质疑看起来是一种叛逆、忤逆,但实质上还是对信仰的虔敬。在小说《卡拉马佐夫兄弟》中,对佐西马长老去世后遗体发出腐臭味的描写,并不是作家丑化可敬的长老,而是作家借着这样的描写抨击那些迷信神迹的人以及这一心理,这种迷信不是真正的信仰。这也是作家对会出现伪长老的一种担心,如果人背离了信仰的自由,转而迷信奇迹,就如同魔鬼对神的试探一样,实质上是一种魔鬼主义在作祟。小说中,关于宗教大法官的描写,也印证了作家对纯洁信仰的追求。真正对神的信仰是因信仰而产生奇迹,而不是因奇迹产生信仰。神给人以

① 【俄】陀思妥耶夫斯基:《卡拉马佐夫兄弟》,荣如德译,上海:上海译文出版社,2006 年,第378—379 页。

自由和爱,而不是魔鬼给人的是诱惑。从上述长老制对陀思妥耶夫斯基思想的影响分析,可以发现陀思妥耶夫斯基一生都没有离开东正教的信仰,无论是早年的空想社会主义思想,还是基督教自然主义思想以及根基论思想,每一种思想都有俄罗斯东正教长老制修行思想的影子。

## 第四节　俄罗斯东正教长老制对托尔斯泰的影响

列夫·尼古拉耶维奇·托尔斯泰(1828—1910 年)不仅是俄罗斯文坛巨人,而且是世界文化史上的巨人。他不仅为世人贡献了丰富的文学作品,也为世人提供了独具特色的精神思想。托尔斯泰的宗教思想,按照俄罗斯宗教传统来说,是离经叛道的。1901 年他被革除出俄罗斯东正教会,最主要原因是他对东正教神职人员怀有敌意,尤其是在小说《复活》(1899 年)中他以滑稽的笔调描写了神职人员和祈祷仪式,这是对神职人员和圣餐仪式的嘲弄和玷污。[①]托尔斯泰一生都在寻求真理,试图用自己对上帝的理解去诠释基督教,去建构自己的基督教理念,他的基督教思想被称为托尔斯泰主义,它以福音书中的"登山宝训"和"爱你们仇敌"为基础,主要论题是"不以暴力抗恶",他的这一思想学说有很多追随者。但是,他并没有认为自己所建构的托尔斯泰主义是完美的,解决了自己关于人生意义的疑问,他依然生活在怀疑的痛苦之中,生活在寻找上帝的路上。他的这种寻找正符合俄罗斯人的性格特点:"俄罗斯人永远走在一个他们可能找到上

---

① Сергей Шуляк: «Богоискательство» и богоборчество Л. Н. Толстого.
http//: www. hram-troicy. prihod. ru/articles/view/id/1170677

帝所在之处的途中。"(格雷厄姆 Stephen 语)托尔斯泰一生的宗教信仰经历了从信神到不信神,再到信神的过程。他的思想也随着宗教信仰的变化而变化,下面结合他的晚期日记和文学作品,分析俄罗斯东正教长老制对托尔斯泰晚年宗教思想的影响。

## 一 托尔斯泰同长老的交往改变了其对修行思想的态度

托尔斯泰与长老制的渊源应该从他的妹妹玛利亚开始,玛利亚在奥普塔修道院附近的沙莫尔季修道院(Шамординский монастырь)剃度修行,她经常给托尔斯泰讲述奥普塔的长老阿姆夫罗西的功绩。当时,长老阿姆夫罗西在俄国是一位著名长老,许多人慕名去奥普塔修道院拜访他,其中也有托尔斯泰的朋友们,他们回来后也会把与长老交流的印象告诉托尔斯泰。尽管对于长老制,托尔斯泰存在怀疑,因为长老制不符合托尔斯泰的理性理解基督教的思想。但是,托尔斯泰还是去拜见了阿姆夫罗西,共计三次。第一次是在 1877 年夏天,作家留给长老的印象是"很高傲"。[①]但长老留给托尔斯泰的印象却很好:"这个阿姆夫罗西完全是个圣人,与他交谈,那么轻松,在我心里充满喜悦。当你与那样的人交谈时,你会感到上帝很近。"[②]第三次见面是在 1890 年,双方都没有给彼此留下好的印象,就是这次见面后,托尔斯泰对长老阿姆夫罗西产生了强烈的反感。这一次,作家评价阿姆夫罗西是"自己可鄙的罪孽到了无法想象的程度"。[③] 而长

---

① Сергей Шуляк:《Богоискательство》и богоборчество Л. Н. Толстого.
  http//:www. hram-troicy. prihod. ru/articles/view/id/1170677
② И. К. Смолич: Русское монашество 988 - 1917—жизнь и учение старцев. Москва 1999.
  С. 439.
③ Сергей Шуляк:《Богоискательство》и богоборчество Л. Н. Толстого.
  http//:www. hram-troicy. prihod. ru/articles/view/id/1170677

老阿姆夫罗西对托尔斯泰的妹妹谈到作家未来悲观的命运:"神有许多仁慈,他可能会原谅你的哥哥。但他要忏悔,在整个世界面前忏悔。既然对整个世界犯了罪,就要在整个世界面前忏悔,当人们说到上帝的慈爱时,不要忘了他的审判。神不仅是仁慈的,也是会公正审判的。"①

虽然,无从知道托尔斯泰和长老阿姆夫罗西的分歧在哪里,但是从彼此的评价里可以看出,托尔斯泰坚持了自己对基督教的理解,这种理解与东正教传统的理解产生很大的分歧,这是托尔斯泰被革除教籍的重要原因,也是托尔斯泰一生都在痛苦寻找上帝的原因。虽然托尔斯泰对长老阿姆夫罗西产生了坏印象,但在长老阿姆夫罗西去世后,没有影响托尔斯泰去拜见奥普塔长老约瑟夫。他基本上是在去妹妹的修道院做客时,顺路就去奥普塔修道院,直接去找长老交流,讨论信仰问题。

托尔斯泰最后一次去奥普塔修道院是在 1910 年 10 月 28 日,在他去世前不久。但是,这次去修道院,他却没有勇气去敲长老的门,没能与约瑟夫长老见最后一面。据托尔斯泰的传记作者比留科夫(Бирюков)所写,这段时间托尔斯泰多次重复说,他是被革除的人。可能是担心长老不会接受他吧。离开修道院以后,托尔斯泰去了南方,途中病重,在阿斯塔波沃(Астапово)火车站去世。

还流传着一种说法,托尔斯泰去世前离家出走,目的就是去修道院隐修。这在他的日记里也有体现:"祷告——意味着与神单独相处的特殊关系。因为祷告只可能在你中断与人的所有关系时。这可能

---

① Прот. Герман Иванов-Тринадцатый. Из кн. 《Русская Церковь лицом к Западу》, Мюнхен, 1994. http//:www.rodon.org/relig-071214134405

是在人群中,但你要忘了他们的存在;最自然的是,你一个人去木屋,也就是要独处,在僻静之处。"①从这段日记中可以发现,托尔斯泰对隐修生活的向往,也印证他最后离家出走的原因是想去修道院修行的说法。上述两点完全可以证明托尔斯泰宗教思想的变化:以往,他对修行生活的理想,修道院的生活,顺从、克制的修炼是不接受的,他也表示过,自己的心和理智不能向这一精神领域开放。关于这一点,可以从他与康斯坦丁·列昂季耶夫(Константин Леонтьев)的谈话里发现:"'您一个有教养的人怎么能成为虔诚的信徒并生活在这里(修道院)?'——托尔斯泰问道。列昂季耶夫回答道:'生活在这里您也会成为虔诚的信徒。'托尔斯泰反驳道:'当然,无论把谁关在这里,谁都会不由自主地完全相信。'"②从这一对话中显然能够体会出托尔斯泰对隐修生活的不理解。但是,到最后他选择了离家出走去修道院,在一定程度上可以说明,正是长期与修道院长老的交往,长老制修行思想对托尔斯泰产生了影响,使他做出了上面的选择。也说明了他思想的变化,开始接受带有神秘主义色彩的长老制修行思想。

## 二 长老制顺从原则对托尔斯泰理性信仰基督教思想的影响

托尔斯泰主义的思想基础是理性地理解基督教。为此,托尔斯泰与教会抗争了 30 多年,他曾经认为教会的信仰就是奴隶制。但他却经常与修道院的长老交往,这说明,尽管作家与长老在一些宗教观

---

① Л. Н. Толстой: Философский дневник 1901 - 1910 Москва: Издательство «ИЗВЕСТИЯ» 2003. С. 256.

② Прот. Герман Иванов-Тринадцатый. Из кн. «Русская Церковь лицом к Западу», Мюнхен, 1994. http//:www. rodon. org/relig-071214134405

点上存在分歧,但修行的长老在托尔斯泰的心目中还是可敬的,他对长老制中神圣性的追求也是肯定的。托尔斯泰同长老们的思想交流,长老制的思想和理念必然会对他产生影响。这一点在他的晚期小说《谢尔基神父》中可以看出。在小说的第三章,主人公卡萨基进了修道院,"修道院的院长是一位贵族,一位博学的作家和长老,也就是说他继承瓦拉几亚的古老传统:修士必须毫无怨言地顺从他选定的领导和教师"。① 这里提到的瓦拉几亚的古老传统与长老帕伊西·维利奇科夫斯基有关,圣帕伊西是 18 世纪末到 19 世纪东正教长老制复兴的奠基人,是他把长老制传统再次引入俄罗斯。瓦拉几亚是长老帕伊西曾经修行和建立具有长老制传统修道院的地方。这里提到的顺从原则是长老制的核心和基础。

对长老制顺从原则的认同,在托尔斯泰 1906 年 3 月 2 日的日记里也提到过:"在忠实于另一个实质时,为了这个实质切断自己意志带来精神喜悦。那种感觉是在农奴制时期奴隶、仆人所经历的,也是大臣对自己国王所经历的,朝圣者对精神人物——长老所经历的。在自身培养那样对神的情感(顺从)。……这样的奖赏就是喜乐的生活。"② 从这段日记中可以看出,他认为只有顺从神的意志,才能得到心灵的宁静和快乐,这符合长老制顺从原则的思想。托尔斯泰在小说《谢尔基神父》中对长老制的顺从原则也做出了肯定。"在修道院里,他力求做个无懈可击的修士:勤劳、克制、谦卑、宽厚,行动和思想都十分纯洁、顺从。最后一种品行,或者说品德,尤其使他减轻了生活上的痛苦。……一切可能产生的疑虑(不论对什么事)都被对长

---

① 【俄】列夫·托尔斯泰:《谢尔基神父》,草婴译,北京:现代出版社,2012 年,第 451 页。

② Л. Н. Толстой: Философский дневник.1901－1910 Москва: Издательство «ИЗВЕСТИЯ» 2003. С. 230.

老的顺从排除一空。要是没有顺从两字,很可能被冗长而单调的教堂祈祷、络绎不绝的参观者和师兄弟们恶劣品行所苦恼,但现在他不仅愉快地逆来顺受,而且觉得这一切就是生活的慰藉和支柱……"①从小说中的这段话也可以看出,顺从原则是克服疑惑的最好方法。而有的评论者认为,小说《谢尔基神父》中主人公谢尔基神父的堕落是托尔斯泰对俄罗斯东正教修行方式的否定。这一观点只是对小说的一种表面解读。如果读过托尔斯泰的日记和他写的《忏悔录》一书,就会发现,神父谢尔基正是托尔斯泰本人精神思想的代言人,在谢尔基身上的荣耀、骄傲、怀疑、寻找上帝等精神和思想,也是托尔斯泰思想中所具有的。正如托尔斯泰在《忏悔录》里对自己内心的剖析:"这些人给予我的称号——艺术家、诗人、导师的称号我没有抛弃。我天真地想象我是诗人、艺术家,我能够教导一切人,……我沾染了一个新的弱点——近乎病态的骄傲和疯狂的自信,相信我的职责是教导人们,虽然自己也不知道教什么。"②而小说主人公谢尔基神父堕落的原因有两个:一个是脱离了长老的引导后,虽然自己隐修多年,但随着接待来访者的增多,修行日渐减少,导致他信心缺乏,感觉上帝远离了自己;另一个原因,正如小说中谢尔基神父自己所说:"内心斗争有两个原因:一个是怀疑,一个是肉欲。这两个敌人总是同时出现。他原以为这是两个不同的敌人,其实二者是同一个东西。怀疑一经克服,肉欲也就克服了。"③"怀疑"是谢尔基神父堕落的最主要原因,也是困扰托尔斯泰一生的问题。而克服怀疑的最有效方法是顺从原则,这一原则,与他信奉的理性信仰基督教的思想是相矛盾

---

① 【俄】列夫·托尔斯泰:《谢尔基神父》,草婴译,北京:现代出版社,2012年,第451—452页。
② 【俄】列夫·托尔斯泰:《忏悔录》,冯增义译,南京:译林出版社,2012年,第11页。
③ 【俄】列夫·托尔斯泰:《谢尔基神父》,草婴译,北京:现代出版社2012年,第459—460页。

的。但在托尔斯泰的晚年思想中,理性原则开始动摇,在 1906 年 11 月 9 日的日记中他写道:"平等——这是顺从、谦卑。……自由——这是完成神的全部意志。只有完成神的意志后,我们所有人才会自由。……为了完成神的意志要否定自己。"①显然,这里的"否定自己"和"自由是完成神的意志"与托尔斯泰以往坚信理性理解基督教的思想是相背离的。因为,如果有了理性的参与,自然就有了人的意志和思想,是对人自我的一种肯定,而不是完全遵从神的意志。所以,托尔斯泰上面日记中的"否定自己"和"自由是完成神的意志"与自己的理性理解基督教的思想是矛盾的。

小说中谢尔基神父为了寻找上帝,抛弃虚荣,在民间衣衫褴褛、沿途乞讨,忍受世人的不屑,卑微地流浪。这种践踏自己,把自己视为世人脚下尘土,也是一种修行方式,俄罗斯东正教修行史上真正的"圣愚"即是如此。正是通过这种修行,谢尔基神父最终重新感受到"上帝渐渐在他心中出现了"。②谢尔基神父寻找和重新获得上帝的结局也是托尔斯泰所追寻的目标,他临终前的离家出走,也是为了寻求心中的上帝。所以,托尔斯泰并不是利用小说《谢尔基神父》来诋毁长老制,而是对自己骄傲、怀疑思想的反思,也是在上帝面前的忏悔,更是完全顺从上帝的意志,否定自我的表现。这些正是长老制顺从原则对托尔斯泰理性理解基督教思想的影响所在。

## 三 长老制中贞洁原则对托尔斯泰禁欲思想的影响

托尔斯泰主义中的最重要基础是福音书中的"爱你们的仇敌"和

---

① Л. Н. Толстой: Философский дневник 1901 - 1910 Москва: Издательство «ИЗВЕСТИЯ» 2003. С. 270 - 271.
② 【俄】列夫·托尔斯泰:《谢尔基神父》,草婴译,北京:现代出版社,2012 年,第 488 页。

"登山宝训",保持贞洁是"登山宝训"中的一个重要戒律,也是托尔斯泰主义的一个重要因素。无论是在托尔斯泰创作中期的长篇小说《战争与和平》里,还是在小说《安娜·卡列尼娜》中,作者都是认为应该对婚姻保持忠诚,这是一种贞洁。《安娜·卡列尼娜》中安娜的悲剧性命运,也暗含了上帝对安娜婚姻不忠的惩罚。当然,这只是对该小说的一种解读,不同的解读还有很多种。但是到了晚年,托尔斯泰对基督教"贞洁"的理解发生了变化,变得近乎修士一样的严苛。他认为婚姻中的夫妻之爱也是一种不洁,应该严格遵守禁欲思想,保持"童贞",才是真正遵守福音书中的戒律。

在他的晚年作品《克莱采奏鸣曲》和《谢尔基神父》中都是宣扬禁欲主义精神,正如在《克莱采奏鸣曲》中所写:"在各种欲望中最强烈、最可恶、最顽固的要算是性欲,或者说肉体的爱。因此,一旦消灭欲望,特别是消灭最强烈的欲望——肉体的爱,那么先知的预言也就可以实现了……"[1]托尔斯泰晚年的这一思想变化,可以说不无长老制对他的影响。因为俄罗斯东正教长老制源于拜占庭的苦修传统,在拜占庭苦修传统的初期,"贞洁"或"童贞"是苦修的一个最重要的方面。拜占庭时期的卡帕多基亚人,圣徒格里高利·尼斯基(Григорий Нисский),他的哥哥是圣瓦西里,圣瓦西里是拜占庭时期苦修传统的开创者。尼斯基的个人生活道路与圣瓦西里不同,他有过婚姻。虽然圣格里高利·尼斯基已婚,但他与妻子是以兄妹相待。通过他的论文《关于贞洁》(约公元 371 年)表达了他真诚崇尚基督教的苦修精神,他把贞洁放到自己全部禁欲生活的中心,强调完全支持圣瓦西里

---

① 【俄】列夫·托尔斯泰:《克莱采奏鸣曲》,草婴译,北京:现代出版社,2012 年,第 241 页。

的禁欲主义理想。①在圣瓦西里去世(公元 379 年)后,他于大约公元 386 年丧偶,从此开始引导小亚细亚的修士生活,继续自己兄长的事业,直到去世。由此可见,长老制修行方式的前身就是以克服情欲、保持贞洁为主的苦修传统。俄罗斯东正教长老制的核心思想就是通过修炼,克服情欲,达到无欲的状态,与神结合,达到神化,最终实现现世拯救。这与托尔斯泰实现地上"天国"的理想不谋而合,它们的目标都是希望实现现世的拯救,在地上能够享有天国的幸福。所以,长老制实现现世拯救的手段,通过苦修来克服情欲,即实现禁欲传统,也可能被托尔斯泰所接收,同样作为实现自己理想的一种手段。

## 四 长老制中神化理想对托尔斯泰"天国"理想的影响

托尔斯泰在他的著作《天国在你心中》里,对自己的天国理想曾这样表达过:"我们要使我们这一方,在道德与灵魂的意义上,不断地声讨那不同的社会地位之间,在民事、政治、司法和教会机构里的不平等,努力促进那个神圣时刻的到来。那时,我们这个世俗的王国将成为我们的主,耶稣基督的天国。"②托尔斯泰曾经试图建立自己的基督教思想体系,以此来实现自己地上"天国"的梦想,用"爱"和"登山宝训"中的五条戒律作为实现这一理想的手段。但是,他对此又不断加以怀疑,认为这些戒律会被科学家或实证主义者们变为可以操作的工具,失去了其基督教的崇高神圣性,这不是他所追求的。至于如何实现"天国"梦想,托尔斯泰没有拿出具体的实

---

① Григоревский М. : Учение св. Иоанна Златоуста о браке, Архангельск, 1902. С. 40 - 41.
② 【俄】列夫·托尔斯泰:《天国在你心中》,孙晓春译,长春:吉林人民出版社,2011 年,第 6 页。

践方法。

最后,他得出这样的结论:"我们的生活与我们的意识之间的矛盾,可以通过两种方式来解决——改变我们的生活或者改变我们的意识。"①这一思想与俄罗斯东正教长老制的修行实践方式的出发点是一致的,那就是通过修炼改变人的思想意识,克服情欲,与神结合,达到神化,以此来达到无上幸福的状态,实现现世梦回天国的理想。改变自己意识,与神结合的这种思想在托尔斯泰晚年的日记里多次被记述。"不愉快,困境,痛苦……有一个拯救方法:把生命带到神的国度,只在**他**的面前生活。那时,不仅一切困苦会过去,而且所有的生活会变得美好……"②"为了进入神的国,要在人面前变得卑微。否定自我——你才会与**他**结合。放弃得越多,离**他**越近"。③"人能找到自己无上的幸福,只是在自己认识到与神的结合中。当这种结合在他身上实现时,人不能不感到,这种结合不是对他一个人起作用,还有,像神一样,无限的作用,让自己感觉到自己是神"。④这里,托尔斯泰所说的"让自己感觉到自己是神"就是长老制修炼的最高理想——神化。从托尔斯泰晚年的这些日记记述中可以看出,俄罗斯东正教长老制的思想理念已经深深影响到了他的思想,长老制修行方式中的神化理想也成为了托尔斯泰实现地上天国理想,达到无上幸福(与神结合)的手段。

---

① 【俄】列夫·托尔斯泰:《天国在你心中》,孙晓春译,长春:吉林人民出版社,2011年,第119页。

② Л. Н. Толстой: Философский дневник 1901 - 1910 Москва: Издательство «ИЗВЕСТИЯ» 2003. С. 40.

③ Л. Н. Толстой: Философский дневник 1901 - 1910 Москва: Издательство «ИЗВЕСТИЯ» 2003. С. 157.

④ Л. Н. Толстой: Философский дневник 1901 - 1910 Москва: Издательство «ИЗВЕСТИЯ» 2003. С. 236.

## 五 托尔斯泰晚年受到俄罗斯东正教长老制思想影响的原因

### （一）对死亡的恐惧

如果探究晚年的托尔斯泰受到俄罗斯东正教长老制思想影响的原因，可以从他对死亡的恐惧开始。

中年时，托尔斯泰因思考人生的意义，寻求生命意义的答案，以至于苦苦寻觅不得，而不断产生自杀的念头。但到了晚年，托尔斯泰却表现出对死亡的恐惧，这也许是人在垂暮之年的一种普遍心态。他在 1907 年 1 月 14 日的日记中写道："不想死，没有表达，当今特别明确地感到和理解这一想法。……为了不痛苦地生活，在自己前面应该有喜乐的希望。当前面是年老和死亡时，还会有什么喜乐的希望而言呢？这种情况只有一条出路：把自己的生命投入到精神的完善中，也就是越来越接近神，与神结合。只有那时候生命才拥有不断的喜乐和满怀喜乐地接受死亡。"[1]"只有宗教可以消除死亡的恐惧——只有它才能让人冒着死亡的危险平静地等待死亡。"[2]从这段日记中可以看出，托尔斯泰内心对死亡怀有恐惧，他意识到，克服这种恐惧的方法，就如长老制最终目标一样，与神结合，不断完善精神，灵魂得到永生，内心达到无上的幸福状态。

所以，宗教的任务之一是解决死亡的问题，也就是通过宗教的力量能够克服对死亡的恐惧，这一观点在托尔斯泰这里得到了印证。

---

① Л. Н. Толстой: Философский дневник 1901 – 1910 Москва: Издательство «ИЗВЕСТИЯ» 2003. С. 286 – 287.

② Л. Н. Толстой: Философский дневник 1901 – 1910 Москва: Издательство «ИЗВЕСТИЯ» 2003. С. 100.

## （二）对神的忏悔

在托尔斯泰的晚年，他渴望与神结合，实现精神完善的理想。这一思想在他的晚期小说中得到充分体现。这一时期小说的主人公大多是忏悔者的形象：《克莱采奏鸣曲》中的杀妻者波兹德内歇夫，他在自己犯罪后不断反省自己的罪行，无情地剖析自己的内心，以此来忏悔自己的过错；小说《复活》中的主人公聂赫留道夫，是一个因忏悔而获得新生的复活者形象，也是托尔斯泰表达自己建立地上"天国"理想的代言人；《谢尔基神父》中的谢尔基神父，更是托尔斯泰自己内心忏悔的代言人，骄傲和怀疑是主人公谢尔基神父最大的罪，这也是托尔斯泰认为自身所犯的罪。所以，他通过谢尔基神父的言行表达自己的警醒。

在长老制修行方式中，忏悔是与神结合的重要手段之一，它是修行者内心向神敞开的大门，是认识自己罪的表现，也是与神交流的开始。为了能够与神结合，实现现世的拯救，托尔斯泰正是通过小说中的人物来表达自己的忏悔之情。因为与神结合的理想，是托尔斯泰所追求的，这与长老制修行方式的最终目标一致。所以，对神的忏悔，无论是对长老制的神化目标来说，还是托尔斯泰与神结合的目标来说，都是实现理想的一个重要手段。这也许是托尔斯泰晚年受长老制思想影响的原因之一。

## （三）对神的寻求

俄罗斯东正教长老制修行方式的目标就是通过修炼，达到与神结合，实现见神——神化。托尔斯泰晚年时追求的目标就是与神结合，这与长老制的目标是一致的。托尔斯泰不止一次地在日记里提到这一理想目标："生命的意义是实现神的意志，不失去自

己喜乐的意义只有让自己接近神。"①他曾认为神是遥不可及的，只有通过知觉来认识神。"知觉美好的幸福就是与神结合"。②

从托尔斯泰的上述表达中可以看出，虽然托尔斯泰指出了实现与神结合的理想目标，也提出了"知觉"概念，但是究竟如何实现这一目标，他并没有提出一套可行的方案或方法。虽然托尔斯泰主义借用登山宝训，提出一些戒律要求，但他自己也认为这些戒律只是阶段性的，不能完全担负实现"天国"理想的重任。而俄罗斯东正教长老制对于实现神化却有一套自己的实践修炼方法：主要是耶稣祷告，加之顺从、克制、忏悔、斋戒等手段，使自己达到无欲的状态，从而实现与神结合，达到神化。托尔斯泰在晚年的日记中也表达了对长老制修行方式中一些方法的认同："别认为，在眼前是摧毁生命的**能**，引导苦修的心祷。相反，这是提供无与伦比的能，无畏、自由和善。"③"克制是一切的基础——善行和智慧的基础，智慧只能从克制中产生。智慧是，通过它我们认识什么是神……智慧体现全能的神。"④所以，俄罗斯东正教长老制修行方式的目标与托尔斯泰晚年理想的一致性，是托尔斯泰受长老制思想影响的基础，也是产生这一影响的重要原因。

总之，虽然晚年的托尔斯泰坚定了自己对基督教的信仰，但是他的一生都处在怀疑的痛苦中，从来没有间断过。正是这种怀疑促使

---

① Л. Н. Толстой: Философский дневник 1901 – 1910 Москва：Издательство «ИЗВЕСТИЯ» 2003. С. 212.
② Л. Н. Толстой: Философский дневник 1901 – 1910 Москва：Издательство «ИЗВЕСТИЯ» 2003. С. 353.
③ Л. Н. Толстой: Философский дневник 1901 – 1910 Москва：Издательство «ИЗВЕСТИЯ» 2003. С. 130.
④ Л. Н. Толстой: Философский дневник 1901 – 1910 Москва：Издательство «ИЗВЕСТИЯ» 2003. С. 314 – 414.

他不断地寻找神,使得他有机会与修道院的长老交流、探讨,无形中长老制的理念和思想对他产生了影响。虽然托尔斯泰自己没有明确承认这一点,但从他的日记、小说等著作中我们可以发现长老制对他思想影响的影子。

俄罗斯东正教长老制不仅继承了拜占庭长老制的历史传统,而且具有了自己的民族特色——那就是走出修道院的围墙,进入俗世,为社会和民众服务,引领大众,为了实现精神共同拯救的目标。正是俄罗斯东正教长老制这一入世性特征才使它对 19 世纪俄罗斯文学产生影响成为可能。本章正是通过东正教修行生活对俄罗斯古代文学的影响以及俄罗斯东正教长老制对 19 世纪俄罗斯黄金时代文学的影响研究,来说明长老制修行思想已经深植到俄罗斯社会文化和精神当中。

# 第七章

## 结束语

俄罗斯东正教长老制发展到 18 世纪末,开始从衰弱中逐渐复兴和繁荣,这一复兴繁荣一直持续到 20 世纪初。在这次复兴繁荣中,东正教长老制具有了自己的俄罗斯特色,那就是打破以往传统的长老制修行模式,长老制开始走出修道院,为社会大众服务,充当普通民众的精神导师,对整个 19 世纪俄罗斯文学以及民族精神产生了一定影响。上一章论述了长老制对俄罗斯文学的影响,本章作为结束语,在总结俄罗斯东正教长老制核心特质之后,褐示长老制对俄罗斯民族精神的影响。

### 第一节　俄罗斯东正教长老制的核心特质

从对俄罗斯东正教长老制的修行原则、基础以及历史发展的研究过程中,可以发现它具有两大核心特质:

# 一 俄罗斯东正教长老制中长老的个人权威性

在俄罗斯东正教长老制中,长老的个性十分突出,对见习修士的精神引领,主要是依靠长老个人的行为和精神魅力,而不是通过客观知识理论的指导。这也就是说,在俄罗斯修行生活中,长老的精神天赋起了巨大作用,尤其是在古代,这与西方修行生活具有原则性的区别。西方修行生活的繁荣取决于组织的持久性,它从最开始就在细节上规定了修士的禁欲生活,按照确定的轨道带领他。与此相反,在古代俄罗斯,修道院的修行生活规章和制度取决于修道院的建立者和院长个人。在长老制的发展历史中也可以看出,古代俄罗斯修行生活的优秀代表往往是修道院的建立者。同时,他们也是修道院的长老,即使在其死后,他们的门徒也会努力保持自己导师的精神传统。如果后来门徒们自己也成为了新的修道院建立者,也会在自己修道院的修行生活中保持这种传统。这里需要特别指出的是,对于古代修士来说,主要的不在于这一传统的宗教内容,而是在于个人,在于修道院建立者的精神面貌。一般来说,苦修者本人的德行与苦修的客观内容相比,苦修的客观内容排在第二位。

俄罗斯东正教长老制发展的历史可以证明以上观点。在公元14世纪,从长老制的萌芽阶段开始,修行生活的精神领袖是圣谢尔基,他既是圣三一谢尔基修道院的院长,也是修士的导师;在公元15世纪的长老制发展时期,最著名的精神领袖是圣尼尔,他是古代俄罗斯长老制的杰出代表,他与谢尔基一样,引领了修行生活的一个时代——圣尼尔时代;到了18世纪末19世纪初,长老制复兴者圣帕伊西更是修行生活的代表,他实现了俄罗斯东正教长老制的复

兴与繁荣;后来,奥普塔和萨洛夫修道院的几代著名长老,他们不仅
都是本修道院修士的长老,而且也是俄罗斯修行生活的榜样和引
领者。

所以说,俄罗斯东正教长老制牧养方式的最大特点不在于体
系本身,而在于这一体系的载体(长老)的精神榜样起了重要作
用。正如叶夫多基莫夫所说:"在人民的意识中,真正的权威,尤
其是精神权威,不是一种强制的权力,而是解救人的真理。正因
为如此,权威从来不是功能性的,而常常是人格性的。这就是长
老制,……他们以圣灵的指引来带领信徒,自己则没有教职,没有
任何权力。"①修士和信徒总是在这些精神榜样和权威(圣徒和长
老)周围,他们成为宗教教义和信仰的体现者,引领着修士和信徒
走向神圣。

## 二 俄罗斯东正教长老制的人民性

### (一) 俄罗斯东正教长老制人民性的体现

20 世纪初,教授 B. 艾克杰姆普利亚勒斯基(Экземплярский)指
出:"我们最近世纪的俄罗斯东正教长老制是阿封山修行制的孩子,
自己也一样是从古代东方教会获得了长老制。而我们的长老制从自
己在俄罗斯出现的第一天起就步上了独立的新道路,它不仅是修行
制,而且具有人民性。"②陀思妥耶夫斯基使长老制理念大众化,并成
功地指出了它的特征。毫无疑问,这是他自己在对奥普塔修道院印

---

① 【俄】叶夫多基莫夫:《俄罗斯思想中的基督》,杨德友译,上海: 学林出版社,1999 年,第 36—27
页。

② Экземплярский В. И. Старчество \ В книге: Дар ученичества. М. «Руссико», 1993. С. 220 -
227.

象的基础上实现的。帕伊西是古代类型的长老：建立修行室、著书立说、与见习修士一起学习，这就是他的精神操练。而奥普塔修道院则不同，它的长老是全俄罗斯人民的教父和出谋划策人，只是在很有限的程度上是修士的长老。尽管在这些长老身边有见习修士，但他们精神工作的中心是那些朝圣者。所以当职分落在某位修士身上，让他成为长老，那首先指的是他的能力、虔敬以及与民众交谈沟通的精神天赋，尽可能满足所有人的精神需求。所以，"人民性"成为19—20世纪俄罗斯东正教长老制的主要特质。这种人民性表现在，长老的责任不仅在于引导修道院内的修士，而且要服务世人。奥普塔修道院的长老们，如长老列昂尼德、马卡里、阿姆夫罗西等人证明了这一点，而19世纪末20世纪初的白神品长老喀琅施塔德的约翰则把这一特质推到了顶峰。

在古代埃及，虽然大安东尼和其他伟大长老也曾接待过平信徒，但这在他们的活动中只是表面和偶然的，很少有人敢于到埃及沙漠以外去修炼，在他们周围的大都是修士。在圣像破坏运动时期，拜占庭长老制也曾有过类似的"入世性"，那时宗教领袖们积极关注培养平信徒，努力反对圣像破坏派的宣传。这种"入世"取决于历史发展条件，而不是宗教活动的内部发展逻辑。而奥普塔修道院的整个建筑结构都是为了来访的平信徒而设置，长老从早到晚接待他们，只把晚上留给自己的修士。显然，这种长老制类型区别于拜占庭的古代长老制，拜占庭的长老制更具有封闭性特征。有人担心，长老制的人民性会降低修道院修行生活的水平，出现名不副实的长老，但俄罗斯的新型长老制所具有的人民性不会降低严格的修行水平。这是因为，只有那些曾经潜心修炼，具有很高精神修炼水平的长老，才会有资格受到人民的崇敬和爱戴。虽然俄罗斯东正

教长老制修行生活方式随着时代的发展有所改变,但是它与时俱进的特征,使得它能够在当代社会发展中仍然发挥着自己的作用。

### (二) 俄罗斯东正教长老制人民性特质的形成

俄罗斯东正教长老制人民性的特质,并不是长老制在俄罗斯一出现就具有的,而是随着社会的发展,长老制适应社会需要而逐渐形成的。虽然在圣谢尔基的修道院里存在长老制引导的修行实践,其典型特征之一就是定期忏悔思想的惯例,至少对于修士来说,长老就是院长本人;但是圣谢尔基的长老制是修士的长老制,是针对修士们的引导,在这个意义上,它走的完全是拜占庭长老制的道路。当然从叶皮凡尼(Епифаний)所写的传记中可以发现,谢尔基在自己修道院里接待平信徒,其中既有显贵,也有普通人,但这远不是人民性的表现。19 世纪的俄罗斯东正教长老制才具有典型的人民性。

下图反映了俄罗斯东正教长老制人民性的形成、变化过程:

14世纪圣谢尔基时代(俄罗斯东正教长老制萌芽)

奥布诺尔的西尔维斯特　　　　奥布诺尔的圣保罗
　　　　　　　　　　　　　　(俄罗斯东正教长老制存在)

⇓

15世纪圣尼尔时代(俄罗斯东正教长老制发展)

索拉的圣尼尔　　　　　　　　　圣约瑟
(遵循古代东方长老制传统)　　(与国家关系密切,服务俗世)

⇓

18世纪末、19世纪帕伊西时代(俄罗斯东正教长老制复兴与繁荣)
圣帕伊西(遵循古代东方长老制传统)

奥普塔的列昂尼德　　　　　　　萨罗夫的谢拉菲姆
(长老制引入俗世)　　　　　　(凸显长老制人民性)

⇓

奥普塔的马卡里(列昂尼德的继承者,人民性的体现者)

⇓

奥普塔的阿姆夫罗西（长老制繁荣的最高峰,人民性的体现者)

⇓

19世纪末、20世纪初喀琅施塔德的圣约翰(白神品长老，人民性的顶峰)

⇓

20世纪约翰(克列斯基扬金)(长老服务社会,心理医生作用)

　　从上面东正教长老制在俄罗斯的发展过程可以看出,俄罗斯东正教长老制随着时代的发展,逐渐调整自己,以适应社会的变化,这是长老制自身生存和发展的需要。与此同时,它也以自身的魅力反

过来影响着俄罗斯的民族精神和文化。

# 第二节　俄罗斯东正教长老制对俄罗斯　民族精神的影响

俄罗斯东正教长老制作为俄罗斯东正教的牧养体系和修行方式，是俄罗斯东正教精神的核心之一，也是俄罗斯东正教发展沉浮的标志，更是俄罗斯社会道德的标尺。现代学者 Г. М. 普罗霍罗夫（Прохоров）在编写被称为"年鉴抄本"的基础上，绘制了俄罗斯神圣性"上升与下降曲线图"。他得出了惊人的结论：神圣性繁荣与衰落和整体民族道德水平的高涨与降低成正比。[①] 由此可见，俄罗斯东正教长老制修行方式对俄罗斯民族精神和道德产生了巨大影响，这种影响体现在以下几种俄罗斯民族精神当中。

## 一　东正教长老制对俄罗斯民族集体主义（共同性）精神的影响

服务人民、共同得救，这是俄罗斯东正教长老制"人民性"的特征。杰出的修道院长老以自己的崇高品德和神授天赋，成为民众心目中朝圣的对象，吸引着来自四面八方的信徒，这些长老在无形中起到了凝聚人民力量和精神的作用。与东正教传统的长老制相比，19 世纪俄罗斯东正教长老制有了更为广阔的视野，它突破了**个人**修行得救的古代传统，不再局限于对修道院内部修士的精神牧养，

---

① Людмила Ильюнина. Золотая цепь старчества. Русское старчество XX века. СПБ: Искусство России，2012. С. 36.

而是利用长老制的精神牧养方式引导俗世民众，目的是使大众受益，实现全民**共同**拯救。客观上来说，长老制修行理念在俗世得到了推广和传播，同时也起到提升全民族的精神和道德水平的作用。

俄罗斯东正教长老制的人民性归根结底就是长老服务民众，引领全民**共同**修行，实现**共同**得救的理想，这体现了东正教会的普世性精神。长老制的这一特征，似乎在俄罗斯斯拉夫派思想家霍米雅科夫的"聚和性"以及后来的集体主义精神中都能找到影子。著名思想家霍米雅科夫提出的"聚和性"（соборность）概念体现了俄罗斯民族精神中共同性的特征，"聚和性"一词与教堂（собор）、聚集（собрание）这两个词是同根词。霍米雅科夫用"聚和性"这个词来解释教会的"普世性"，"信徒靠着共同的信仰聚集在教会的怀抱里。这个聚集不是随意的集合，而是信徒为了共同的目的（建立上帝的国）而相互结合在一起的有机整体"。[①] 关于"聚和性"霍米雅科夫曾说："不是精神孤独本身无力，而是要从精神上真诚地与自己的弟兄团结，与自己的救主结合。"[②]这里的"与自己的救主结合"体现的正是长老制中的"与神结合"，以此来实现现世的拯救。霍米雅科夫"聚和性"思想是对俄罗斯民族精神中的共同性原则、集体性原则、合作原则、精神统一原则的高度概括。这些原则在象征主义重要理论家、思想家维·伊万诺夫的"共同性"观念中得到很好的传承和发展，不仅彰显了宗教的普世意义，亦被看成是克服个人主义危机的必要途径。[③] 同样，我们

① 张百春：《当代东正教神学思想》，上海：上海三联书店，2000年，第55页。
② Православие и Христианство: Соборность в категории-Православные традиции. http//:www.pravoslavie.org/соборность
③ 王希悦：《维·伊万诺夫的狄俄尼索斯研究管窥》（15BWW033），会议论文，2016年，第3—4页。

也看到,这些原则是俄罗斯东正教长老制实现共同得救目标所必需的,亦是其影响俄罗斯集体主义精神的体现。

## 二 东正教长老制对俄罗斯民族弥赛亚精神的影响

在俄罗斯东正教长老制牧养方式中,长老对见习修士具有绝对的权威,见习修士要绝对服从长老,顺从原则是长老制中最基本、也是最重要的原则。在修道院,院长把新修行的人带到长老跟前时,会对新修行的人说:"孩子,尊敬长老就像自己的父亲和老师,让自己成为顺从的人,服从他,就像服从基督本人一样。把一切交给他,用神的话作宝剑斩断自己个人的意志。"①这种顺从原则,既体现了长老的权威性,又体现了见习修士对权威的服从,如同服从基督救主一样。

这种对权威的依赖和服从,在俄罗斯民族的弥赛亚精神中得到充分体现。这也与俄罗斯东正教长老制修行方式的目标有关,那就是达到神化,实现现世的拯救。这一目标造就了"俄罗斯人永远走在一个他们可能找到上帝之所的途中"(格雷厄姆 Stephen 语)。渴望弥赛亚救主的出现,实现现世的拯救,建立地上天国的梦想,是俄罗斯民族的心灵渴望。所以,在俄罗斯大地上,从彼得大帝到斯大林,强权人物不断出现。人民对这些强权人物的依赖和信任,如同俄罗斯东正教长老制中的长老和见习修士的关系。也许,正是俄罗斯东正教长老制,为俄罗斯强权人物不断出现提供了精神土壤。因为人民渴望弥赛亚式的人物出现,人们愿意信任和服从他,接受他的领导。

---

① И. К. Смолич. «Русское монашество 988 - 1917—жизнь и учение старцев». Москва. 1999. С. 39.

如同见习修士接受并顺从长老的引导一样,目的是为了实现现世的拯救,与神结合,达到神化。

## 三 东正教长老制对俄罗斯民族热爱苦难精神的影响

俄罗斯东正教苦修思想来自对人罪的清除,认为物质和身体这些有形的东西都是不洁的、有罪的。[1] 个人苦修最早来自于圣经中对使徒施洗约翰的记载,他穿着骆驼毛的衣服,吃的是蝗虫野蜜,经常在旷野中传道。所以东正教认为约翰是第一使徒。在俄罗斯,不只是宗教学家,哲学家也同样喜欢谈及苦修者、徒步朝圣者等形象,由此,在著名哲学家洛谢夫(1893—1988 年)的论著《神话辩证法》一书中"出现了关涉修士、修女问题的探讨不足为奇"。[2]

俄罗斯东正教长老制修行方式,是东正教苦修方式的基础。这种修行方式通过祷告、忏悔、斋戒、不眠等一系列手段,克服各种情欲,最终与神结合,达到神化,实现现世的拯救。承受现世的苦难,对于俄罗斯东正教信徒来说是一种苦修,通过这些苦难人们才能获得忍耐、克制等美德,才能最终实现拯救。这种在俗世利用苦难来修行的方式,在 19 世纪的奥普塔长老列昂尼德给一位平信徒的信中,得到了充分体现(见本书第四章第三节:奥普塔的长老制)。基于这种思想,形成了俄罗斯人心灵的宗教特征,那就是:"对上帝和神性真理热切地思慕与寻觅、喜欢不幸和受苦的人、对社会底层的崇敬和同情、宽恕精神、对不公正待遇顺从和不反抗以及对神圣象征主义和审美神秘主义的忠诚。"[3]正是这种追求现世拯救的梦想,使俄罗斯民族

---

[1] 黄彼得:《认识基督教史略》,香港:金灯台出版社,2006 年,第 118 页。
[2] 王希悦:《阿·费·洛谢夫的神话学研究》,北京:商务印书馆,2014 年,第 47 页。
[3] 【俄】赫克:《俄罗斯革命前后的宗教》,高骅、杨缤译,上海:学林出版社,1999 年,第 10 页。

能够忍受现世的各种苦难,磨练出俄罗斯人坚强不屈、忍耐顺从的性格。

## 四 东正教长老制对俄罗斯民族财富观的影响

俄罗斯东正教长老制早期发展时期,也就是圣尼尔时代。圣尼尔主要遵循拜占庭的长老制传统,认为修道院拥有财富不利于保持真正的苦修精神,主张修道院修士用自己的劳动获得生活必需品,多余的要分给穷人。即使到了 20 世纪初,俄罗斯东正教长老制的入世性程度已经很高,但白神品长老圣约翰还是主张富人捐献自己的财富,他认为这是得救的重要手段。苏联时期的长老库克沙主张信徒不要带钱到圣樽前,禁止神父口袋里装着钱在供桌前做礼拜仪式,以防止这样做就像"犹大"。

基于俄罗斯东正教长老制视金钱为罪恶的财富观,出现了"俄罗斯首批革命家都是出生于富裕的贵族家庭,如十二月党人、巴枯宁、列宁人等,这有悖于马克思关于社会阶级的经济根源学说,因为俄罗斯贵族起来反对本阶级的经济利益"。①

据当今一些社会学家分析,俄罗斯经济发展之所以落后于欧美等发达国家,其中就有宗教信仰方面的原因。因为俄罗斯东正教对待金钱的态度,不同于欧美一些国家所信仰的新教。新教主张,以个人在俗世的成就荣耀神,这也包括取得物质财富。"如果上帝为你指明了一条道路,那么遵循此路你就可以合法地获得更多的利益(而不会危害自己的灵魂和他人),但如果你拒绝遵循这一道路而选择了不易获利的途径,那么就违背了你的天职所要达到的目的之一,也就是不肯成为上帝的仆人,……

① 【俄】叶夫多基莫夫:《俄罗斯思想中的基督》,杨德友译,上海:学林出版社,1999 年,第 36 页。

上帝的圣命是：你必须为上帝而辛劳致富，但不可为肉体和罪孽如此"。[①]新教认为，贫穷是对上帝荣耀的损害，特别是那些有劳动能力，却以乞讨为生的人是犯罪。俄罗斯东正教主张通过苦修，追求精神的财富。所以，俄罗斯民族追求精神财富而非物质财富的观念，使它成为阻碍俄罗斯经济发展的原因之一。

另外，一个值得注意和思考的问题是，俄罗斯民族有着深厚的东正教基础，正如一句古谚所说："英国人或者美国人迟早会谈体育运动；法国人谈女人；而俄罗斯人，特别是老百姓，则会谈宗教和上帝的奥秘。"[②]那么为什么第一个社会主义国家会在俄罗斯建立起来？要知道马克思主义是无神论的，这似乎是一个悖论。其实，这与东正教是现世宗教有一定关系，也体现在长老制修行方式的最终目标上，即最终实现现世的拯救。而拯救的最高理想就是进入美好天国，这与马克思主义的最终理想是实现共产主义有着某些相似之处。或许可以认为，正是俄罗斯东正教长老制追求现世拯救的理想，为共产主义思想深入人心奠定了一定的精神基础，所以第一个社会主义国家会在俄罗斯建立。

总之，在俄罗斯人民的意识当中，通过苦修追求神圣性，从而获得精神的满足和幸福，是他们毕生所追求的。俄罗斯东正教长老制修行方式是实现这种精神幸福的手段，虽然现今长老制已经高度世俗化，但长老制修行方式的精髓已经渗入到俄罗斯民族的精神和血液中。

---

① 马克斯·韦伯：《新教伦理与资本主义精神》，马奇炎、陈婧译，北京：北京大学出版社，2014 年，第 164 页。
② 【俄】赫克：《俄国革命前后的宗教》，高骅、杨缤译，上海：学林出版社，1999 年，第 10 页。

# 参考文献

## 一 主要参考工具书及圣经版本

1. 圣经主要参考中文和合本与俄文本。

2. Русско-китайский словарь православной лексики. Москва. Восточная книга. 2008.

## 二 俄文文献及俄著汉译

### (一) 俄文文献

1. Исаак Сирин. Слова подвижнические. Москва. 1859.

2. Сергиев И. И. прот. Моя жизнь во Христе. Извлечения из дневника. Москва. 1894.

3. Шенрок В. И. Материалы для биографии Н. В. Гоголя. Москва. 1897.

4. Архимандрит Палладий Пахомий Великий и первое иноческое общежитие по новооткрытым коптским документам. Казань. 1899.

5. Григоревский М. Учение св. Иоанна Златоуста о браке. Архангельск. 1902.

6. Смирнов С. Духовный отец в древней восточной церкви (История духовничества на Востоке). Сергиев Посад. 1906.

7. Хомяков Д. А. Собор, соборность, приход и пастырь. Москва. 1917.

8. Сергий Четвериков. Молдавский старец Паисий Величковский. Paris. 1976.

9. Экземплярский. В. И. Старчество//Дар ученичества. СБ. Под ред П. Г. Проценко. Москва. 1993.

10. Концевич. И. М. Стяжание духа святого в путях древней руси. Посад. 1994.

11. Блаженный Феодорит Кирский. История боголюбцев. Москва. 1996.

12. Сретенский монастырь. Добротолюбие(избранное). Москва. 1997.

13. Вадим Кожинов. Судьба России: вчера, сегодня, завтра. Москва. 1997.

14. Сидоров. А. И. Древнехристианский аскетизм и зарождение монашества. Москва. 1998.

15. Хоружий. С. С. К феноменологий аскезы. Москва. 1998.

16. Пыльнев. Г. А. О воспоминании старца иеросхимонах Иннокентий. М. 1998.

17. Смолич. И. К. Русское монашество 988 – 1917—жизнь и учение старцев. Москва. 1999.

18. Матфей Кудрявцев. История православного монашества. Москва. 1999.

19. Монахиня Игнатия. Старчество на Руси. Москва. 1999.

20. Кариаиайнян К, Фурман Д. Религиозность в России 90-е годы \ Старые Церкви, новые верующие: Религия в массовом сознании постсоветский России. СПБ. 2000.

21. Казанский. П. С. История православного монашества на востоке. Москва. 2000.

22. Гуличкина Г. Г. Письма великих оптинских старцев. XIX век. Москва. 2001.

23. Зырянов. П. Н. Монашество и монастыри в России XI – XX века. Москва. 2002.

24. Синицына. Н. В. Монашества и монастыри в России 19 – 20 Века. Москва. 2002.

25. Георгий Флоровский. Восточные отцы церкви. Москва. 2003.

26. Иеромонах Никон Рождественский. Житие и подвиги преподобного и богоносного отца нашего Сергия игумена Радонежского и всея россии чудотворца. Сергиев Посад. 2003.

27. Игорь Шафаревич. Русский народ в битве цивилизаций. Москва. 2004.

28. Сретенский монастырь. Добротолюбие. Москва. 2004.

29. Зеньковский. В. В. История русской философии. Ростов-На-Дону. 2004.

30. Иоанн Кронштадтский. Моя жизнь во Христе. Минск. 2005.

31. Буданова Н. Ф. Книги, подаренные Ф. М. Достоевскому в Оптиной Пустыни. София. 2005.

32. Дмитрий Орехов. Русские святые и подвижники 20 столетия. Санкт-Петербург. 2006.

33. Надежда Киценко. Святой нашего времени: Отец Иоанн Кронштадтский и русский народ. Москва. 2006.

34. Моисеева. Н. А, Сороковикова. В. И. Философия. Москва. 2006.

35. Артос-Медиа. Великие старцы двадцатого столетия. Москва. 2008.

36. Соловьев. П. А. Старчество. Свято-троицкая Сергиева лавра. 2009.

37. Никольский. С. А, Филимонов. В. П. Русское мировоззрение. Москва. 2009.

38. Сухов. А. Д. Литературно-философские кружки в истории русской философии (20 – 50 – е годы XIX века). Москва. 2009.

39. Карташев А. В. История Русской Церкви. Москва. 2010.

40. Астэр. И. В. Современное русское православное монашество: социально-философский анализ. Санкт-Петербург. 2010.

41. Черняев. А. В. Г. В. Флоровский как философ и историк русской мысли. Москва. 2010.

42. Митрополит Тульский и Белевский Алексий. Старец в миру: Святой праведный Алексей Мечев. Москва. 2011.

43. Петухов. В. Б. Великие русские старцы. Москва. 2011.

44. Людмила Ильюнина. Золотая цепь старчества: Русское старчество XX века. Санкт-Петербург. 2012.

45. Старцы оптиной пустыни: Жития, Чудеса, Поучения. 1992.
http://www. wco. ru/biblio/books/optina2/main. htm

46. И. М. Концевич. Старчество: Стяжание духа святаго в путях древней Руси. Издательство «Посад». 1994.
http://www. lib. eparhia-saratov. ru/books/. . . /contents. htm

47. Устав Крестовоздвиженскогомонастыря//
http://www. bursa. is. com. ua/rus-mon. htm

48. Житие Сергия Радонежского. Епифаний Премудрый. 1417 – 1418/
http://www. historydoc. edu. ru/catalog. asp? ob_no = 12697

49. Духовничество и старчество/"Незнакомое православие
http://www. missionary. su/mistakes/7. htm

50. Людмила Ильюнина. «Русское старчество центры старческого служения в России».

http://www. ricolor. org/history/ka/podvig/centers-starch/

51. Сергий(Рыбко). «Се ныне время благоприятно: Благое и Легкое иго иноческого подвига».

http://na-lazarevskom. ru/content/view/98/121/

52. Беглов. А. Л. «Старчество в церковной традиции» и Русское старчество 19 века: новое или святоотеческое?».

http://www. psmb. ru/

53. Воропаев. В. А. Виноградов. И. А. «Духовный путь Н. В. Гоголя», Часть 1. 2. Москва: «Русское слово», 2009.

54. Сергей Шуляк. «Богоискательство» и богоборчество Л. Н. Толстого.

http:hram-troicy. prihod. ru/articles/view/id/1170677

55. Прот. Герман Иванов-Тринадцатый. Из кн. «Русская Церковь лицом к Западу», Мюнхен, 1994. http:www. rodon. org/relig-071214134405

56. Л. Н. Толстой. Философский дневник 1901 – 1910 Москва: Издательство «ИЗВЕСТИЯ» 2003.

57. Григоревский М. Учение св. Иоанна Златоуста о браке, Архангельск, 1902.

（二）俄著汉译

1. 【俄】陀思妥耶夫斯基：《卡拉马佐夫兄弟》,耿济之译,北京：人民文学出版社,1981 年。

2. 【苏联】尼·伊·帕甫连科：《彼得大帝传》,北京：生活·读书·

新知三联书店，1982年。

3. 【俄】舍斯托夫：《在约伯的天平上》，董友等译，北京：生活·读书·新知三联书店，1989年。

4. 【俄】赫克：《俄罗斯革命前后的宗教》，高骅、杨缤译，上海：学林出版社，1999年。

5. 【俄】尼·洛斯基：《俄罗斯哲学史》，贾泽林译，杭州：浙江人民出版社，1999年。

6. 【苏联】尼科利斯基：《俄罗斯教会史》，丁士超、苑一博、杜立克译，北京：商务印书馆，2000年。

7. 【俄】索洛维约夫：《俄罗斯思想》，贾泽林、李树柏译，杭州：浙江人民出版社，2000年。

8. 【俄】别尔嘉耶夫：《论人的奴役与自由》，张百春译，北京：中国城市出版社，2001年。

9. 【俄】罗赞诺夫：《论宗教大法官的传说》，张百春译，北京：华夏出版社，2001年。

10. 【俄】弗·洛斯基：《东正教神学导论》，杨德友译，石家庄：河北教育出版社，2002年。

11. 【俄】别尔嘉耶夫：《精神与实在》，张百春译，北京：中国城市出版社，2002年。

12. 【俄】索洛维约夫：《神人类讲座》，张百春译，北京：华夏出版社，2003年。

13. 【俄】别尔嘉耶夫：《末世论形而上学》，张百春译，北京：中国城市出版社，2003年。

14. 【俄】舍斯托夫：《钥匙的统治》，张冰译，上海：上海人民出版社，2004年。

15. 【俄】布尔加科夫：《东正教——教会学说概述》，徐凤林译，北京：商务印书馆，2005 年。

16. 【俄】格奥尔基·弗洛罗夫斯基：《俄罗斯宗教哲学之路》，吴安迪、徐凤林、隋淑芬译，张百春校，上海：上海人民出版社，2006 年。

17. 【俄】格奥尔吉耶姬：《俄罗斯文化史——历史与现代》，焦东科、董茉莉译，北京：商务印书馆，2006 年。

18. 【俄】别尔嘉耶夫：《论人的使命——神与人的生存辩证法》，张百春译，上海：上海人民出版社，2007 年。

19. 【俄】索福罗尼：《俄罗斯精神巨匠——长老西拉》，戴桂菊译，上海：华东师范大学出版社，2007 年。

20. 【俄】梅列日科夫斯基：《托尔斯泰与陀思妥耶夫斯基》，杨德友译，北京：华夏出版社，2009 年。

21. 【俄】克柳切夫斯基：《俄罗斯史教程》（第四、五卷），张咏白、刘祖熙等译，北京：商务印书馆，2009 年。

22. 【苏联】尤·谢列兹涅夫：《陀思妥耶夫斯基传》，徐昌翰译，北京：人民文学出版社，2011 年。

23. 【俄】梅列日科夫斯基：《果戈理与鬼》，耿海英译，北京：华夏出版社，2003 年。

24. 【俄】弗拉基米尔·纳博科夫：《尼古拉·果戈理》，金绍禹译，上海：上海译文出版社，2013 年。

25. 【苏联】伊·佐洛图斯基：《果戈理传》，刘伦振等译，天津：天津人民出版社，1982 年。

26. 【苏联】巴赫金：《巴赫金全集》第四卷，白春仁等译，石家庄：河北教育出版社，2009 年。

27. 【俄】瓦·瓦·津科夫斯基:《俄国哲学史》(上),张冰译,北京:人民出版社,2013 年。

28. 【俄】费·米·陀思妥耶夫斯基:《人不单靠面包活着——陀思妥耶夫斯基书信选》,冯增义、徐振亚译,上海:上海译文出版社,2013 年。

29. 【俄】费·陀思妥耶夫斯基:《作家日记》(上),张羽译,石家庄:河北教育出版社,2012 年。

30. 【俄】陀思妥耶夫斯基:《陀思妥耶夫斯基自述》,黄忠晶、阮媛媛编译,天津:天津人民出版社,2015 年。

31. 【俄】列夫·托尔斯泰:《谢尔基神父》,草婴译,北京:现代出版社,2012 年。

32. 【俄】列夫·托尔斯泰:《忏悔录》,冯增义译,南京:译林出版社,2012 年。

33. 【俄】列夫·托尔斯泰:《克莱采奏鸣曲》,草婴译,北京:现代出版社,2012 年。

34. 【俄】列夫·托尔斯泰:《天国在你心中》,孙晓春译,长春:吉林人民出版社,2011 年。

35. 【俄】霍鲁日:《拜占庭与俄罗斯静修主义》,张百春译,《世界哲学》2010 年第 2 期。

36. 【俄】霍鲁日:《静修主义人学》,张百春译,《世界哲学》2010 年第 2 期。

37. 【俄】霍鲁日:《协同人学与人的展开范式》,张百春译,《世界哲学》2010 年第 2 期。

38. 【俄】霍鲁日:《俄罗斯东正教长老制的精神基础与人学基础》,刁科梅译,张百春校,《俄罗斯文艺》2012 年第 2 期。

## 三 其他译著

1. 【美】汤普逊：《理解俄罗斯：俄罗斯文化中的圣愚》，杨德友译，北京：生活·读书·新知三联书店，1998 年。

2. （托名）狄奥尼修斯：《神秘神学》，包利民译，北京：生活·读书·新知三联书店，1998 年。

3. 【英】唐·库比特：《后现代神秘主义》，王志成、郑斌译，北京：中国人民大学出版社，2005 年。

4. 【美】梁赞诺夫斯基，斯坦伯格：《俄罗斯史》，杨烨译，上海：上海人民出版社，2007 年。

5. 【美】威廉·詹姆斯：《宗教经验之种种》，唐钺译，北京：商务印书馆，2007 年。

6. 【德】恩斯特·图根德哈特：《自我中心性与神秘主义》，郑辟瑞译，上海：上海译文出版社，2007 年。

7. 【美】沃尔特·G.莫斯：《俄罗斯史》，张冰译，海口：海南出版社，2008 年。

8. 【美】胡斯都·L.冈察雷斯：《基督教思想史》，陈泽民、孙汉书等译，南京：译林出版社，2010 年。

## 四 中文著作

1. 张百春：《当代东正教神学思想》，上海：上海三联书店，2000 年。

2. 王亚平：《基督教的神秘主义》，北京：东方出版社，2001 年。

3. 傅树政，雷丽平：《俄罗斯东正教会与国家（1917—1945）》，北京：社会科学文献出版社，2001 年。

4. 戴桂菊：《俄罗斯东正教会改革史（1861—1917）》，北京：社会科学文献出版社，2002 年。

5. 卢德编译：《圣山荒漠之夜——隐修导师谈〈耶稣祷文〉》，台北：
   上智出版社，2003 年。

6. 张建华：《俄国史》，北京：人民出版社，2004 年。

7. 盛之风：《祈祷的操练》，杭州：浙江省基督教协会，2004 年。

8. 乐峰：《东正教史》，北京：中国社会科学出版社，2005 年。

9. 徐凤林：《俄罗斯宗教哲学》，北京：北京大学出版社，2006 年。

10. 陈志强：《拜占廷帝国史》，北京：商务印书馆，2006 年。

11. 徐凤林：《索洛维约夫哲学》，北京：商务印书馆，2007 年。

12. 赵敦华：《基督教哲学 1500 年》，北京：人民出版社，2007 年。

13. 乐峰：《俄国宗教史》，北京：社会科学文献出版社，2008 年。

14. 国家宗教事务局宗教研究中心：《马克思恩格斯列宁论宗教》，北
    京：宗教文化出版社，2008 年。

15. 刘新利，陈志强：《欧洲文艺复兴史》（宗教卷），北京：人民出版
    社，2008 年。

16. 徐思学：《启示录新释》，杭州：浙江省基督教协会，2009 年。

17. 许列民：《沙漠教父的苦修主义》，上海：上海人民出版社，
    2009 年。

18. 金泽：《宗教人类学说史纲要》，北京：中国社会科学出版社，2010 年。

19. 徐凤林：《东正教圣像史》，北京：北京大学出版社，2012 年。

20. 车玉玲：《遭遇虚无与回到崇高：白银时代的俄罗斯宗教哲学》，
    北京：中国社会科学出版社，2012 年。

21. 刘宁：《俄国文学批评史》，上海：上海译文出版社，1999 年。

22. 沈念驹：《果戈理全集》，石家庄：河北教育出版社，2002 年。

23. 王希悦：《阿·费·洛谢夫的神话学研究》，北京：商务印书馆，
    2014 年。

**图书在版编目(CIP)数据**

精神重生之路/刁科梅著.—上海:上海三联书店,2017.10
ISBN 978－7－5426－5798－5

Ⅰ.①精…　Ⅱ.①刁…　Ⅲ.①民族文化－研究－俄罗斯
Ⅳ.①G151.2

中国版本图书馆 CIP 数据核字(2017)第 005592 号

## 精神重生之路

著　　者／刁科梅

责任编辑／邱　红
特约编辑／徐文静
装帧设计／周周设计局
监　　制／姚　军
责任校对／张大伟

出版发行／上海三联书店

　　　　　(201199)中国上海市都市路 4855 号 2 座 10 楼
邮购电话／021－22895557
印　　刷／上海盛通时代印刷有限公司

版　　次／2017 年 10 月第 1 版
印　　次／2017 年 10 月第 1 次印刷
开　　本／890×1240　1/32
字　　数／230 千字
印　　张／9.875
书　　号／ISBN 978－7－5426－5798－5/G·1451
定　　价／52.00 元

敬启读者,如发现本书有印装质量问题,请与印刷厂联系 021－37910000